“十四五”职业教育国家规划教材　　职业院校法律事务专业课程

行政法

基本理论与实务

（第二版）

主　编　董文才

XINGZHENGFA JIBEN LILUN YU SHIWU

中国教育出版传媒集团
高等教育出版社·北京

内容提要

本书是"十四五"职业教育国家规划教材，是法律事务专业课程改革成果教材。

本书立足于中等职业教育法律事务专业教学对象的文化基础与学习能力的实际，灵活运用了职业院校法律事务专业课程教学改革的成果，基于基层法律职业岗位所需的专业理论知识和专业技能，简明易懂地介绍、阐述了行政法的基本理论，形式多样地设定了专业技能训练的内容。全书由行政法概述（第一章）、行政法主体（第二章）、行政主体行为（第三章至第七章）、行政违法与行政法律责任（第八章）、监督行政与行政复议（第九章和第十章）、行政赔偿（第十一章）等内容构成。

本书在内容上坚持"两个结合，一个突出"，即行政法理论、法律规定、法律实务相结合，基础、必需、够用相结合，突出对专业技能的训练。在内容的呈现上，采用便于教与学、强化实务训练的编写体例，具有较强的教学适用性。

本书配有学习卡资源，按照书后"郑重声明"页中的提示，登录我社 Abook 网站可获取相关教学资源。

本书可作为职业院校法律事务专业教学用书，也可作为法律工作者的业务参考书和业务培训学习的教材。

图书在版编目（CIP）数据

行政法基本理论与实务 / 董文才主编. --2 版 . --北京：高等教育出版社，2022. 10（2023.11重印）

ISBN 978-7-04-058231-4

Ⅰ. ①行… Ⅱ. ①董… Ⅲ. ①行政法-中国-中等专业学校-教材 Ⅳ. ①D922. 1

中国版本图书馆 CIP 数据核字（2022）第 026351 号

Xingzhengfa Jiben Lilun yu Shiwu

策划编辑 苏 杨　责任编辑 苏 杨　特约编辑 于 露　封面设计 姜 磊
版式设计 张 杰　责任绘图 邓 超　责任校对 高 歌　责任印制 耿 轩

出版发行 高等教育出版社
社　　址 北京市西城区德外大街 4 号
邮政编码 100120
印　　刷 北京市联华印刷厂
开　　本 889mm×1194mm 1/16
印　　张 15
字　　数 310 千字
购书热线 010-58581118
咨询电话 400-810-0598
网　　址 http://www.hep.edu.cn
　　　　 http://www.hep.com.cn
网上订购 http://www.hepmall.com.cn
　　　　 http://www.hepmall.com
　　　　 http://www.hepmall.cn
版　　次 2010 年 9 月第 1 版
　　　　 2022 年 10 月第 2 版
印　　次 2023 年 11 月第 2 次印刷
定　　价 41.90 元

物 料 号 58231-A0

第二版前言

《行政法基本理论与实务》出版至今，正值中国特色社会主义进入了高质量发展的新时代。随着党中央依法治国的全面建设，行政法律规范进行了诸多修订，中国特色社会主义行政法学理论得到了不断的创新、丰富和完善。为了深入贯彻落实党和国家对职业教育改革发展和法治人才培养的新要求，及时将行政立法的发展成果和中国特色社会主义行政法学理论研究成果编入教材，使其进一步增强适用性、科学性、先进性，我们对《行政法基本理论与实务》进行了修订。

修订后的《行政法基本理论与实务》，在坚持第一版特色的基础上，具有以下编写特点：

1. 政治性。以习近平新时代中国特色社会主义思想为指导，深入贯彻习近平法治思想，突出了课程思政。

2. 时代性。以适应新时代改革发展的行政法律规范和中国特色社会主义行政法学理论研究成果为内容，突出了知识的时代性。

3. 实践性。围绕“岗课赛证”综合育人机制要求，坚持理论与实践紧密结合，引例与解析紧密贴合岗位工作实际，每章设有“思考与练习”和“专业技能训练”，强化了实践技能训练。

4. 基础性。立足中等职业学校注重为高等职业教育输送具有扎实技术技能基础和合格文化基础生源的办学定位，体现了理论和技能的基础性。

本教材由董文才任主编，对教材内容的编写进行了整体设计，设定了编写体例，并进行统稿。任树琴任副主编，协助主编进行了统稿工作。中国政法大学蔡乐渭教授审稿。各章具体编写分工如下（以编写章节先后为序）：董文才（第一章）；陈豪杰（第二章）；王浩亮（第三章、第五章）；王荣（第四章）；吴姗（第六章）；要如阳（第七章）；孙伟峰（第八章、第九章）；王浩亮、田金龙（第十章、第十一章）。

由于本教材编者理论水平、编写能力有限,存在疏漏和不足之处在所难免,敬请广大师生不吝赐教,批评指正。读者意见反馈邮箱:zz_dzyj@ pub. hep. cn。

编　者

2021 年 10 月

第一版前言

为了适应中等职业教育教学的改革，满足中等职业教育法律事务专业教学的需要，提高中等职业教育法律事务专业的教学质量，培养掌握法学基本理论知识和法律基本规定、具有基本专业技能的基层法律工作者，根据中等职业教育法律事务专业的教学目标要求，我们精心编写了本书。

本书是职业院校法律事务专业教学改革的成果之一，充分体现了现代法学教育和职业教育相结合的教学理念，具有鲜明的现代中等职业教育法律事务专业教学的特点。

（1）恰当地兼顾了法学教育和职业教育的基本要求，科学地处理了法学教育专业课程理论的系统性和职业教育对法学理论知识的职业适用性的关系。

（2）基于中等职业教育法律事务专业职业岗位对行政法理论知识的需要，以及法学教育和职业教育的教学要求，本书对理论内容深度和广度的定位和呈现，坚持了“基础、必需、够用”相结合的原则，形成了区别于本科法学教育、高等职业法律教育，反映中等职业教育法律事务职业岗位必需的、基本的行政法理论知识内容。

（3）从法律职业岗位分析的角度，确定了中等职业教育法律事务专业能力的范围，明确了本课程专业能力的培养目标，即培养学生能够运用行政法基本理论知识和相关的行政法律基本规定，基本的认识、分析、判断、评价、说明、阐释、解决行政法律事务或行政法律问题的一般能力。

（4）突出和强化本课程教学中专业技能的训练和培养，设置“引导案例”“引导案例解析”“专业技能训练”等实训教学的内容模块。

（5）体现中等职业教育法律事务专业行政法课程教学方法改革的成果，增设课堂教学互动的内容，配置以能力培养为主线的“问题分析”“问题解答”“问题讨论”“举例说明”“法条思考”“实例分析”等互动教学的模块，以增强学生学习的主动性和能动性。

（6）尊重学生在教学中的主体地位，从中等职业教育学生的文化基础、智力水平、学习态度、接受知识的能力等实际出发，介绍和阐释行政法基本理论的内容，力求通俗易懂。

（7）关注学生学习的差异性。本书基本理论内容的选定，立足于职业岗位所必需，针对一般学生的学习能力和学习需求，注重基本理论的阐述，同时，又考虑到学生的个体发展，针对学习能力强的学生的学习需求，设置拓展性的教学内容，体现分层教学的要求。标有★符号的内容为拓展性内容，教师可以有选择地组织教学。

（8）注重教学质量和学习效果的检测与评价。围绕每章的基本内容、基本知识点和对学生专业能力的培养，设定反映教学质量和学习水平的综合训练题目，提供的综合训练题目可以作为对学生进行考试的试题库。

本书由董文才担任主编，对教材的编写进行了整体设计、策划，并对全部内容进行了统稿和定稿。任树琴担任副主编，协助主编进行了统稿工作。各章具体编写分工：董文才，第一章至第五章；任树琴，第六章；贾俊峰，第七章；裴翠屏，第八章、第九章；田金龙，第十章、第十一章。

本书在编写过程中参阅了不同作者、不同层次、多种版本的行政法课程的教材及有关专著，在此一并表示谢意。

由于本书作者理论水平、编写能力有限，存在不足之处在所难免，敬请同人不吝赐教，批评指正。读者意见反馈信箱 zz_dzyj@pub.hep.cn。

编　者

2010 年 4 月

目　录

本书标注★的为中职学生选学内容。

第一章　行政法概述

行政法概述是对行政法基础理论的概括阐述，是学习行政法首先应当明确和掌握的基本内容。本章将介绍和阐释行政法基本概念、行政法基本原则、行政法律关系等内容。

学习目标

通过对本章内容的学习，学生应当了解行政的词义；明确行政法的渊源、行政法律关系的构成要素；理解行政、行政权、行政法、行政法基本原则、行政合法性原则、行政合理性原则、行政法律关系等含义；掌握行政的基本特点、行政权的特点、行政法的特点、行政合法性原则的内容、行政合理性原则的内容、行政合理性的判定、行政法律关系的特征。

引例

甲市某区公安分局接群众举报称，刘某在东风路18号经营的娱乐城经常有赌博现象。公安分局遂组织干警对刘某经营的娱乐城进行突击检查。刘某得知检查消息后向正在赌博的人员通风报信，致使公安干警的检查一无所获。检查干警将刘某带回公安分局进行调查，经反复做思想工作，刘某承认了偶尔有容留个别客人进行小额赌博的事实。公安分局经核实，依据《中华人民共和国治安管理处罚法》（以下简称《治安管理处罚法》）的相关规定，对刘某作出了拘留10天的行政处罚。

问题

1. 公安分局组织干警对刘某经营的娱乐城进行检查并对刘某作出拘留10天的行政处罚，是一种什么性质的活动？

2. 公安分局为什么可以对刘某经营的娱乐城进行检查并对刘某作出拘留的处罚决定？

3. 公安分局对刘某经营的娱乐城进行检查并对刘某作出处罚时，必须遵循什么法律原则？

4. 公安分局在对刘某经营的娱乐城进行检查并对刘某作出处罚的过程中，形成的法律关系是什么性质？

本案例的解析，主要涉及行政、行政权、行政法、行政合法性原则、行政合理性原则、行政法律关系等相关内容和知识点的运用。

第一节　行政法基本概念

一、行政

行政法是关于“行政”的法律。学习、研究行政法首先要明确什么是“行政”，对“行政”这一概念的理解和掌握是我们研习行政法的逻辑起点。

（一）行政的词义

“行政”一词，在《现代汉语词典》（第 7 版）中解释为：① 行使国家权力；② 机关、企业、团体等内部的管理工作。《英汉大辞典》的释义除“行政”外，还有“管理”“执行”“实施”等意义。由此可见，“管理”“执行”是“行政”一词的基本含义，是一般意义上的行政的基本内容。

（二）行政的含义

行政作为一种“执行”“管理”的活动，是组织的一项职能。任何组织要生存和发展都离不开行政活动，都必须有相应的机构和人员行使执行、管理职能。在此意义上，行政针对其领域范围，依其主体、目的、手段的不同，可分为公共行政和私人行政。公共行政是指公共组织（国家行政机关和其他公共机构）对国家事务和社会公共事务的执行、管理活动。私人行政是指私人机构（私法上的团体：企业、事业单位，其他社会组织等）对其自身事务的执行、管理活动。行政法上的行政仅指公共行政，而不包括私人行政。

公共行政包括国家行政和社会行政。国家行政又称直接行政，一般指国家行政机关从事的执行、管理活动，通常指国家行政机关的整个职能活动，既包括其实质为行政（具有连续性的执行、管理活动）性质的职能活动，也包括其实质为立法（制定普遍性行为规则的活动）、司法（适用行政法律解决争议的活动）性质的职能活动。社会行政又称间接行政，是指依法承担某种公共职能的非国家机构的各类社会组织对特定社会公共事务的执行、管理的活动，一般指公共社团（如律师协会、医师协会、足球协会等）的行政以及公共企事业单位的行政。通常，国家行政承担的是重要的基础性的公共事务，而社会行政主要负责行业的、区域的、特殊类型的公共事务，如律师的管理、社区的管理、学校的管理等。

我国的行政法学对公共行政内涵的认识，一方面，经历了从只是国家行政到国家行政和社会行政共同构成公共行政的发展；另一方面，经历了从管理到管理与服务并存的行政理念的转变。行政法学上传统的公共行政（我国计划经济体制下的公共行政）仅指国家行政，并且认为国家行政就是管理，是对国家意志的执行；而当今的现代公共行政（我国市场经济体制的建立和完善条件下的公共行政）已不再仅是国家行政，还包括社会行政，是以国家行政为主的公共行政，并且树立了公共行政既是管理，同时也是服务，而且管理就是服务的新理念。在现代公共行政中，国家行政和社会行政的范围呈现出此消彼长的态势，国家行政是行政法的基本调整对象，社会行政则处于补充的地位。

基于以上对一般意义上的行政、公共行政、私人行政、国家行政、社会行政的认识，得出如下结论：行政法上的行政是指行政主体依法对国家和社会公共事务进行决策、组织、管理、调控、服务、提供福利等活动的总称，包括国家行政机关的准立法、准司法活动。

（三）行政的基本特征

行政与其他国家机关的职能活动以及私人行政相比，有以下基本特征。

1. 主体特征

行政的主体是依法享有国家行政权的行政主体，即国家行政机关和法律、法规以及规章授权的组织（授权组织）。该特征表明：行政的主体是组织，而非个人；并且该组织依法享有国家行政权，而不享有国家行政权的其他机关以及一般的私人组织均不是行政主体。

2. 内容特征

行政是对国家和社会公共事务的决策、组织、管理、调控、服务、提供福利。该特征表明：行政的客体是国家和社会公共事务，而私人行政的客体则是私人组织的自身事务；同时，行政的活动方式是决策、组织、管理、调控、服务、提供福利，区别于立法制定普遍性行为规则和司法适用法律解决社会冲突的职能活动方式。

3. 性质特征

行政是行使国家行政权的职能活动。该特征表明：一方面，行政不同于立法、司法职能活动，具有执行性、主动性和持续性；另一方面，行政不同于私人行政，具有公共性、国家意志性、法律性和强制性。

问题解答

下列活动中，__________是行政活动。

A. 某家庭决定在五一期间，举家外出旅游　　B. 学校的教学管理活动

C. 公安局的治安管理活动　　D. 县政府购买电脑的活动

（四）行政的分类★

1. 内部行政和外部行政

分类标准：行政的领域范围。

内部行政是指行政主体为履行其对国家、社会公共事务的行政职能，而对其自身的内部事务所进行的组织、管理活动。内部行政的特点在于：行政的实施主体与实施对象都属于国家行政系统内部的机构和人员。

外部行政是指行政主体对不隶属于行政系统的公民、法人或其他组织所实施的行政职能

活动。外部行政的特点在于:行政的实施主体属于国家行政系统,而行政的实施对象则属于社会系统,行政管理相对人不属于国家行政系统。

2. 积极行政与消极行政

分类标准:行政的表现方式及其对相对人的权利义务产生的法律效果。

积极行政是指行政主体主动采取各种手段对国家和社会公共事务行使行政职能,对相对人权利义务不产生直接影响的行政活动。如:行政规划、行政指导、行政咨询、行政建议等。积极行政的特点是行政主体在法律许可、法定职权范围内积极作为。

消极行政是指行政主体被动采取措施对国家和社会公共事务行使行政职能,对相对人权利义务产生直接影响的行政活动。如:行政命令、行政处罚、行政强制等。消极行政的特点是行政主体只有存在危害个人生命财产安全、公共秩序、国家利益的事实时,在法律的严格制约下,不得已而作出的行政行为(消极作为),遵循“没有法律规范就没有行政”的原则。

3. 授益行政和负担行政

分类标准:行政对相对人产生的法律效果。

授益行政是指对相对人产生某种权利和利益效果的行政活动。如行政许可、行政奖励、减免税收、提供社会补助金等。

负担行政是指对相对人产生设定、加重义务或者剥夺、限制权利效果的行政活动。如行政处罚、采取行政强制措施、征税、收费等。

4. 强制行政与非强制行政

分类标准:行政方式。

强制行政是指通过强制的方式实现行政目的的行政活动。传统的行政大多属于强制行政,其模式是“命令与服从”。如行政处罚、行政强制措施。

非强制行政是指通过劝导、鼓励、建议、指导、协议等柔性的非强制方式实现行政目的的行政活动。

二、行政权

行政权是行政的核心,是行政法全部理论的基点和核心概念。没有行政权,就没有行政法。行政法上的每个原理、每项制度都能在行政权中找到起点和归宿,即行政法的所有内容都可以从行政权上找到诠释的理由。

(一) 行政权的含义

行政权自从有国家管理的存在就已存在,但独立形态的行政权不是从国家建立之时就有的,它是随着社会经济的发展、民主政治的产生、“分权”理论的完善而出现的。作为国家权力组成部分的行政权的存在，经历了一个由弱小到扩张再到法治化，其内容由单一的强制模式到包括强制和非强制的多维模式的发展、完善的演变过程。可见，行政权的概念是一个动态化的概念，其具体内容因社会的发展和时代的变迁而有所不同。

传统理论上的行政权，是指国家行政机关执行法律、管理国家和社会公共事务的权力。现代意义上的行政权是指行政主体（国家行政机关和特定的社会公共组织）依法享有和行使的执行法律、管理国家和社会公共事务、主动为社会成员提供公共服务的权力。现代意义和传统意义的行政权最大的区别在于其行政主体的范围和权能的内容不同。现代意义的行政权有以下含义：① 行政权属于国家权力，它与立法权、司法权等权力组成部分共同构成了国家统一的权力体系。② 行政权的主体是国家行政机关和特定的社会公共组织。③ 行政权的实质属性（实质内容和功能）是执行以法律为主的国家权力机关的意志、直接管理国家和社会公共事务、主动为社会成员提供公共服务。

正确理解行政权的含义，应当明确行政权的外延，可从以下四方面的比较来理解。

1. 行政权与政权

政权是指一个国家的统治权，行政权是国家政权的一个组成部分。政权的主体是国家，行政权的主体是行政主体（国家行政机关和授权组织）。

2. 行政权与权力、权利

权力是指一定的机关或组织依法所具有的支配、强制被支配者服从的力量。权力主体仅限于国家机关和授权组织，权力的实现不以相对人的态度和行为为转移，权力不能任意放弃和转让。权利是国家机关、社会组织和自然人可以依法进行的作为或不作为，并要求他人做相应的作为或不作为的资格。权利的主体不但可以是国家机关、社会组织，而且更多的是自然人；权利的实现取决于义务人相应的行为；权利可以相对自由地放弃或转让。对于权力和权利而言，行政权是权力而不是权利。

3. 行政权与行政职权

行政权是一个较为抽象的概念，是对现实生活中所存在的诸多行政权力的理论概括，其内容多而复杂；而行政职权是指特定的行政机关或社会组织及其公职人员依法享有的，与其行政目标、职务和职位相适应的，对某一类具体行政事务进行管理的权力。行政职权是被具体定位于行政职位上的行政权，它是行政权的具体配置和转化形式。行政权与行政职权是抽象与具体、一般与个别的关系。

4. 行政权与行政权限

任何一项权力，均有三个构成要素：① 权力主体，即权力的归宿；② 权力内容，即权力的对象；③ 权力范围，即权力的边界、界限。行政权限是行政权的一个构成要素，是行政权力的范围、界限。行政权和行政权限是一种包含与被包含关系，而非等同关系。

举例说明

用实例说明行政权与权力、权利、行政职权、行政权限的关系。

（二）行政权的特点

行政权作为一种执行法律、管理行政事务、提供公共服务的国家权力，与其他国家权力（立法权、司法权）和公民、法人、其他组织的权利相比，有其自身的特点。

第一，行政权与立法权、司法权相比呈现出以下基本特点。

(1) 执行性　在国家权力的功能中存在着国家意志的表达和国家意志的执行两种基本功能。基于国家权力的分立（分工）或配置，行政权与司法权各自以不同的实现方式承担了国家意志的执行功能，行政权即具有了执行的属性。该特征区别于立法权的决策性和抽象性。

(2) 主动性　行政权具有的执行国家法律、管理行政事务、提供公共服务的权力属性，决定了人类社会的文明进步离不开行政权的运行，没有行政权的作用，人类社会就难以存在并获得发展。行政权的特性和社会不断发展的需要，表明了主动性必然成为行政权行使方式的特点之一。该特征区别于司法权“不告不理”原则的被动性特点。

(3) 直接性　行政权区别于立法权、司法权的特有性质和追求效率的价值取向，要求其执行国家法律、管理行政事务、提供公共服务的功能和对公民、法人、其他组织等社会主体产生的影响，是以其直接的权力行使方式实现的。该特征区别于立法权对社会产生影响的间接性。

(4) 广泛性　行政权作为管理国家和社会公共事务、为社会成员提供公共服务的积极的国家权力，不但涉及“从摇篮到坟墓”，从单一到多维等国家和社会生活的各个领域，而且还因其专业性强而渗透和延伸到立法与司法领域，准立法权和准司法权已成为现代意义上行政权的组成部分。

第二，行政权与法律赋予公民、法人、其他组织的权利相比，显示出以下基本特点。

(1) 强制性　行政权作为一种国家权力，具有一般权力普遍具有的支配他人服从命令的强制性特征，行政权的行使和实现，不以相对人的相应行为为必要前提。行政权的最终保障力量在于其强制执行力。

(2) 公益性　行政权从其产生时起就根本不具有私权的因素，行政权产生的根本和最终目的是为了促进和保障国家和社会的公共利益。

(3) 法律性　一方面，行政权具有执行国家法律的功能；另一方面，不仅行政权的存在来源于宪法和法律的确认与设定，而且行政权的行使必须符合宪法和法律的要求与规定。

(4) 优益性　行政权基于具有国家权力的属性，使其具有比权利的行使更为独特的优势：一方面，国家通过法律、法规等形式赋予行政主体在行使行政权时以各种职务上的先行处置、获得社会协助、推定有效、公务行为受保护等行政优先权；另一方面，国家提供和保障满足行政权行使的各种物质条件，如行政经费、交通工具等。

(5) 不可自由处分性　行政权是一种伴随着责任的权力，它不仅具体表现为一种职权，而且表现为一种服务和职责，是权力和责任的统一。没有法定依据和非经法定程序，行政主体不得自由转让行政职权，也不得自由放弃行政职权。

(三) 行政权的内容★

行政权的内容，是指行政主体执行国家法律所管理的国家和社会公共事务或提供的公共服务的领域、范围和事项。从行政权行使的活动上看，行政权由密不可分的“人”“物”“事”三个因素组成。“人”即行使行政权的行政机关、组织及其具体的组成人员；“物”即维系行政事务的管理和服务的各种物质手段；“事”即国家和社会的公共事务。据此，行政权的内容大致可分为三方面：行政事权、行政财权、组织人事权。

1. 行政事权

行政事权的范围相当广泛。按照管辖事务的不同，行政事权可细分为以下四个部分：① 维持公共秩序，如国防、外交、治安等；② 提供公共产品，如修建基础设施、整治环境污染等；③ 调控经济运行，如拟订经济发展计划、调整货币政策等；④ 健全社会保障，如失业救助、社会保险等。

2. 行政财权

国家行政机关和特定的社会公共组织对行政事务的管理和服务必须以强大的物质基础作为后盾。行政财权主要包括三个方面：① 财政收入，如征收税款、行政收费等；② 财政支出，如兴办公共事业等；③ 公产管理，如公共财产的使用、保护、维修等。

3. 组织人事权

行政事务的管理和服务必须依靠一定的组织和具体的人员来完成。组织人事权包括两个方面：① 行政组织权，如行政机关或行政组织的设立、合并等；② 人事管理权，如公务人员的考试录用、考核晋升等。

(四) 行政权的形式★

行政权的形式，是指行政主体行使行政权、执行国家法律、管理行政事务、提供公共服务的方式，即行政权的具体运行方式。概括地讲，行政权的形式包括三个方面：① 行政立法权和行政规范性文件制定权；② 法律、法规、规章和行政规范性文件的适用权；③ 对各类纠纷的处理权。具体地讲，行政权的形式具体包括以下方面：① 制定行政规范权；② 行政命令权；③ 行政处理权；④ 行政处罚权；⑤ 行政许可权；⑥ 行政确认权；⑦ 行政强制权；⑧ 行政征收权；⑨ 行政检查权；⑩ 行政奖励权；⑪ 行政裁决权；⑫ 行政复议权；⑬ 行政合同权；⑭ 行政指导权；⑮ 行政计划权。

□ 法条思考

《中华人民共和国行政诉讼法》第1条规定:“为保证人民法院公正、及时审理行政案件,解决行政争议,保护公民、法人和其他组织的合法权益,监督行政机关依法行使职权,根据宪法,制定本法。”本规定是关于行政诉讼法的立法目的的规定。根据本规定,行政诉讼法的立法目的之一是对行政主体依法行使行政职权的监督。请回答:

1. 什么是行政职权?
2. 行政职权有何特征?

三、行政法

行政法是行政活动的依据,是行政权的规范模式。行政法为行政主体行使行政权和公民、法人及其他组织参与行政活动,指明了活动方向,提供了行为准则。

(一)行政法的含义

行政法的概念,因学者研究的角度不同,有不同的定义表述。我们从行政法调整对象的角度,对行政法做如下定义:行政法是指调整行政主体在行使行政权的过程中所发生的各种行政关系的法律规范的总称。

行政法的调整对象是行政关系。

行政关系是指行政权在行使以及接受监督的过程中,行政主体与不同的主体之间发生的各种社会关系。行政关系主要包括两方面的关系:① 因行政权的行使而产生的各种社会关系,包括行政主体与公务员、其他国家机关、公民、法人、其他组织、外国组织及外国人之间的关系。② 因监督行政权而发生的各种关系,包括权力机关、司法机关、监察机关、审计机关、上级行政机关以及公民个人、社会组织等与行政主体及其行政公务人员之间发生的监督与被监督关系。

行政关系是区分行政法与其他部门法的基本标准,是行政法成为一个独立法律部门的根本依据,是确定行政法在整个法律体系中的地位的决定因素。

行政关系与其他社会关系相比,具有以下特点。

(1) 在主体上,行政关系的双方主体中,必有一方是行政主体。

(2) 在内容上,行政关系的内容都与行政权有关。行政权是行政关系的核心,与行政权无关的社会关系,不是行政关系。

(3) 在双方主体的地位上,通常情况下行政关系的双方主体的地位不平等,行政主体一方始终处于主导地位,并享有很大的优益权。

(4) 在主体的意志上,行政关系的双方主体中的行政主体,代表国家行使行政权,其表达的意志具有国家意志的属性。

（5）在关系的实现上，基于行政关系是一种具有权力服从性质的关系，行政关系的最终实现有国家强制力做保障。

问题讨论

班主任与班级学生之间的关系是否构成行政关系？为什么？

（二）行政法的内容

行政权是行政法规范的对象。哪里有行政权存在，哪里就需要有行政法的存在。行使行政权形成行政关系的活动涉及“行政主体”“行政主体的活动”和“对行政主体及其活动的监督”等三项要素，行使行政权的该三要素的规范化、法治化，便构成了我国行政法的基本内容。行政法是由行政组织法、行政行为法、行政监督与救济法三方面的法律规范构成的集合体。

（三）行政法的特点

行政法作为调整行政关系的基本法律，与我国法律体系中的其他基本法律相比，有以下两方面的特点。

1. 行政法在内容上的特点

（1）行政法涉及的内容范围广泛。一方面，行政法调整的行政关系涉及国家和社会的各个领域；另一方面，国家在不断地谋求社会的进步与发展，进一步扩大的社会领域需要由行政法加以确认和保障。

（2）行政法规范具有相对易变性。由于社会经济处于不断的变动之中，行政事务所面临的情况错综复杂，变动性极强，为了适时应对社会发展中出现的新情况和新问题，行政法就需要相应地进行废、改、立。同时，行政法调整的范围及基本调整方式和手段是相对确定的，行政法规范的易变则是相对的，并不会改变行政法的基本稳定性。

（3）行政法的实体性规范和程序性规范通常交织在一起，没有明确的界限。由于行政权在实体上确立和设定时，还同时必须在程序上予以规范和保障，所以，行政法的实体性规范和程序性规范不能截然分开，并且通常共融于一个法律文件之中。

2. 行政法在形式上的特点

（1）现阶段尚无统一、完整的行政法典。行政法涉及的社会生活领域十分广泛，内容纷繁复杂，《全国人大常委会 2021 年度立法工作计划》提出研究启动条件成熟的行政基本法典的编纂工作，我们将迎来中国行政法领域的法典时代。

（2）行政法由不同效力层次的法律规范组成，其赖以存在的法律形式、法律文件的数量最多，居于各个部门法之首。行政法律规范的制定主体不是单一的，而是多种类的，既有权力机关的立法，又有行政机关的立法；既有中央的权力机关、行政机关的立法，又有特定的地方权力机关、行政机关的立法。行政法的立法体制属于二元多级立法体制。不同的立法主体制定出的行政法律规范文件的种类不一，名称不同，效力层次存在差别。

（四）行政法的渊源

行政法的渊源是指行政法的表现形式，即行政法律规范的载体。行政法渊源较多，我们可将其分为一般渊源与特殊渊源两大类。一般渊源，是指权力机关和行政机关各自依据《中华人民共和国立法法》的规定，制定的法律文件。特殊渊源，是指有关行政法律规范的法律解释，以及其他规范性文件。

1. 一般渊源

一般渊源包括：① 宪法；② 法律；③ 行政法规；④ 地方性法规；⑤ 自治条例；⑥ 单行条例；⑦ 行政规章。

2. 特殊渊源

特殊渊源主要包括：① 法律解释；② 国际条约和协定。

（五）行政法的地位★

行政法的地位，是指行政法在整个法律体系中所处的位置。我国行政法在法律体系中的地位可概括为：仅次于宪法的一个独立的法律部门。

问题解答

2021 年 1 月 22 日第十三届全国人民代表大会常务委员会第二十五次会议修订通过的《中华人民共和国行政处罚法》，作为行政法的一种渊源属于____________。

A. 法律　　B. 行政法规　　C. 地方性法规　　D. 部门规章

第二节　行政法基本原则

行政法作为一个独立的法律部门，是一个由难以数计的众多的行政法律规范组成的有机统一体。各个行政法律规范之间的有机统一关系的形成，取决于它们制定和实施所赖以遵循的相同的原理和准则——行政法基本原则。行政法基本原则是行政法律规范的核心和灵魂。

一、行政法基本原则的含义

行政法基本原则，蕴含着行政法的精神实质，是行政法的具体原则和规则存在的基础；反映着行政法的价值目标，是行政法理论中带有根本性的问题。

行政法基本原则，是指集中体现行政法的精神实质，贯穿于全部行政法律规范之中，并统率、指导一切行政法律规范的制定与实施的基本准则。行政法基本原则并未通过明确、统一的部门法总则或部门法法典加以规定，而只能是体现在繁杂、分散的行政法律规范或行政法实践中，行政法基本原则的形成只能来自行政法学者的概括和总结。行政法基本原则是人们对行政法现象的理性认识。行政法基本原则的确立有以下标准（或称特点）。

（一）法律性

行政法基本原则的法律性，是指行政法基本原则必须是法律准则，即具有普遍性法律效力的行为准则，而不是政治原则或行政管理原则，也不是一种理论原理或行政法理念。法律性表现在两方面：一方面，对具体行政法律规范的制定与实施有法律约束力，任何制定或实施行政法律规范的行为若违反行政法基本原则，均应导致相应的法律后果，有关单位和责任人员应当承担相应的法律责任。另一方面，指导具体行政法律规范在行政管理与服务中的适用，甚至直接作为一种行政法律依据加以适用。

（二）基础性

行政法基本原则是行政法最基本的法律准则，是从行政法律规范中高度概括和抽象出来，集中体现具体行政法律规范和具体原则的精神实质，并隐含于行政法律规范中的基础性准则。行政法基本原则的基础性表现在：① 不是具体准则，即行政法律规范，而是用来指导行政法律规范制定和实施的比较宏观和抽象的指导性准则。② 不是某一行政法领域中的具体原则，也不是法的一般原则。③ 是行政法领域中最高层次的行为准则，对其他行为准则具有统率性。

（三）普遍性

行政法基本原则是贯穿于全部行政活动之中，是全部行政法律规范所反映出来的共同准则。行政法基本原则的普遍性表现在：① 贯穿于行政立法、行政执法和行政法治监督等行政法各个环节，而不是某一环节。② 适用于所有行政法领域，贯穿于全部的行政法律规范之中，统率和指导一切行政法律规范，而不是某一领域所具有的原则。

（四）特殊性

行政法基本原则是体现在行政法律规范而非其他法律规范中的基本准则。行政法基本原则的特殊性表现在：① 只能是行政法这一独立法律部门所特有的基本原则，而不能是适用于一切法律规范（所有法）的基本原则，更不能是其他法律部门的基本原则，有别于法的一般原则和其他部门法的基本原则。② 应当反映行政法的基本矛盾，即“行政与法”之间的关系。行政法基本原则是规范行政权运作的法律原则。

基于对以上行政法基本原则确立标准的考量，行政法基本原则的内容可概括为：行政合法性原则和行政合理性原则。

二、行政合法性原则

（一）行政合法性原则的含义

行政合法性原则，是指要求行政主体的设立、行政职权的取得和行使，必须有法定的依据，符合法定的要求，不得与法律相抵触，任何违法行政行为都应当承担相应的法律责任的行政法基本准则。

行政合法性原则，强调法律是行政主体权力活动的依据和标准，是行政权与法的关系的内在的基本要求，是行政法治化的具体体现，是行政必须服从法律的基本准则。

行政合法性原则中的“法”，属于广义上的法的范畴，具体包括：宪法、法律、行政法规、地方性法规、自治条例、单行条例、行政规章等。既包括实体法，也包括程序法。

（二）行政合法性原则的内容

1. 行政主体的设立必须合法

行政主体是拥有行政职权，实施行政活动，并独立承担法律责任的组织。行政主体是行政职权的拥有者和行使者。行政主体是否有资格享有行政职权，行使行政职权，取决于行政主体的设立是否符合法律的规定。只有行政主体的设立符合法律的规定，行政主体的行政活动才能产生行政法上的法律效果。行政主体不合法，其任何“行政行为”都不会具有法律效力。行政主体法定，是指行政主体的结构、规模、权限，中央与地方的权力划分，行政机关的设置、职能以及行政编制等都要依法设定，即任何行政主体及其行政公务人员行使职权均需有组织规范依据。

2. 行政职权的拥有应当合法

行政活动是行政主体行使行政职权的活动。一切行政行为都以行政职权的存在为前提，无职权即无行政。行政主体是否拥有行政职权、拥有什么内容的行政职权以及拥有的该行政职权的范围怎样，必须由法律规范作出明确的规定即必须有法律依据。任何没有法律依据的职权都是不应存在的。行政主体合法拥有的行政职权通常由宪法、法律和法规设定或有权机关依宪法、法律和法规的规定授予。凡法律没有授予的职权，行政机关不得自行享有和行使。法律没有授权行政主体行政职权，或者超越自身的行政职权范围作出的行政行为，属于违法行政行为，行政主体应当承担相应的法律责任。职权法定的目的，在于防止行政主体的自我设权，进而防止行政职权的自我膨胀。

3. 行政职权行使应当合法

行政主体实施行政活动作出行政行为即是行使行政职权的行为。行政主体行使行政职权作出的行政行为必须合法。一方面，必须有行政实体法律依据，并且有适用行政实体法律规范的由确实充分的证据予以证实的事实根据，严格依法办事；另一方面，凡是法律对行政行为的程序有规定的，必须依据行政程序法律规定，遵循行政程序原则，按照行政程序法律规范规定的方式、步骤、顺序、时限作出行政行为。同时，行政主体依法作出行政行为，既是行使行政职权的行为，也是履行行政职责的行为，并且是为了履行职责而行使的行政职权。对于法定的行政职权，行政主体必须依据法定的行政实体和程序要求，全面积极地予以行使。行政主体无故不行使、拖延行使或不按照法定要求行使行政职权，均属于行政违法行为。

4. 行政应急性权力应受法律控制

行政应急性权力是指行政主体及行政公务人员，为了及时应对非常事件，保障社会秩序的恢复和公共安全的维护而享有的采取没有法律依据或与法律相抵触措施的行政权力。行政应急性权力的行使是行政合法性原则的必要补充和重要组成部分，是行政合法性要求基于公共利益而表现出来的应有的灵活性。由于行政应急性权力的行使具有突发性、紧急性、一定的排斥法律性和行政主体较大的自主性，法律不可能对此作出具体的规定，但法律必须有概括的授权规定。没有明确获得法律概括授权的行政应急性权力的行政主体及行政公务人员不得行使该权力，而享有该权力的行政主体和行政公务人员在行使该权力时应受到必要的法律控制，即必须符合法定条件、公共利益、法定程序等要求。

三、行政合理性原则

（一）行政合理性原则的含义

行政合理性原则，是指要求行政主体的设立、拥有和行使行政职权必须正当、客观、适度，符合公平、正义等法律理性的行政法基本准则。

行政活动领域广泛，千变万化，错综复杂，行政法律规范不可能对每种行政权力的每个方面都规定得明确具体、详尽无遗。一般认为，凡是能用法律规则规定的问题都属于合法性问题，只有无法用法律规则规定的问题才有可能是合理性问题。也只有行政合理性问题的存在，才为行政自由裁量权的行使提供了空间。行政合理性原则产生和存在的客观基础是行政自由裁量权的产生和扩大。行政自由裁量权是指在法律积极明示或消极默示的范围内，行政主体自由斟酌，选择自己认为正确的行为的权力。行政合理性原则设立的目的在于规范和控制行政自由裁量权，它要求行政主体在行使行政自由裁量权时保持合理限度。

（二）行政合理性原则的内容

（1）法律赋予行政主体在涉及法律没有作出规定（即法律保持沉默或空白），或者法律只规定了模糊标准，没有规定明确的范围和方式；或者法律只能规定明确具体的范围和方式，但不能指明其对繁杂、详尽实际情形的具体适用；或者法律规定本身存在不一致或抵触等，行政主体可以行使行政自由裁量权，依法合理地作出行政行为。

（2）由于在行政主体的设立、拥有行政职权、行使行政职权、追究违法行政行为的责任和实施行政救济等方面，法律的规定都比较笼统（规定了主要或重要的内容），具有概括性、选择性，并且还存在一定的自由裁量授权，留有相当大的自由裁量余地和机会，故行政主体行使行政职权时，在坚持合法性原则的同时，必须遵循行政行为的合理性要求。

（三）行政合理性的判定

行政合理性原则中的“合理”，其含义往往与适当、正当、正义、公平、平等和公正相通，是一个抽象的、不确定的、相对的概念。合理与否的确定，很难采用一个量化的标准，根据理论的概括和实践经验的总结，一般从主观性和客观性两方面采用以下判定标准。

1. 主观性标准

（1）动机正当　动机正当即行政主体在作出行政行为时都应当出于正当的动机。正当动机即指促使行政主体作出行政行为的动因，应当符合国家和社会公共利益的需求，符合公平正义的要求，不得违背社会公平观念或法律精神。

（2）符合立法目的　任何法律的制定都有其立法目的，所有的法律规范也都是围绕、服务于该目的的。行政行为符合立法目的即指行政行为应当遵循、贯彻、充分体现法律的目的要求和基本精神。

（3）符合常理　常理即日常生活中，一般人都能理解并普遍遵守的准则。行政行为符合常理即行政主体作出的行政行为，只能符合大多数人（正常的人、一般的人）的判断，不能如此荒唐、错误以致任何一个有一般理智的人都无法接受（不赞同），不能显失公正。

2. 客观性标准

（1）符合客观规律　客观规律即客观事物存在的内在的必然联系。一个事物的生存与发展，首先必须符合其与自然环境和社会环境的内在联系。行政行为符合客观规律即行政主体作出的行政行为要尊重、顺应、服从客观规律，不能违背、破坏客观规律。

（2）考虑相关因素　一项行政行为的作出涉及多种因素。行政行为的作出，都应当建立在只考虑相关因素、不考虑无关因素的基础上。相关因素是指与所处理的事件有内在联系，对相对人的权利义务能够产生直接影响，应当作为作出行政行为的根据的因素（法律事实和相关情节），具体包括法律、法规所明示或默示要求考虑的因素以及有关政策的要求、社会公正准则、行为人的个人情况、主观状态、行为的社会影响等。无关因素是指与所处理的事件本身没有内在的联系，法律、法规没有明示或默示要求考虑的，不能作为作出行政行为的根据的因素。

（3）遵循平等对待规则　平等对待是行政主体针对多个相对人作出行政行为时应当遵循的规则，具体包括三种情形，即同等情况同等对待、不同情况不同对待、比例对待。同等情况同等对待即指不歧视、不厚此薄彼，要一视同仁地对待各个相对人。分两种情形：一种是在同一个案件或在同一时间阶段，同时针对多个人时的同等对待；另一种是在先后针对多个人时的同等对待，即行政主体要始终如一地遵守既成的经实践检验正确、有效的惯常做法（行政惯例），除非有特别充分的理由（法律规定已经改变）应保持前后基本一致，不能反复无常。不同情况不同对待即指行政主体针对各自具有特定情形的多个人，应当区别情形作出不同的对待。比例对待即指在同一案件或法律事实中，行政主体依据各自所起的作用及情节的轻重，针对多个人按不同情况的比重设定相对人的权利义务。

（4）符合比例规则要求　比例规则即指虽然法律赋予行政主体行政职权，但行政主体行使行政职权时应当平衡和兼顾行政目标的实现与相对人权益的保护，使两者之间保持适度的比例。比例规则要求，行政主体在行使行政职权时，如果行政目标的实现必然会对行政相对人的合法权益造成损害或不利影响，行政主体应当选择造成相对人损害或不利影响最小、最适当的方法和手段实现行政目标，并将这种损害或不利影响限制在尽可能小的范围和限度之内，使实现行政目标所带来的公共利益与由此给相对人造成的损失二者之间保持适当的比例。

（四）行政合理性原则与行政合法性原则的关系★

行政合理性原则与行政合法性原则是两个并列的彼此相互联系又相互区别的行政法基本原则。

一方面，行政合理性原则和行政合法性原则相互联系，缺一不可。行政主体的行政行为必须既合法又合理，合法和合理共存于行政法之中，不可偏废。合法是合理的基础和前提，没有合法谈不上合理；合理是合法的延伸和补充，合法不一定合理，合理是在合法基础上对行政行为提出的更高要求。

另一方面，行政合理性原则和行政合法性原则彼此要求不同，相互区别。行政合法性原则是主要原则；其适用范围既适用于羁束行政行为，又适用于自由裁量行政行为；既适用于行政管理领域，又适用于行政诉讼领域；违反该原则构成行政违法。行政合理性原则是补充原则；其适用范围仅适用于自由裁量行政行为，不适用于行政诉讼领域；违反行政合理性原则构成行政不当。

□ 法条思考

《中华人民共和国行政复议法》第 1 条规定："为了防止和纠正违法的或者不当的具体行政行为，保护公民、法人和其他组织的合法权益，保障和监督行政机关依法行使职权，根据宪法，制定本法。"该条规定是关于行政复议法的立法目的的规定。通过对本规定内容的分析，行政复议法的立法目的之一是防止和纠正具体行政行为的违法和不当。

请回答：本条规定的具体行政行为的违法和不当与行政合法性原则、行政合理性原则是什么关系？

第三节　行政法律关系

一、行政法律关系的含义

行政法律关系，是指由行政法调整的，基于行政职权的行使而形成的，行政主体与相应的其他行政关系主体之间的权利义务关系。

行政法律关系是法律关系的具体化，是行政法与行政关系相结合的表现形式，包含以下含义。

（一）行政法律关系是行政法对行政关系加以调整而形成的法律关系

法律是社会关系的调整器。行政法律关系是由行政法调整一定社会关系而形成的法律关系，而非由其他部门法调整社会关系而形成的法律关系。同时，行政法律关系是行政法对行政关系进行调整而形成的法律关系。行政关系是行政法律关系的原型，其未被行政法调整之前，只是一种客观存在的普通的事实关系。行政关系只有经过行政法的调整，才能上升为一种具有行政法意义的权利义务关系，才能成为行政法律关系。所谓调整，即指已成立生效的法律规范对特定社会关系参与者（社会关系主体）的法律身份（资格）的确认、变更，对其具体的权利义务的设定、变更、终止以及对其行使权利和履行义务的规范。

（二）行政法律关系是行政法对因行政职权的行使而产生的各种行政关系的调整而形成的法律关系

行政法的调整对象是行政关系。行政关系是行政主体行使行政职权而产生的社会关系，行政职权行使的性质决定了行政关系的范围，应当包括：行政主体与行政系统内部各主体（行政机关、行政公务人员及授权组织、委托组织）、行政相对人（公民、法人、其他组织）、监督行政主体（权力机关、上级及专门行政机关、司法机关、社会组织和公民个人）之间的行政关系。

（三）行政法律关系是具有行政法权利义务内容的法律关系

法律关系是一种权利义务关系。权利义务关系不同于一般（未经法律调整的）社会关系的根本特点在于：权利义务关系是一种由法律预先规定的，参与的当事人应当按照法定权利义务运行的规范要求实施行为，并能得到法律的保障，最终由国家强制力保证实现的社会关系，即权利义务关系具有先定性、规范性和强制性的特性。行政法律关系是一种具有行政法性质的权利义务关系，不同于行政关系。首先，两者的性质不同。行政法律关系属于体现国家意志的思想关系，行政关系则属于事实关系。其次，两者与行政法的关系不同。行政关系是行政法的调整对象,行政法律关系是行政法调整的结果。最后,两者的范围不同。行政关系的范围大于行政法律关系的范围,行政法并不对所有的行政关系进行调整,而是只对主要的行政关系进行调整。

举例说明

用实例说明行政法律关系和行政关系的区别。

二、行政法律关系的特征

行政法律关系作为法律关系的一种,与其他法律关系相比,有以下特征。

(一)主体方面的特征

1. 行政主体一方具有恒定性

行政法律关系是行政主体在行使行政职权过程中形成的社会关系的法律化,没有行政主体的参与,就不可能产生行政法律关系。行政主体所具有的行政职权的享有者、行使者以及接受监督的特性,决定了在所有的行政法律关系中,行政法律关系一方主体恒定为行政主体,即无论是何种类型的行政法律关系,在双方主体中,必有一方是行政主体。

2. 主体双方的多样(重)性

多样性即主体在法律身份和性质上的多样性。在行政法律关系中,作为行政主体的一方,其多样性表现为:一方面,主体资格的种类既有行政机关,又有法律、法规、规章授权的组织等;另一方面,在不同类型的行政法律关系中,分别以行政立法主体、管理者、服务提供者、指导提供者、合作一方当事人、补救义务履行者、受监督者等不同法律身份或角色出现。同时,在行政法律关系中与行政主体相对应的另一方主体,在角色上也是多样的,主要包括服从管理者、接受服务者、选择指导者、合作一方当事人、接受补救者、监督者等。

3. 行政主体居于主导地位

行政主体作为国家权力的代表,为了实现公共利益,享有并行使国家行政权,在行政法律关系中居于主导地位。其主导性表现为行政法律关系的产生、变更、终止,大多取决于行政主体的单方行为;行政法律关系的实现,行政主体最终可以对相对人采取强制措施;行政主体在行使行政权的过程中,享有行政优益权。

(二)内容方面的特征

1. 权利义务的不对等性

在法律关系中,主体双方的权利义务是对应的。在行政法律关系中,对应的权利义务是不对等的。权利义务的不对等性是指行政法律关系主体双方彼此对应地行使和履行的权利义务,各自在质和量上是不对等的。具体表现为:主体双方各自权利义务的性质完全不同,即行政主体享有和行使的是国家行政职权，履行的是行政职责，相对方享有和行使的是权利，履行的是义务；主体双方各自权利义务的数量（价值量）不会相等，不能形成等价交换；行政主体固有的权利义务，相对方是不可能具有的。应当指出，这种权利义务的不对等性仅限于主体双方实体权利义务的分配关系。

2. 国家权力和个体权利处分的限制性

在行政法律关系主体中，有相当一部分主体是行政主体以及作为监督行政的主体的有关国家机关（权力机关、行政审判机关），它们是代表公共利益，以国家名义参与行政法律关系的，其拥有并行使的都是国家权力。国家权力属于人民，国家机关不可随意处分的性质决定了国家机关在行政法律关系中，行使职权也就是履行职责。同时，由于行政职权行使过程中涉及个体利益与公共利益、个体权利与国家权力的制衡关系，行政法律关系中的相对人的个体权利，会受到明显的限制，只能相对自由地行使，即在一定条件下应受到行政主体的制约。

3. 权利义务的法定性

行政法律关系中的权利义务往往涉及国家利益、社会利益等公共利益，为了确保公共利益的实现，行政法律关系的主体应享有的权利和应履行的义务，都是由行政法律规范预先设定的，除行政合同外，主体双方一般不能自由约定。

（三）设定方面的特征

行政法律关系在设定方面具有灵活性与及时性的特征。

由于行政活动领域不仅内容丰富复杂，而且处于不断的变动之中，加之行政权行使的主动性，决定了行政法律关系具有灵活性和及时性的特征。该特征有三个方面的表现：① 行政法律关系在不宜由立法机关以统一法典全面设定的情况下，通常要以制定法律、行政法规、地方性法规、规章等更多的立法方式灵活设定；② 行政法律关系设定的周期较短，一旦新的行政关系出现而又有必要通过行政法加以调整时，相关的立法就要尽快作出反应，及时予以确认或肯定；③ 在许多情况下，已设定的行政法律关系存续期不长，一旦社会生活有了变化而已设定的行政法律关系与之不相适应，就需要废止、修改，及时变动。

三、行政法律关系的构成要素

行政法律关系和其他法律关系一样，是由主体、内容、客体三个要素构成的。

（一）行政法律关系的主体

行政法律关系主体，又称行政法（律）主体，或称行政法律关系当事人，是指在具体的行政法律关系中享有权利、承担义务的组织和个人。

行政法律关系主体是行政法律关系的实际参加者，是行政法律关系中权利义务的归属者和承受者，是行政法律关系的首要构成要素。没有行政法律关系主体，行政法律关系就失去了产生的基础。

行政法律关系主体不是某一方主体，是参与到行政法律关系中的一切当事人，是双方或多方主体。判断某一组织或个人是否是行政法律关系的主体，即考察其是否实际参与了行政法律关系，在行政法律关系中是否实际享有权利和承担义务。据此，行政法律关系主体主要包括行政主体、行政相对人以及监督行政主体。行政法律关系各主体在具体的行政法律关系中的地位不尽相同。

（二）行政法律关系的内容

行政法律关系的内容，是指在一个具体的行政法律关系中，主体各方所享有的权利和承担的义务的总和。具体而言，行政法律关系的内容即指行政法律关系主体在行政法律关系中享有的权利和承担的义务。行政法律关系的内容是行政法律关系的核心，没有它，行政法律关系便失去了存在的意义。

每个行政法律关系主体在具体的行政法律关系中，都是权利的享有者和义务的承担者。其中，享有权利的一方主体称为权利主体，负有义务的一方主体称为义务主体。但由于在行政法律关系中，权利的行使和义务的履行，是彼此相对应的，所以没有绝对的权利主体和绝对的义务主体，当事人在行政法律关系中往往既是权利主体，又是义务主体。

行政法律关系的主体范围较为广泛，行政主体与不同的另一方主体相对应地形成了多种法律关系，而在不同类型的行政法律关系中，主体的权利义务各有区别。

（三）行政法律关系的客体

行政法律关系的客体，是指行政法律关系主体的权利义务所共同指向的对象和标的，也可称为行政法律关系内容即权利义务所指向的目标，它是联系行政法律关系双方主体之间权利义务的媒介。

行政法律关系客体是行政法律关系的表现形式，没有它，行政法律关系内容就无法表现，就失去了目标，从而影响行政法律关系的成立。

行政法律关系客体主要包括物、行为、人身以及智力成果。物是指实际存在的，能够为人们控制和支配的物质财富，包括实物和货币。大多数行政法律关系都和物有着密切关系。行为是指行政法律关系主体作出的有目的、有意志的活动，包括作为与不作为、合法行为与违法行为、行政主体的行为与相对主体的行为。人身是指行政法律关系主体的身体和身份。不论是公民的身体，还是公民、法人、其他组织的身份，都可以成为行政法律关系的客体。智力成果又称智力财富、精神财富，是指行政法律关系主体从事了智力活动所取得的具有一定形式的成果，包括著作、商标、专利和其他智力成果。

四、行政法律关系的产生、变更、消灭★

（一）行政法律关系产生、变更、消灭的条件和原因

行政法律关系是一个动态化的社会关系，它随着客观情况的变化而不断地发展变化。行政法律关系的变化一般呈现出三种状态，即产生、变更和消灭。

1. 行政法律关系产生、变更、消灭的条件

行政法律关系产生、变更、消灭的条件是已经存在的具有法律效力的行政法律规范。行政法律关系是由行政法对行政关系加以调整而形成的法律关系，没有相应的有效的行政法律规范的存在，行政法律关系就不可能产生、变更和消灭。

2. 行政法律关系产生、变更、消灭的原因

行政法律规范的存在，只是为行政法律关系产生、变更、消灭提供了法律依据，提供了可能，但并不等于行政法律关系已经存在或必然产生。与行政法律规范相适应的行政法律事实的出现，是行政法律关系产生、变更、消灭的直接原因。行政法律事实，是指由行政法规定的，能够导致行政法律关系产生、变更、消灭的客观事实。行政法律事实通常分为两类，即行政法律事件和行政法律行为。行政法律事件是指不以人的意志为转移的客观现象，包括自然事件和社会事件。行政法律行为是指体现行政法律关系主体个人意志的行为，包括：作为和不作为，合法行为和违法行为。行政法律行为是行政法律关系产生、变更、消灭的最主要的行政法律事实。

（二）行政法律关系的产生

行政法律关系的产生，是指因特定的行政法律事实的出现，行政法上的权利义务在行政主体和与行政主体相对应的主体之间的实际构成。行政法律关系的产生是行政法律关系从可能性转变为现实性，即把行政法律规范规定的权利义务转变为现实中的由行政法律关系主体实际享有的权利和实际承担的义务。

（三）行政法律关系的变更

行政法律关系的变更，是指行政法律关系产生后至消灭前的存续期间，因一定的原因而发生的局部变化。行政法律关系的变更包括主体的变更、内容的变更、客体的变更。

（四）行政法律关系的消灭

行政法律关系的消灭，是指原行政法律关系因一定的原因不再存在，完全消失。其核心是行政法律关系主体双方原有权利义务的消灭。行政法律关系的消灭包括主体的消灭、内容的消灭、客体的消灭。

□ 案例分析

一天中午，公民甲开车拉朋友到某饭店吃饭。就餐期间与朋友一起饮了白酒。饭后，甲驾车欲将朋友送回家休息，在途中被交通警察查获。经检测，甲属于饮酒后驾车。交通警察根据《中华人民共和国道路交通安全法》第 91 条第 1 款的规定，对甲给予了暂扣 6 个月机动车驾驶证和罚款 2 000 元的行政处罚。请回答：

1. 在本事件形成的行政法律关系中，主体是谁？客体、内容是什么？
2. 该行政法律关系产生的条件和原因是什么？

□ 引例答案

问题 1. 行政活动。

问题 2. 公安分局享有国家治安管理的行政权力。

问题 3. 行政合法性原则和行政合理性原则。

问题 4. 治安管理的行政法律关系。

□ 引例解析思路

问题 1. 第一，要明确活动的性质是指什么(刑事？民事？行政？诉讼?)；第二，要考虑小额赌博的法律性质；第三要考虑公安分局的性质、地位以及公安分局查处赌博的目的。

问题 2. 第一，在明确小额赌博的法律性质的基础上，搞清楚查处赌博是否属于公安机关的职权；第二，考虑公安分局进行职能活动的依据是什么。

问题 3. 第一，考虑公安机关查处赌博依据的是什么性质的部门法律；第二，考虑公安分局执行《治安管理处罚法》应当遵循什么法律原则。

问题 4. 第一，明确公安分局查处赌博遵守的是什么性质的部门法律；第二，考虑公安分局查处赌博是什么性质的活动。

■ 本章小结

【结语】

本章以行政权为基点，对行政法、行政法基本原则、行政、行政法律关系等行政法基本理论范畴进行了介绍和阐释。行政权是行政法的核心；行政法是对行政权的调控，是行政活动的法律依据；行政法基本原则是行政法基本精神实质的集中概括，对行政活动具有指导意义；行政是行政主体依照行政法的规定行使行政权的活动，是行政法律关系产生的主要原因；行政法律关系是行政法对行政关系进行调整而形成的权利义务关系，是行政法内容的高度抽象和分解。

【本章基本知识点逻辑结构图】

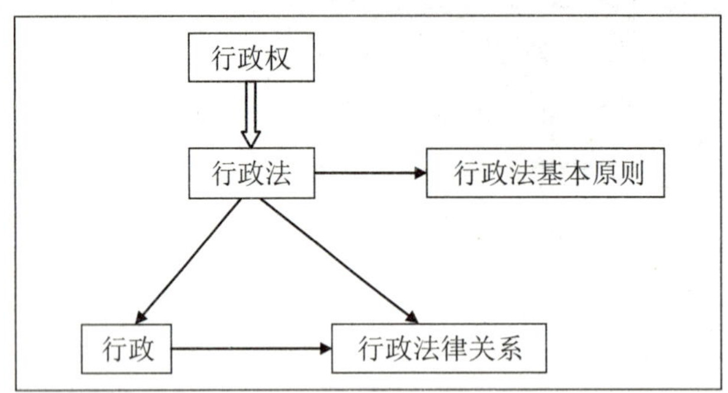

综合训练

■ 思考与练习

一、名词解释

行政　行政权　行政法　行政关系　行政法基本原则
行政合法性原则　行政合理性原则　行政法律关系

二、填空题

1. ____________ 是行政的核心。
2. 行政法的调整对象是 ____________ 。
3. 行政法律关系的构成要素是 ____________ 、 ____________ 、 ____________。
4. 行政针对其领域范围，依其主体、目的、手段的不同，可分为 ____________ 和 ____________ 。
5. 公共行政包括 ____________ 和 ____________ 。
6. 行政权与权利相比，其特点有 ____________ 、 ____________ 、 ____________、 ____________。
7. 行政权的内容大致可分为三方面： ____________ 、 ____________ 、 ____________。
8. 行政法是由三方面的法律规范构成的集合体，即 ____________ 、 ____________、 ____________。
9. 行政法基本原则的确立标准有 ____________ 、 ____________、 ____________、 ____________。

10. 行政法基本原则包括 ____________ 和 ____________ 。

11. 行政主体在行使行政应急权力时应受到必要的法律控制，即必须符合 ____________、____________、____________。

12. ____________、____________ 是“行政”一词的基本含义，是一般意义上的行政的基本内容。

13. 行政法上的行政仅指 ____________ 行政，而不包括 ____________ 行政。

14. 行政权的形式概括地讲，包括三个方面：____________、____________、____________。

15. 行政关系主要包括两方面关系：____________、____________。

16. 行政合法性原则中的“法”，具体包括：____________、____________、____________、____________、____________、____________、____________。

17. 行政合法性原则强调 ____________ 是行政主体权力活动的依据和标准。

18. 行政合理性原则设立的目的在于规范和控制 ____________ 。

19. 行政法律关系客体主要包括 ____________、____________、____________、____________。

三、判断题

(　　) 1. 权力就是权利。

(　　) 2. 行政法即行政法规。

(　　) 3. 行政法律关系即行政关系。

(　　) 4. 在行政法律关系主体中，没有绝对的权利主体和绝对的义务主体。

(　　) 5. 行政法基本原则是行政法律规范的核心和灵魂。

(　　) 6. 行政权是权力而非权利。

(　　) 7. 行政就是管理。

(　　) 8. 行政是行使国家行政权的职能活动。

(　　) 9. 行政法基本原则是行政法领域中最高层次的行为准则。

(　　) 10. 行政法是仅次于宪法的一个独立的法律部门。

(　　) 11. 行政法基本原则是通过明确、统一的部门法总则或部门法典加以规定的。

(　　) 12. 行政权与行政职权是抽象与具体、一般与个别的关系。

(　　) 13. 行政权就是行政职权。

(　　) 14. 行政权限即行政权。

(　　) 15. 行政关系是区分行政法与其他部门法的基本准则。

（　　）16. 在现代公共行政中，国家行政是行政法的基本调整对象，社会行政则处于补充地位。

四、单项选择题

1. 行政法上的行政仅指（　　）。

A. 公共行政　　B. 私人行政

C. 国家行政　　D. 社会行政

2. 行政是行使（　　）的职能活动。

A. 行政权　　B. 立法权

C. 司法权　　D. 政权

3.（　　）可以用于行政诉讼领域。

A. 行政法基本原则　　B. 行政合法性原则

C. 行政合理性原则　　D. 法律基本原则

4. 行政的主体是（　　）。

A. 公民　　B. 法人

C. 国家机关　　D. 享有行政权的组织

5. 行政权与司法权相比的特点有（　　）。

A. 主动性　　B. 法律性

C. 不可处分性　　D. 强制性

6. 行政法律关系产生、变更、消灭的条件是（　　）。

A. 行政主体的存在

B. 存在具有法律效力的法律规范

C. 存在具有法律效力的行政法律规范

D. 行政法律事实的出现

五、多项选择题

1. 国家权力包括(　　　　)。

A. 立法权　　B. 行政权

C. 司法权　　D. 对外权

2. 行政活动的方式是（　　　　）。

A. 制定普遍性行为规则　　B. 适用法律解决社会冲突

C. 决策、组织、管理、调控　　D. 服务、提供公共福利

3. 下列有关行政的表述正确的是（　　　　）。

A. 行政的主体是依法享有国家行政权的行政主体

B. 行政的客体是国家和社会公共事务

C. 行政的活动方式是决策、组织、管理、调控、服务、提供福利

D. 行政是行使国家行政权的职能活动

4. 行政权与公民、法人或其他组织的权利相比具有的特点是（　　　　）。

A. 广泛性　　　　B. 主动性

C. 公益性　　　　D. 优益性

5. 行政权与立法权相比具有的特点是（　　　　）。

A. 执行性　　　　B. 直接性

C. 公益性　　　　D. 强制性

6. 行政权的广泛性即指（　　　　）。

A. 涉及国家和社会生活的各个领域

B. 渗透和延伸到立法领域

C. 渗透和延伸到司法领域

D. 具有易变性

7. 行政法在内容上具有的特点是（　　　　）。

A. 涉及的内容范围广泛

B. 行政法规范具有相对易变性

C. 实体性规范和程序性规范通常交织在一起

D. 尚无统一、完整的法典

8. 下列选项中，属于行政合理性判定的客观标准是（　　　　）。

A. 符合客观规律　　　　B. 符合比例规则要求

C. 符合立法目的　　　　D. 符合常理

9. 下列选项中，属于行政合理性判定的主观标准是（　　　　）。

A. 考虑相关因素　　　　B. 遵循平等对待规则

C. 动机正当　　　　D. 符合常理

10. 行政合理性原则适用于（　　　　）的行政领域。

A. 法律没有作出规定

B. 法律只规定了模糊标准，没有规定明确的范围和方式

C. 法律只能规定明确具体的范围和方式，但不能指明其对繁杂、详尽实际情形的具体适用

D. 法律规定本身存在不一致或抵触

11. 行政的合理性存在于（　　　　）等方面。

A. 行政主体的设立　　　　B. 拥有和行使行政职权

C. 追究违法行政行为的责任　　　　D. 实施行政救济

12. 有关行政法律关系主体的表达，正确的是（　　　　）。

A. 行政法律关系主体是行政法律关系的实际参加者

B. 行政法律关系主体是行政法律关系中权利义务的归属者和承担者

C. 行政法律关系主体是参与到行政法律关系中的一切当事人

D. 行政法律关系主体是行政法律关系中某一方主体

13. 行政行为的合理性要求是行政行为必须（　　）。

A. 正当　　B. 客观

C. 适度　　D. 符合公平、正义

14. 下列特点中，属于行政法形式上的特点有（　　）。

A. 行政法规范具有相对易变性

B. 行政法尚无统一、完整的法典

C. 行政法的实体性规范和程序性规范通常交织在一起

D. 行政法赖以存在的法律形式、法律文件的数量最多，居于各个部门法之首

15. 行政合法性原则是指要求（　　）的行政法基本准则。

A. 行政主体的设立，必须有法定的依据，符合法定要求

B. 行政主体行政职权的取得，必须有法定依据，符合法定要求

C. 行政主体行政职权的行使，必须有法定依据，符合法定要求

D. 任何违法行政行为都应当承担相应的法律责任

16. 行政权属于（　　）。

A. 政权　　B. 国家权力

C. 权利　　D. 行政职权

17. 行政权包含（　　）。

A. 行政职权　　B. 行政权限

C. 政权　　D. 权力

18. 行政权是（　　）的权力。

A. 执行法律　　B. 管理国家事务

C. 管理社会公共事务　　D. 主动为社会成员提供公共服务

19. 下列关于行政关系的说法，正确的是（　　）。

A. 行政关系的双方当事人中，可以有行政主体

B. 行政关系的内容与行政权有关

C. 行政关系的双方当事人，地位不平等

D. 行政关系的实现最终由国家强制力作保障

六、简答题

1. 简述行政的基本特点。

2. 简述行政权的特点。

3. 简述行政法的特点。

4. 简述行政法基本原则确立的标准。

5. 简述行政法律关系的特征。

6. 简述行政合法性原则的基本要求。

7. 简述行政合法性原则和行政合理性原则的关系。

■ 专业技能训练

一、实例分析

某市卫生健康委员会经调查取证，认定某公司实施了未经许可擅自采集血液的行为，依据有关法律和相关规定，决定取缔该公司非法采集血液的行为。

请分析：卫生健康委员会的行为涉及本章行政法理论中的哪些原理？

二、法律咨询解答

甲与乙因琐事发生争执，甲先向乙动手进而形成互殴，彼此都受到了对方的伤害。乙受到了公安机关罚款的处罚，而甲只受到了公安机关的批评教育。

请问：公安机关对甲乙斗殴事件的处理是否正确？为什么？

三、法律问题阐释

有人说：有了行政法规范，就有了行政法律关系。

请对该观点予以阐释。

四、法律现象评析

某超市对公民李某在其超市内的偷窃行为，依据超市的管理规定，对其做出“偷一罚十”的罚款处罚。

请你对超市做出的对公民李某的罚款行为作出评析。

第二章　行政法主体

行政法是调整行政法主体之间形成的行政关系的法律规范，是行政主体行使行政职权的依据和准则，是行政相对人从事行政事务活动的行为规范。行政法主体是行政法规范的对象，是行政法的重要的构成内容之一。本章将介绍和阐释行政法主体的相关内容。

学习目标

通过对本章的学习，学生应当了解行政主体的含义、特征、种类，行政公务人员资格的取得与丧失，行政公务人员的法律地位；理解行政相对人的含义，行政公务人员的含义；明确行政机关委托的组织和个人、行政公务人员的范围，行政相对人的基本分类及法律地位；掌握行政主体、行政机关、授权组织、行政公务行为的确认。

引例

某地应急管理部门的工作人员在其辖区进行消防安全巡查时，对在某服装批发市场 4 楼楼梯口正在吸烟的男子，依照《中华人民共和国消防法》（以下简称《消防法》）的有关规定进行了查处，并由当地公安机关对该男子处以 5 天的行政拘留。

问题

1. 吸烟被拘事件中，涉及了哪些行政法主体？

2. 该应急管理部门在该事件中是行政主体，还是受委托组织？如果是行政主体，应属哪种类型或形态的行政主体？

3. 被行政拘留的该男子具有什么行政法律地位？

4. 在对该抽烟男子查处过程中，应急管理部门的工作人员的查处行为属于什么性质？为什么？

本案例的解析，主要涉及行政法主体的范围、行政主体的范围和种类、受委托组织的含义、行政公务人员及其公务行为的确定等相关内容与知识点的运用。

第一节 行政主体

一、行政主体概述

（一）行政主体的含义

行政主体是指依法享有行政职权，能以自己的名义行使行政职权，独立承担由此产生的行政法律责任，并实际参加行政法律关系的组织。根据行政事务的管理和服务的需要，行政主体的范围包括行政机关和授权组织。行政主体的概念包含以下含义。

1. 行政主体是组织，而非个人

行政职权是一种公权力，其存在和行使的目的是实现公共利益。由个体组成的组织有能力集合和分配公共利益，实现国家的行政职能。而作为个人无力集合和分配公共利益，无法实现国家行政职能。依据国家权力分立(分工、分配)的原理，作为行政主体只能是组织，而不能是个人。

2. 行政主体是依法享有行政职权的组织

行政主体作为组织是社会组织中的一种。在社会组织中，只有依法享有行政职权的组织，才是行政主体。不享有行政职权的组织不能成为行政主体。

3. 行政主体是能以自己的名义行使行政职权的组织

依法享有行政职权的组织，通过行为主体直接或间接地行使行政职权。行为主体是指实际行使行政职权，具体作出行政行为的机构。在所有的行为主体中，只有能以自己的名义行使行政职权的组织，才能成为行政主体。所谓“以自己的名义”是指在形式上能以主体自己的名义对内、对外出现、行文；在内容上能够依照法律规定行使行政职权，以自己独立自主的意思表示作出行政行为。

4. 行政主体是能够独立承担行政法律责任的组织

任何法律关系的主体，都必须依法有能力承担法律后果即法律责任。能够独立承担行政法律责任，实际上是能“以自己的名义”行使行政职权的必然结果。独立承担行政法律责任的基本形式，主要表现为能以自己的名义独立参加行政复议、行政诉讼以及行政赔偿诉讼活动，成为被申请人、被告、赔偿义务主体，并独立承担行政复议或诉讼的结果。

5. 行政主体是享有行政职权并实际参加行政法律关系的组织

行政主体是行政法律关系中的一方主体。只有在行政法律关系中讲行政主体，才能确定行政主体的法律地位。依法享有了行政职权，并能以自己的名义行使行政职权的组织，只能表明其具备了行政主体的资格，不一定成为行政主体。只有其现实地参加了行政法律关系，具体地享有权利和履行义务，才能成为行政主体。享有行政职权的组织，不参加行政法律关系，或参加了其他法律关系（如民事法律关系），都不能成为行政主体。参加行政法律关系，是享有行政职权的组织成为行政主体的前提。

为了从行政主体概念的外延上进一步明确行政主体的含义，应当厘清行政主体与相关概念的区别。

（1）行政主体与行政法主体　行政法主体即行政法律关系主体，包括行政主体、行政相对人、监督行政主体。行政主体是行政法律关系主体中恒定的拥有行政职权的一方主体，是行政法律关系主体重要的组成部分，而不是全部。

（2）行政主体与行政机关　行政主体是法学概念，行政机关是法律术语。行政主体不限于行政机关，其范围包括行政机关和法律、法规、规章授权的组织。行政机关是行政主体的主要组成部分，并不等于行政主体。行政机关具有多重的法律身份（行政主体、法人、行政相对人），并非在任何场合都是行政主体。行政机关只有在行使行政职权，参与行政法律关系时，才成为行政主体。同时，行政机关的内部机构、派出机构等在法律、法规、规章授权的情况下，也可成为行政主体。

（3）行政主体与行政公务人员　行政主体是由一定数量的行政公务人员组成的一个组织体，而行政公务人员则是个人，不是行政主体。行政公务人员与行政主体之间具有一种职务上的代理关系。行政主体的行政行为要由行政公务人员代表其实施。行政公务人员的行政公务行为是以行政主体的名义实施，并由行政主体承担行政法律后果。

（4）行政主体与行政组织　行政组织是实施行政管理和服务的行政机关和行政机构的综合体，是一个系统概念，其强调行政机关的整体性和统一性。行政组织不等于行政主体。一方面，在行政组织中，只有依法享有行政职权，能以自己的名义行使行政职权的行政机关和行政机构，才能成为行政主体。另一方面，行政主体也不限于行政组织中具有行政职权并能以自己的名义行使行政职权的行政机关和行政机构，除此之外，还包括其他的授权组织。

（二）行政主体的基本分类

1. 职权性行政主体和授权性行政主体

分类标准：行政主体获得行政职权的法律依据和方式。

职权性行政主体是指在其组织成立之时，根据宪法和政府组织法的规定，即取得固有行政职权的行政主体。职权性行政主体为国家行政机关，其行政职权随行政机关的成立而自然地从宪法和政府组织法中获得。

授权性行政主体是指在其组织成立之后，根据宪法和政府组织法以外的单行法律、法规和规章的授权规定，而取得非固有行政职权的行政主体。授权性行政主体为授权组织（行政机关的内部机构、派出机构、临时机构和特定的社会组织），其行政职权不是因该组织的成立，而是基于宪法和政府组织法以外的相关单行法律、法规和规章的授权规定而取得。

2. 外部行政主体和内部行政主体

分类标准：行政主体行使行政职权的对象范围和其行使行政职权时与行政相对人之间是否存在隶属关系。

外部行政主体是指基于地域或公务关系，依法对行政组织系统以外的相对人（社会上的公民、法人、其他组织）行使行政职权的行政主体。

内部行政主体是指基于隶属关系，依法对行政组织系统内的相对人（本行政主体的组成机构、工作人员以及行政组织内的其他机构与人员）行使行政职权的行政主体。

（三）行政主体资格

1. 行政主体资格的含义

行政主体资格是指一定的组织所具备的依法享有并以自己的名义行使行政职权，独立承担行政法律责任，能以行政管理和服务者的身份参加行政法律关系的权能。行政主体资格是一定的组织具有行政主体法律地位的前提和基础。只有具有行政主体资格的组织实际地参加了行政法律关系，才能具体地取得行政主体的法律地位。

2. 行政主体资格的内涵

一定的组织具有行政主体资格，即意味着该组织：① 享有行政职权；② 能以自己的名义行使行政职权；③ 能独立承担行政法律责任；④ 能以行政管理和服务者的身份参加行政法律关系。

3. 行政主体资格的取得、变更、消灭

（1）行政主体资格的取得　行政主体资格的取得有两种方式：① 依职权取得，即一定的组织根据宪法、政府组织法的有关规定取得行政主体资格。按照该种方式取得行政主体资格的组织主要是行政机关。② 依授权取得，即一定的组织根据宪法、政府组织法以外的单行法律、法规以及规章的授权规定取得行政主体资格。按照该种方式取得行政主体资格的组织主要是行政机关的内部机构、派出机构、临时机构和特定的社会组织。

（2）行政主体资格的变更（转移）　行政主体资格的变更（转移）是指具有行政主体资格的组织，因特定的法律事实的发生，其原有的行政主体资格依法转移给其他组织。行政主体资格的变更包括两种情况：① 行政主体的分立，即原行政主体分立成为两个或两个以上新的行政主体，由各个新的行政主体分别承继原行政主体的行政主体资格。② 行政主体合并，即原有两个或两个以上的行政主体，组成一个新的行政主体，由新的行政主体统一承继原各行政主体的行政主体资格。行政主体资格的变更体现了新旧行政主体之间行政主体资格的继承和被继承的关系。新的行政主体不仅继受原行政主体的行政主体资格，而且要承受行政主体资格变更前原行政主体已作出的行政行为所产生的法律后果。

（3）行政主体资格的消灭　行政主体资格的消灭，是指具有行政主体资格的组织，因特定法律事实的发生,其行政主体资格消失,不复存在。行政主体资格的消灭,意味着原具有行政主体资格的组织,不能再行使或以自己的名义独立行使行政职权。

行政主体资格的消灭不同于行政主体资格的变更的最大特点是,行政主体资格的消灭属于行政主体资格不复存在,而非发生转移。行政主体资格和具有行政主体资格的组织是两个不同的概念,具有行政主体资格的组织被撤销或解散,其原有行政主体资格可能随之消灭,可能随之转移给其他组织。行政主体资格的消灭并不一定等于具有行政主体资格的组织消灭。行政主体资格消灭的根本原因是授权的取消,即宪法、法律、法规以及规章的授权被收回或授权期限届满。

问题讨论

请指出行政主体资格、具有行政主体资格的组织、行政主体三者间的关系。

(四)行政主体的法律地位★

1. 行政主体法律地位的含义

行政主体法律地位,是指具有行政主体资格的组织在行政法上所具有的权利和义务的综合状态。它是通过实际参加行政法律关系,由具体的权利和义务体现出来的。

行政主体法律地位,由行政主体与国家之间的权利义务关系和行政主体与行政相对人之间的权利义务关系构成。一方面,行政主体对于国家而言,是国家行政权的代表者;另一方面,对于行政相对人而言,是公共行政事务的管理者和服务者。从实质上讲,行政主体的法律地位是由其具有的具体的行政职权和行政职责决定的。

2. 行政职权

行政职权是国家行政权的转化形式,是行政主体实施行政管理和服务活动的资格及权能。行政职权的行使与行政优益权、行政权限密切相关。

(1) 行政优益权　行政优益权是指行政主体依法具有的在其职务或物质上保障行政职权有效实现的优益条件的资格。行政优益权不属于行政职权,它是与行政职权的行使密切相关的保障条件。行政优益权由行政优先权和行政受益权构成。

行政优先权,即行政主体行使行政职权时,在职务上所享有的优益条件的资格。该优益条件表现为当行政职权与公民、法人、其他组织的权利在同一领域或同一范围内相遇时,行政职权具有优先行使和实现的效力。行政优先权是因行政职权的行使而产生的一种“特权”,它必须有明确的法律依据并在法定情形出现时才能拥有。行政优先权的内容包括四个方面:其一,先行处置权。即行政主体在紧急情况下为了实现行政目的,可以不按照法定程序的要求对行政管理对象先行作出处置行为的资格。其二,获得社会协助权。即行政主体在从事紧急公务时所享有的获得有关公民和组织对其履行协助执行或提供方便的强制性义务的资格。其三,行政行为推定有效。即行政主体的行政行为一经作出,无论是否存在违法或不当,只要未被有权机关正式撤销，即视为具有法律效力。其四，公务行为受保护权。即行政公务人员在其依法执行公务时享有的任何组织和个人不得以任何形式抗拒、阻碍其执行职务的资格。

行政受益权，即行政主体所享有的在物质上由国家提供的保证其行使行政职权所需要的各种优益条件的资格。该优益条件的内容一般表现为国家提供的行政经费、办公条件、交通工具等。

□ 法条思考

《中华人民共和国消防法》第 47 条规定："消防车、消防艇前往执行火灾扑救或者应急救援任务，在确保安全的前提下，不受行驶速度、行驶线路、行驶方向和指挥信号的限制，其他车辆、船舶以及行人应当让行，不得穿插超越；收费公路、桥梁免收车辆通行费。交通管理指挥人员应当保证消防车、消防艇迅速通行。赶赴火灾现场或者应急救援现场的消防人员和调集的消防装备、物资，需要铁路、水路或者航空运输的，有关单位应当优先运输。"本规定是关于消防交通优先权的规定。

请回答：上述规定的内容属于行政优先权中的什么内容？

（2）行政权限　行政权限是指由法律明文规定的行政主体行使行政职权所不能逾越的范围、界限。简言之，行政权限即行政职权的限度。

行政权限分为纵、横两大类。纵向行政权限即具有隶属关系的上下级行政主体之间行政职权行使范围、界限的划分。横向行政权限即指无隶属关系的行政主体之间行政职权行使范围、界限的划分。横向行政权限又可区分为两种情况，即区域管辖权限和公务管辖权限。区域管辖权限，即行政主体行使行政职权以区域界限、范围为限度。公务管辖权限，即行政主体行使行政职权以行政事务的性质、范围、期限为限度。

3. 行政职责

行政职责是指法律规定的行政主体在行使行政职权的过程中，必须承担的义务。行政职责随行政职权的产生、变更或消灭而相应变化，行政职权与行政职责密不可分，辩证统一。

行政职责的主要内容是行政主体在行使行政职权的过程中，必须依法行政和合理行政，行政行为必须符合依法行政和合理行政的要求。

二、行政机关

（一）行政机关的含义和特征

行政机关是按照宪法和政府组织法的规定设立的，依法享有和行使国家行政权，对国家各项行政事务进行组织和管理的国家机关。行政机关是国家权力机关的执行机关。行政机关的概念包含以下含义和基本特征。

(1) 行政机关是国家机关的组成部分。该含义和特征区别于社会组织和自然人。

(2) 行政机关是享有和行使国家行政权的国家机关。该含义和特征区别于承担其他国家职能的国家机关。

(3) 行政机关是依据宪法和政府组织法设立的国家机关。该含义和特征既区别于其他国家机关,更区别于其他行政主体。

(二) 行政机关的范围

1. 中央行政机关

中央行政机关是对全国范围内的国家行政事务行使行政权的行政机关。中央行政机关包括:

(1) 国务院　中华人民共和国国务院,即中央人民政府,是最高国家权力机关的执行机关,是最高国家行政机关。国务院由总理、副总理、国务委员、各部部长、各委员会主任、审计长、秘书长组成。国务院实行总理负责制。总理领导国务院的工作。副总理、国务委员协助总理工作。国务院行使职权的方式是国务院常务会议和国务院全体会议。总理召集和主持国务院常务会议和全体会议。国务院常务会议由总理、副总理、国务委员、秘书长组成。国务院全体会议由国务院全体成员组成。国务院秘书长在总理的领导下,负责处理国务院的日常工作。国务院设立办公厅,由秘书长领导。国务院办公厅管理国务院的日常工作事务。

(2) 国务院的组成部门　国务院的组成部门即国务院的工作部门或职能机关,是国务院的组成部分。按照国务院管理的行政事务的性质不同,国务院的行政管理职能由其各组成部门分别具体承担。国务院的组成部门包括各部、各委员会、中国人民银行、审计署。国务院各组成部门负责国家行政管理的各类不同职能的工作,依法对某一方面或某一类行政事务具有全国范围内的管理权限。各部管理国务院比较专业的行政事务。各委员会管理国务院具有综合性的行政事务。审计署负责对国务院各部门和地方各级人民政府财政收支,以及对国家的财政金融机构和企业事业组织的财务收支,进行审计监督。

(3) 国务院直属机构　国务院直属机构是国务院根据工作需要和精简的原则设立的主管各项专门业务的职能机关。国务院直属机构与国务院各部、委员会相比,有以下特点:① 级别低,其行政首长不是国务院的组成人员;② 机构的设立、撤销、合并以及行政首长的任免由国务院自行决定,无须国家权力机关批准;③ 主管的业务单一,不具有综合性。

(4) 国务院部委管理的国家局　国务院部委管理的国家局是指国务院设立的,由各部委归口管理的,主管有关行业或领域行政事务的行政机关。国务院部委管理的国家局,一方面,其行政事务与相应的国务院部委的职能密切相关,由相应的国务院部委归口管理;另一方面,其既不同于国务院直属机构,又不同于国务院部委的内设机构,具有相对独立的行政管理职能,依法负责有关法律的实施。

(5) 国务院办事机构　国务院办事机构是指国务院根据工作需要和精简的原则设立的,

协助总理办理专门事项的辅助性工作机构。与国务院组成部门以及直属机构相比，国务院办事机构不具有独立的行政管理职能，一般不享有对外管理的独立权限，不具有外部行政主体资格，只能成为内部行政主体。

(6) 国务院议事协调机构和临时机构　国务院议事协调机构和临时机构承担跨国务院行政机构的重要业务工作的组织协调任务。国务院议事协调机构议定的事项，经国务院同意，由有关的行政机构按照各自的职责负责办理。在特殊或紧急的情况下，经国务院同意，国务院议事协调机构可以规定临时性的行政管理措施。

(7) 国务院直属事业单位　在获得法律、行政法规、部门规章的授权后，即具有行政主体的资格。

2. 地方行政机关

地方行政机关是指对地方行政区域范围内的各项地方性行政事务行使行政权的行政机关。我国地方行政机关包括一般地方行政机关、民族自治地方行政机关和特别行政区的行政机关。民族自治地方行政机关是指自治区、自治州、自治县的人民政府，属于民族自治地方的自治机关，其组织机构的设置与一般地方行政机关相同，只是民族自治地方行政机关的正职行政首长必须由实行区域自治的民族的公民担任。特别行政区的行政机关按照特别行政区基本法规定设置，与前两类地方行政机关有很大的不同。

一般地方行政机关的设置有：

(1) 地方人民政府　地方各级人民政府是地方各级权力机关的执行机关，是地方各级国家行政机关。

地方人民政府按照管理的行政事务范围和管辖的行政区域范围的不同分为四级，即省、自治区、直辖市人民政府；自治州、设区的市人民政府；县、自治县、不设区的市、市辖区人民政府；乡、民族乡、镇人民政府。

地方人民政府由以下人员组成：省、自治区、直辖市、自治州、设区的市人民政府分别由省长、副省长，自治区主席、副主席，市长、副市长，州长、副州长和秘书长、厅长、局长、委员会主任等组成；县、自治县、不设区的市、市辖区的人民政府分别由县长、副县长，市长、副市长，区长、副区长和局长、科长等组成；乡、民族乡、镇人民政府分别设乡长、副乡长，镇长、副镇长。地方各级人民政府分别实行省长、自治区主席、市长、州长、县(区)长、乡长、镇长负责制。

地方各级人民政府具有双重从属性。一方面，地方各级人民政府都是本级地方国家权力机关的执行机关，对本级人民代表大会负责并报告工作；县级以上的地方各级人民政府在本级人民代表大会闭会期间，对本级人民代表大会常务委员会负责并报告工作。另一方面，地方各级人民政府对其上一级国家行政机关负责并报告工作；同时，作为国务院统一领导下的国家行政机关，都服从国务院的领导。

(2) 地方人民政府工作部门　地方人民政府工作部门是指县级以上地方人民政府根据工

作需要和精干的原则设立的，承担某一方面行政事务的组织与管理职能的行政机关，是地方人民政府的职能部门。

一般而言，地方各级人民政府的工作部门与中央人民政府职能部门的设置具有对应性。地方人民政府工作部门的设置分别是：省、自治区、直辖市人民政府为厅、局、委员会；自治州、县、自治县、市、市辖区为局、科。各厅、局、委员会、科分别设厅长、局长、主任、科长，在必要时可以设副职。

地方人民政府各工作部门受人民政府的统一领导，并且依照法律或者行政法规的规定受上级人民政府主管部门的业务指导或者领导。

（3）地方人民政府的派出机关　地方人民政府的派出机关是指县级以上地方人民政府依法在一定区域内设立的具有综合性行政管理职能的行政机关。地方人民政府的派出机关有以下特点：① 具有行政主体资格，能以自己的名义独立行使行政权；② 不属于独立的一级人民政府；③ 管辖的行政事务和履行的行政管理职能具有综合性。

地方人民政府的派出机关有三种类型，即省、自治区人民政府设立的派出机关——行政公署；县、自治县人民政府设立的派出机关——区公所；市辖区、不设区的市人民政府设立的派出机关——街道办事处。

问题讨论

分析说明地方人民政府、地方人民政府工作部门、地方人民政府的派出机关之间的关系。

三、授权组织

（一）授权组织的含义

授权组织，又称“被授权组织”“法律、法规授权组织”“其他行政主体”，是指行政机关之外的、依据宪法和政府组织法以外的法律、法规以及规章的特别行政授权规定，取得对某种特定范围行政事务管理与服务的行政主体资格的组织。授权组织有以下含义。

（1）授权组织作为一种组织，其本身通常不是行政机关，主要是非国家机关的社会组织，但同时也包括一部分行政机关中的行政机构，如行政机关的内部机构、派出机构。这些组织在未得到授权之前，并不具有行政主体资格。

（2）授权组织获得行政授权的依据是宪法和政府组织法以外的法律、法规以及规章明确的特别授权规定。

（3）授权组织具有并且仅具有被授予特定行政职权方面的行政主体资格。当然，授权组织在未被行政授权之前已具有某种行政主体资格的，实质上被授权只是行政职权范围的扩大或行政职权内容的增多；授权组织在未被行政授权之前无行政主体资格的，因此而取得行政主体资格。

（4）授权组织获得行政授权必须符合法定的方式，即由法律、法规、规章直接规定授予某组织行政职权或法律、法规、规章规定由特定的行政机关授予某组织行政职权。

（二）授权组织的类型

授权组织按照其组织本身的性质的不同，有以下类型。

1. 行政机构

作为行政机关内部组成部分的行政机构，是行政机关具体的工作机构，其承担着行政机关职能中的某项专门职能，具体实施行政机关的行政职权。由于其不具有独立对外的行政职权，行政机构通常情况下只能以其所属的行政机关名义履行行政职能，不具有行政主体资格。只有经法律、法规、规章的特别授权，行政机构才具有行政主体资格。下列机构经授权可以具有行政主体资格，成为授权组织。

（1）普通行政机构　普通行政机构即行政机关内部的一般机构，是行使其所属行政机关某领域的行政职能的内设机构。行政机关内部的一般机构包括各级人民政府所属的内部机构及临时设置的机构，也包括政府工作部门的内部机构。经授权可以具有行政主体资格的普通行政机构一般为政府工作部门的内部机构。如县级以上地方各级人民政府公安机关交通管理部门负责本行政区域内的道路交通安全管理工作（《中华人民共和国道路交通安全法》第5条）。

（2）专设行政机构　专设行政机构即依据有关法律、法规的明确规定，针对专业性、技术性较强的某种行政事务，专门设立的特定的工作机构。如国务院工商行政管理部门设立商标评审委员会，负责处理商标争议事宜。（《中华人民共和国商标法》第2条第2款）。

（3）政府工作部门的派出机构　政府工作部门的派出机构即政府工作部门根据工作需要在一定区域设立的代表该工作部门履行一定行政职能的派出工作机构。如税务所（《中华人民共和国税收征收管理法》第14条）、公安派出所（《治安管理处罚法》第91条）。

2. 事业单位

事业单位是不以营利为目的，从事某种专业性、技术性、公益性活动的组织。事业单位从性质上讲不具有行政主体资格，但经授权便可具有所授行政职权方面的行政主体资格。如“学校及其他教育机构”对受教育者的学籍管理、奖励、处分以及颁发相应的学业证书（《中华人民共和国教育法》第29条）。“流浪乞讨人员救助站”对在城市生活无着的流浪、乞讨人员实施救助管理（《城市生活无着的流浪乞讨人员救助管理办法》）。

3. 企业单位

经授权可以具有行政主体资格的企业，一般为公用企业。如国家铁路运输企业行使法律、行政法规授予的行政管理职能。（《中华人民共和国铁路法》第3条第2款）。

4. 行业组织

行业组织是指特定行业或领域的成员自愿组成的，为实现会员共同的意愿，按照其章程开展活动的非营利性社会团体组织。行业组织属于社会公权力组织，一方面，可以根据组织章程行使各种社会公权力；另一方面，可接受法律、法规及规章授权行使特定行政职能。如注册会计师协会（《中华人民共和国注册会计师法》授权的组织）、律师协会（《中华人民共和国律师法》授权的组织）。

5. 人民团体

人民团体是指经政府批准免于登记的代表某个群体利益的社会团体组织。如消费者协会（《中华人民共和国消费者权益保护法》授权的组织）、工会（《中华人民共和国工会法》授权的组织）。

6. 基层群众性自治组织

基层群众性自治组织是指在城市和农村按居民居住的地区设立的居民委员会和村民委员会。《中华人民共和国城市居民委员会组织法》和《中华人民共和国村民委员会组织法》分别授权居民委员会、村民委员会行使多种基层行政管理的职能。

四、行政机关委托的组织和个人

行政机关委托的组织，又称受委托组织或被委托组织，是指依法受行政机关的行政委托，在受委托的权限范围内，以委托的行政机关名义行使委托的行政职权，并由委托的行政机关承担行政法律责任的组织。行政机关委托的组织包含有以下含义。

（1）委托主体必须是享有所委托行政职权的国家行政机关，受委托组织在接受行政机关的委托后不得再行委托。

（2）受委托组织是符合法定条件的有关行政机关、社会组织，特定条件下还可以是个人。行政机关作为受委托组织，在接受委托之前不享有受委托的行政职权。如《中华人民共和国税收征收管理法实施细则》第44条就规定了税务机关可以按照国家有关规定委托有关单位和人员代征零星分散和异地缴纳的税收。

（3）受委托组织不具有所受委托的行政职权方面的行政主体资格，不享有所受委托的行政职权，而只能以委托的行政机关的名义，代替委托的行政机关行使所受委托的行政职权，对行使委托的行政职权不承担行政法律责任。

（4）受委托组织行使的受委托行政职权，来源于委托的行政机关的行政委托行为，而非来源于法律、法规以及规章的授权。行政机关的行政委托行为应当有法律、法规、规章的规定。如《中华人民共和国公路法》第8条第4款规定，县级以上地方人民政府交通主管部门可以决定由公路管理机构依照本法规定行使公路行政管理职责。

（5）受委托组织所受委托的行政职权，属于委托的行政机关法定的行政职权范围，且对行政相对人影响较小，具有社会性、大众性而非委托行政机关专有的行政职权。专业性较强、对行政相对人影响较大、属于委托行政机关专有的行政职权不宜予以委托。

□ 法条思考

2017 年 6 月修正的《中华人民共和国行政诉讼法》第 26 条规定：公民、法人或者其他组织直接向人民法院提起诉讼的，作出行政行为的行政机关是被告。经复议的案件，复议机关决定维持原行政行为的，作出原行政行为的行政机关和复议机关是共同被告；复议机关改变原行政行为的，复议机关是被告。复议机关在法定期限内未作出复议决定，公民、法人或者其他组织起诉原行政行为的，作出原行政行为的行政机关是被告；起诉复议机关不作为的，复议机关是被告。两个以上行政机关作出同一行政行为的，共同作出行政行为的行政机关是共同被告。行政机关委托的组织所作的行政行为，委托的行政机关是被告。行政机关被撤销或者职权变更的，继续行使其职权的行政机关是被告。2017 年 11 月 13 日通过的《最高人民法院关于适用〈中华人民共和国行政诉讼法〉的解释》第 20 条规定：行政机关组建并赋予行政管理职能但不具有独立承担法律责任能力的机构，以自己的名义作出行政行为，当事人不服提起诉讼的，应当以组建该机构的行政机关为被告。法律、法规或者规章授权行使行政职权的行政机关内设机构、派出机构或者其他组织，超出法定授权范围实施行政行为，当事人不服提起诉讼的，应当以实施该行为的机构或者组织为被告。没有法律、法规或者规章规定，行政机关授权其内设机构、派出机构或者其他组织行使行政职权的，属于行政诉讼法第二十六条规定的委托。当事人不服提起诉讼的，应当以该行政机关为被告。

该两条规定是关于行政诉讼中被告主体范围的规定，同时也是从法律上对行政主体范围的明确，即行政主体是行政机关和法律、法规、规章授权的组织。

请回答：判断某行政机构或社会组织是否为行政主体的标准是什么？

第二节　行政公务人员

一、行政公务人员的含义

行政公务人员，又称行政人，是指依法具有行政管理和服务能力，以行政主体的名义行使行政职权和履行行政职责（执行公务），其实施的行政行为后果由所属行政主体承受的个人。行政管理和服务能力，即与行政主体建立有工作岗位隶属关系（公职关系）的公民，依法可以代表行政主体行使行政职权和履行行政职责的资格。行政公务人员的概念有以下含义。

(1) 行政公务人员是依法具有行政管理和服务能力并执行公务的公民。一方面,区别于不具有行政管理和服务能力或不行使行政职权(执行公务)的普通公民;另一方面,区别于作为组织形态的行政主体。

(2) 行政公务人员与行政主体之间具有实现行政目标的依附关系,彼此不可分离。一方面,离开行政公务人员,行政主体无法通过一个"中介体"实施其行政行为;另一方面,离开行政主体,行政公务人员的任何行为便失去法律基础和法律归宿。行政主体是行政职权的权力主体。行政公务人员是行政主体行使行政职权的代表,是行政主体行政职权和行政职责的具体执行者、实施者。

(3) 行政公务人员基于其与行政主体之间存在的法定的行政职务关系或者行政代理关系,以行政主体的名义执行公务,其公务行为视为行政主体的行为,因其公务行为而产生的对外法律效果均由其代表的行政主体承担。

二、行政公务人员的范围

行政公务人员的范围包括国家行政机关公务员和非公务员行政公务人员。

(一) 国家行政机关公务员

国家行政机关公务员是公务员的主要组成部分。《中华人民共和国公务员法》(以下简称《公务员法》)第2条的规定,公务员是指依法履行公职、纳入国家行政编制,由国家财政负担工资福利的工作人员。公务员的范围不限于国家行政机关公务员。

国家行政机关公务员是指在中央和地方各级行政机关中除工勤人员以外的,行使国家行政权,执行国家行政公务的工作人员,有以下含义。

(1) 国家行政机关公务员任职于国家行政机关,属于国家行政机关中行政编制之内的工作人员。

(2) 国家行政机关公务员是国家行政机关工作人员中除工勤人员之外的,具有行政职务,行使行政职权,执行国家公务的人员。

(3) 国家行政机关公务员是经过法定的方式和程序任用的国家行政机关中的工作人员。根据宪法、组织法和公务员法的规定,国家行政机关公务员的任用方式主要有选任、委任、考任和聘任等四种,每种任用方式都有其相应的法定程序。

(二) 非公务员行政公务人员

非公务员行政公务人员是指不具有公务员身份,但依法(经授权或委托)行使行政职权,执行行政公务的非行政机关工作人员。非公务员行政公务人员包括以下人员。

(1) 行政机关中不属于行政编制之内而被借用的执行公务的人员。

(2) 在法律、法规、规章授权的组织中行使行政职权的人员。

（3）在受行政机关委托的组织中行使行政职权的人员。

（4）在非常情况下，经行政机关认可而协助执行公务的人员等。非公务员行政公务人员虽然不具有公务员身份，但其执行行政公务时与国家行政机关公务员处于基本相同的法律地位。

非公务员行政公务人员和国家行政机关公务员均属行政公务人员，但两者有以下主要区别。

（1）两者隶属的组织不同。国家行政机关公务员隶属于各级国家行政机关，非公务员行政公务人员则隶属于法律、法规、规章授权的组织或受行政机关委托的组织。

（2）两者的身份不同。国家行政机关公务员具有公务员的身份，非公务员行政公务人员则属于一般的公务人员身份。

（3）两者确定身份的法律依据不同。国家行政机关公务员依照宪法、组织法和公务员法规定的标准予以确认；非公务员行政公务人员则依据其他法律、法规、规章的授权或行政机关的依法委托作为标准予以确定。

问题解答

下列人员中，属于行政公务人员的是________。

A. 立法机关、司法机关的工作人员

B. 行政机关的工作人员

C. 行政机关和授权组织中具有行政管理和服务能力的人

D. 行政机关、授权组织、委托组织中具有行政管理和服务能力，行使行政职权的人

三、行政公务人员资格的取得与丧失

（一）行政公务人员资格的内涵

行政公务人员资格是指能够行使行政职权，履行行政职责，进行行政管理和服务活动，作出行政行为的资格。公民具有行政公务人员资格即包含以下基本含义。

（1）具有行政公务人员法律地位和法律身份。

（2）与行政主体建立了合法的工作或劳动关系，形成了工作隶属关系。

（3）基于行政主体通过其设置的职位将行政职权、行政权限、行政优益权、行政职责的分解、分配或再分配，依其所任职务的不同分享行政主体的行政职权、行政权限、行政优益权，分担行政主体的行政职责。

（4）在行政主体的意志支配下，代表行政主体，以行政主体的名义行使行政职权，履行行政职责。

(5) 对其在行使行政职权，履行行政职责时的过错行为必须承担责任。

（二）行政公务人员资格的取得

1. 行政公务人员资格取得的基本条件

(1) 具有中华人民共和国国籍。

(2) 年满 18 周岁。

(3) 拥护中华人民共和国宪法，拥护中国共产党领导和社会主义制度。

(4) 具有良好的政治素质和道德品行。

(5) 具有正常履行职责的身体条件和心理素质。

(6) 具有符合职位要求的文化程度和工作能力。

(7) 法律规定的其他条件。

2. 行政公务人员资格取得的途径

(1) 依法进入国家行政机关公务员队伍，并担任一定的行政职务。

(2) 依法成为授权组织、受委托组织中的工作人员，并在一定的工作岗位上担任相应的工作职务。

（三）行政公务人员资格的丧失

行政公务人员资格的丧失，是指行政公务人员基于特定的法律事实的发生，失去分享的行政职权和分担的行政职责，不再具有行政公务人员的法律地位。导致行政公务人员资格丧失的基本法律事实有以下三种：① 行政职务被解除（退休、辞职、辞退、开除、调离、罢免）；② 行政公务人员死亡或丧失行为能力；③ 法律、法规、规章或有权机关收回对特定组织的行政授权或委托。

问题讨论

请说明行政公务人员与行政公务人员资格的关系。

四、行政公务人员的法律地位★

行政公务人员的法律地位，即行政公务人员在行政法上的地位。行政公务人员的法律地位是通过其在行政法上享有的权利和履行的义务表现出来的。行政公务人员在行政法上具有的特殊的“媒介体”地位，决定了行政公务人员必然处于密不可分、彼此交叉的两方面关系之中，即行政公务人员与行政主体之间的关系和行政公务人员与行政相对人之间的关系之中。

（一）行政公务人员与行政主体的关系

行政公务人员与行政主体之间的关系，表现为内部行政法律关系。在内部行政法律关系中,《公务员法》对公务员的权利义务做了明确的规定,国家行政机关公务员按照公务员法的规定享有权利,承担义务;非公务员行政公务人员也应当对此参照执行。依照公务员法的规定,公务员有以下义务和权利。

1. 公务员的义务

(1) 忠于宪法,模范遵守、自觉维护宪法和法律,自觉接受中国共产党领导。

(2) 忠于国家,维护国家的安全、荣誉和利益。

(3) 忠于人民,全心全意为人民服务,接受人民监督。

(4) 忠于职守,勤勉尽责,服从和执行上级依法作出的决定和命令,按照规定的权限和程序履行职责,努力提高工作质量和效率。

(5) 保守国家秘密和工作秘密。

(6) 带头践行社会主义核心价值观,坚守法治,遵守纪律,恪守职业道德,模范遵守社会公德、家庭美德。

(7) 清正廉洁,公道正派。

(8) 法律规定的其他义务。

2. 公务员的权利

(1) 获得履行职责应当具有的工作条件。

(2) 非因法定事由、非经法定程序,不被免职、降职、辞退或者处分。

(3) 获得工资报酬,享受福利、保险待遇。

(4) 参加培训。

(5) 对机关工作和领导人员提出批评和建议。

(6) 提出申诉和控告。

(7) 申请辞职。

(8) 法律规定的其他权利。

(二) 行政公务人员与行政相对人的关系

行政公务人员与行政相对人的关系,首先通过行政主体表现为外部行政法律关系。在行政公务人员与行政相对人之间的关系中,行政公务人员作为行政主体的代表,实质上是以行政主体的代理人身份与行政相对人发生行政关系。这种关系的法律后果由行政主体承受。行政公务人员的行为实质上是行政主体的行为。行政主体在外部行政法律关系中的权利义务,可视为行政公务人员应当具有的权利义务。

五、行政公务人员行政公务行为的确认

公民基于生活和工作的原因,具有多重身份和地位。行政公务人员是公民从事国家行政

管理和服务工作的一种身份。作为行政公务人员的公民，其身份具有多重性，一般包括：普通公民、行政主体单位中的工作人员、行政主体中的行政公务人员。与其身份相对应，不同的身份，其实施行为的法律属性不同，行为法律后果的承担主体就不同。据此，正确确认行政公务人员的行政公务行为，十分重要。

公民以普通公民的身份（包括行政相对人），并以自己个人的名义实施的行为，属于个人行为。公民作为行政主体单位的工作人员，以单位的名义实施的工作行为，为组织行为。在组织行为中，以单位的名义实施的非行使行政职权的行为，为非行政公务行为；以单位的名义实施的行使行政职权的行为，为行政公务行为。行政公务人员公务行为的确认，目前，尚无统一的标准。通常情况下，以“名义”“职权与职责”“行为对象”的有机结合作为基本的判断标准，同时综合考虑其他因素。名义，使行为的实施主体的相对方知道或应当知道实质上是什么主体（谁）在向自己实施该行为，它说明了行为实施主体的行为是属于个人行为还是组织行为。职权与职责，即指行为的内容在本质上是否属于行使行政职权和履行行政职责，它表明了行为在属于组织行为的前提下，该行为是行政公务行为还是非行政公务行为。行为对象，即指行为所针对的人和事，它表明了行为在属于行政公务行为的前提下，该行为属于内部行政公务行为还是外部行政公务行为。其他因素，即指辅助确认行为属性的充分条件因素，主要包括以下因素：① 时间因素，即实施行为的时间是否为工作时间。② 场所因素，即行为的实施是否在应当工作的地点。③ 目的因素，即行为的实施目的是否是实现公共利益。④ 依据因素，即行为应当适用的法律依据是否为行政法。⑤ 命令因素，即行为是否按照主管领导的安排作出的。⑥ 公务标志因素，即行为作出时行为人是否佩戴或出示能够表明其行政公务身份的标志或证件。

□ 案例分析

某市行政执法局在一次集中开展的清理整顿马路市场的行政活动中，执法人员对少数经多次劝告但拒不配合的占道经营的摊主，有粗暴的清除行为，致其人身和财产受到了一定的轻微损害。

请问：执法人员致摊主受到损害的粗暴清除行为是否属于行政公务行为？为什么？

第三节　行政相对人

一、行政相对人的含义

行政相对人，又称行政管理相对人、行政相对方，也称相对人、相对方，是指在行政法律关系中，与行政主体相对应，不享有或不行使国家权力（行政职权、监督权）的公民、法人、其他组织。行政相对人概念包含以下含义。

（1）行政相对人是行政法律关系中的一方主体，是行政法上的概念。具有多种法律地位（身份）的公民、法人、其他组织成为行政相对人，表明其参与了行政活动，与国家行政权的行使发生了法律上的关系，说明此时其处于行政法调整的领域，具有行政法上的法律地位或法律身份。

（2）行政相对人在行政法律关系中不享有或不行使国家权力。行政法律关系是行政主体行使国家行政权而形成的。作为与行政主体相对应的一方主体，尽管包括国家机关（权力机关、行政机关、司法机关），但此时它只是享有但并不行使国家权力。作为一般的社会组织和个人，根本不可能享有国家权力，其对行政主体及其行政公务人员的监督，实际上是处于行政相对人的地位。

（3）行政相对人是行政主体的相对一方。其对应性意味着，一方面，行政相对人是行政主体行政行为法律效果的直接或间接的承受者，是不可或缺的一方主体，没有行政相对人的参与，不可能形成行政法律关系。另一方面，行政相对人与行政主体的对应地位由行政法上相互的权利义务决定，行政主体与行政相对人之间的对应关系是多方面的，包括管理与被管理、服务与被服务、彼此合作、法律救济与被救济等关系。

（4）行政相对人是外部行政法律关系中与行政主体相对应的，不具有或不行使国家权力的公民、法人、其他组织，属于外部行政相对人。行政相对人可以成为行政诉讼、行政复议程序中的原告、申请人以及第三人。

问题讨论

公民、法人或者其他组织是一般法律关系主体的称谓，在行政法律关系主体中则称为行政相对人。请回答：

1. 行政相对人和公民、法人或者其他组织相比有何特点？
2. 行政相对人和公民、法人或者其他组织的根本区别是什么？
3. 具有行政职务的人员和行政机关可以成为行政相对人吗？

二、行政相对人的基本分类

行政相对人的分类，是学习和理解行政相对人的一种方法，它从不同的角度揭示了行政相对人的多样性和复杂性，同时也呈现出行政相对人存在的规律和特点。

（一）个人行政相对人和组织行政相对人

分类标准：行政相对人自身的存在形式，即其存在是否具有一定的组织体。

个人行政相对人是指以自然人形态存在的行政相对人，可以是单个的一人，也可以是众多的多人。个人行政相对人主要包括公民（中国公民）以及在中国境内的外国人和无国籍人。组织行政相对人即指以具有组织结构的团体形态存在的行政相对人，包括法人和其他组织以及在中国境内的外国组织。法人是具有民事权利能力和民事行为能力，依法独立享有民事权利和承担民事义务的组织，可分为企业法人、机关法人、事业单位法人和社会团体法人。其他组织即指合法成立，有一定的组织机构和财产，但不具备法人资格的组织。

（二）特定行政相对人和不特定行政相对人（具体行政相对人和抽象行政相对人）

分类标准：行政主体的行政行为对象是否确定。

特定行政相对人是指行政主体行政行为所针对的可确定的对象，是与行政主体有实际的特定的权利义务关系的公民、法人、其他组织，其范围明确、具体，通常是具体行政行为的行政相对人。不特定行政相对人是指行政主体行政行为所针对的广泛而不确定的对象，是与行政主体有潜在并非实际的同类权利义务的行政相对人，其范围为不特定的人或组织，通常是抽象行政行为的行政相对人。

三、行政相对人的法律地位★

行政相对人的法律地位是指行政相对人针对行政主体的权利义务构成的综合体，是通过行政相对人在行政法上相对于行政主体而享有的权利和承担的义务予以确定的。

（一）行政相对人的权利

行政相对人在行政法上的具体地位不同，所享有的权利性质就不同。概括地讲，行政相对人的权利有以下五个方面。

(1) 参加国家行政管理的权利，主要包括批评、建议权；控告、检举权；协助公务权；知情权；行政合同权；依法担任国家公务员权。

(2) 受益权利，即通过行政主体的积极行为而获得各种利益及利益保障的权利，主要包括保障性受益权、发展性受益权、保护性受益权等。

(3) 自由权利，即行政相对人的各种合法权益与自由不受行政主体违法行政行为侵害的权利，主要包括各种合法权益和自由的自主享有；企业、事业单位的经营、管理自主权利；抵制行政主体非法侵害的权利；合法权益受侵害后获得赔偿的权利。

(4) 受平等对待权利，即行政相对人个体在行政活动中应当得到行政主体的平等对待，主要包括行政立法上的平等对待；行政执法和行政司法上的平等对待。

(5) 程序权利，行政相对人在行政领域中参与的程序是行政程序。程序权利即行政相对人在行政程序中所享有的权利，主要有：了解权；提出申请的权利；得到通知的权利；评论权；申请回避权；举证的权利；辩论权；程序抵抗权等。

（二）行政相对人的义务

行政相对人在行政法上基于其具体的地位的不同，对行政主体的义务则不同，总的来讲，有以下四个方面。

（1）维护行政主体依法行使各种行政职权的义务，即维护公益的义务。

（2）配合、协助行政主体依法行使相关行政职权的义务，如协助公务的义务、接受行政监督的义务、提供真实信息的义务等。

（3）服从行政主体具有法律效力的决定、命令的义务，即服从行政管理的义务。

（4）遵守法定程序的义务。

第四节　监督行政主体

一、监督行政主体的含义和特征

（一）监督行政主体的含义

监督行政主体，是指依法对行政主体及行政公务人员行使行政职权行为和遵纪守法行为进行监督的组织和个人。

（二）监督行政主体的特征

（1）监督行政主体的范围广泛，包括国家机关、社会组织与个人。国家机关即指国家权力机关、国家司法机关、专门监督行政机关、上级行政机关。社会组织与个人即法人、其他组织和公民，他们作为行政相对人时，具有监督行政主体的资格。

（2）监督行政主体的监督对象是行使行政职权的组织和个人。行使行政职权的组织即行政主体。行使行政职权的个人即行政公务人员，包括国家公务员和非公务员行政公务人员。

（3）监督行政主体实施监督的内容是行政主体行使行政职权的行为和行政公务人员遵纪守法的情况。对行政主体行使行政职权行为的监督，主要是对行政行为合法性的监督。对行政公务人员的监督包括遵纪和守法两方面。而行政公务人员遵纪的“纪”，通常是由相应的法律规范予以明确规定的。整个监督行政的监督内容可归结为对监督对象依法、守法的监督。

（4）监督行政主体监督行为的作用效果不尽相同。监督行政主体中的国家机关，可以对监督对象采取直接产生法律效力的监督措施。监督行政主体中的社会组织和个人，不能对监督对象作出直接产生法律效力的监督行为，只能通过批评、建议、申诉、控告、检举等方式向有权国家机关反映，或通过舆论机构揭露、曝光，引起有权国家机关注意，使之采取能产生法律效力的措施，从而实现对监督对象的监督。

二、监督行政主体的种类

（一）权力机关

权力机关，是指各级人民代表大会及其常委会。其有权对相应的国家行政机关及其政府组成人员进行监督。

（二）司法机关

司法机关，包括人民法院和人民检察院。其有权对行政主体及其行政公务人员进行监督。人民法院是国家的审判机关，其监督主要是通过行政诉讼的方式进行。人民检察院是国家的法律监督机关，其监督主要是通过刑事诉讼的方式进行。

（三）监察机关

监察机关，是指行使国家监察职能的专责机关，依照《中华人民共和国监察法》（以下简称《监察法》）对所有行使公权力的公职人员进行监察，调查职务违法和职务犯罪，开展廉政建设和反腐败工作，维护宪法和法律的尊严的国家机关。

（四）行政机关

行政机关，是指行政机关系统中享有监督权的行政机关。其有权对行政主体及行政公务人员进行监督。主要包括层级监督、审计监督等监督形式。

（五）社会组织和个人

社会组织和个人即法人、其他组织和公民，其在行政管理中处于行政相对人地位。在监督行政中则具有监督行政主体的地位。其对行政的监督是通过向有权国家机关提出批评、建议、申诉、控告、检举、起诉或者通过报纸、杂志、电台、电视台等舆论工具对违法行政行为予以揭露、曝光的方式，为有权机关的监督提供信息，从而实现监督行政的目的。

□ **法条思考**

2017年6月27日修正的《中华人民共和国行政诉讼法》第2条规定：公民、法人或者其他组织认为行政机关和行政机关工作人员的行政行为侵犯其合法权益，有权依照本法向人民法院提起诉讼。

本规定是关于公民、法人或者其他组织提起行政诉讼的诉权规定，但同时也是从立法上对公民、法人或者其他组织的行政法律地位的确认。

请回答：公民、法人或者其他组织具有什么行政法主体地位？

□ 引例答案

问题 1：行政主体（行政机关、授权组织）、行政相对人、监督行政主体。

问题 2：应急管理部门是行政主体，属于行政主体中的行政机关。应急管理部门的消防安全管理的行政职权来源于《消防法》的直接授权。

问题 3：行政相对人。

问题 4：公务行为，应急管理部门的工作人员是行政公务人员并且是执行公务。

□ 引例解析思路

问题 1：首先，弄清并找出本案例中涉及哪些主体（具体的组织和个人）；其次，考虑行政法主体包括哪些范围；最后，本案例中涉及的具体主体是否属于相对应的行政法主体。

问题 2：首先，弄清并确定应急管理部门是否为行政机关；其次，考虑应急管理部门的消防安全管理的行政职权的来源是授权还是委托；最后，考虑应急管理部门是否属于行政主体的范围。

问题 3：首先，考虑该抽烟男子此时的身份是否属于公民，并弄清公民在行政法律关系中处于什么主体地位；其次，考虑公民抽烟违反了什么法律，此时处于什么法律关系之中。

问题 4：首先，弄清应急管理部门工作人员此时的身份是什么，是否属于行政公务人员；其次，考虑应急管理部门工作人员此时是否在执行公务。

■ 本章小结

【结语】

本章以行政法主体为介绍和阐释的对象，具体展现了对行政法主体的基本分类、行政法主体的具体形态及法律地位的解析。行政法主体包括行政主体、行政相对人、监督行政主体。行政主体是行政相对人的管理和服务主体，包括行政机关和授权组织。行政主体行使行政职权必须通过行政公务人员的公务行为予以实现，同时也离不开受委托组织代行行政职权的行为。行政相对人是行政主体行使行政职权的对象，包括公民、法人、其他组织。在行政主体通过行政公务人员以及受委托组织对行政相对人行使行政职权的过程中，监督行政主体有权对行政主体的行政行为实施监督。

【本章基本知识点逻辑结构图】

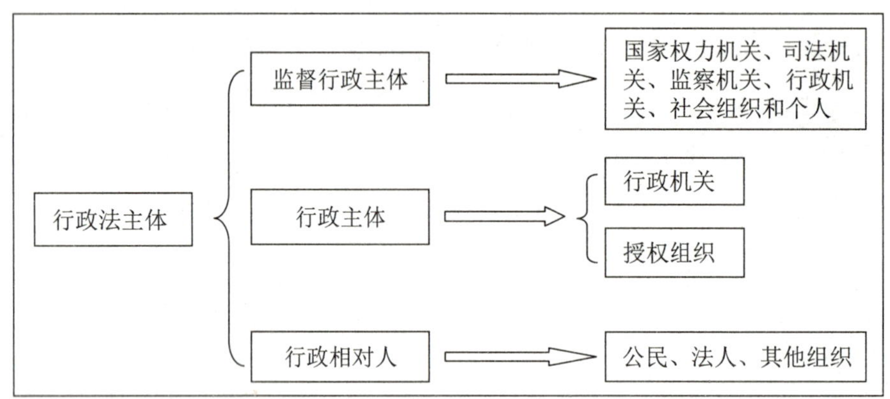

综合训练

思考与练习

一、名词解释

行政主体　行政法主体　行政主体资格　行政优益权　行政机关
授权组织　受委托组织　行政公务人员　行政公务人员的资格
行政相对人

二、填空题

1. 行政主体的范围包括 ______ 和 ______ 。
2. 行政优益权由 ______ 和 ______ 构成。
3. 国务院由 ______ 、 ______ 、 ______ 、 ______ 、 ______ 、 ______ 、 ______ 组成。
4. 地方行政机关包括 ______ 、 ______ 、 ______ 三种。
5. 行政相对人包括 ______ 、 ______ 、 ______ 。
6. 监督行政主体范围广泛，包括 ______ 和 ______ 。
7. 中华人民共和国中央人民政府是 ______ ，是最高国家权力机关的执行机关。
8. 行政主体资格的取得有两种方式，即 ______ 和 ______ 。

三、判断题

(　　) 1. 实际参加行政法律关系是享有行政职权的组织成为行政主体的前提。

(　　) 2. 行政主体就是行政法主体。

(　　) 3. 行政机关即行政主体。

(　　) 4. 行政主体具有独立的法人资格。

(　　) 5. 只有具有行政主体资格的组织实际地参与了行政法律关系，才能具体地取得行政主体的法律地位。

(　　) 6. 行政主体资格即为具有行政主体资格的组织。

(　　) 7. 行政优益权不属于行政职权。

(　　) 8. 行政优先权是因行政职权的行使而产生的一种“特权”，它必须有明确的法律依据并在法定情形出现时才能拥有。

(　　) 9. 民族自治地方行政机关的正职行政首长必须由实行区域自治的民族的公民担任。

(　　) 10. 行政机关不能成为授权组织。

(　　) 11. 行政公务人员是公民从事国家行政管理和服务工作的一种身份。

四、单项选择题

1. 由行政主体行使职权的对象范围决定的行政主体是(　　)。

A. 实质行政主体　　B. 内部行政主体

C. 职权性行政主体　　D. 形式行政主体

2. 国务院根据工作需要和精简的原则设立的，协助总理办理专门事项的辅助工作机构是(　　)。

A. 国务院议事协调机构和临时机构

B. 国务院办事机构

C. 国务院直属机构

D. 国务院的组成部门

3. 省、自治区人民政府设立的派出机关是(　　)。

A. 行政公署　　B. 区公所

C. 街道办事处　　D. 派出所

五、多项选择题

1. 某一组织成为行政主体，必须(　　　)。

A. 享有行政职权　　B. 能以自己的名义行使行政职权

C. 能够独立承担行政法律责任　　D. 实际参与行政法律关系

2. 行政主体独立承担行政法律责任的主要表现是可以成为(　　　)。

A. 行政诉讼被告　　B. 行政复议的被申请人

C. 行政赔偿义务主体　　D. 民事诉讼的原告或被告

3. 下列主体中，可以成为行政主体的有(　　　)。

A. 行政机关　　B. 行政机关外的其他国家机关

C. 授权组织　　D. 公民个人

4. 行政法主体包括(　　　　)。

A. 行政主体　　B. 行政公务人员

C. 行政相对人　　D. 监督行政主体

5. 行政机关只有(　　　　)时，才能成为行政主体。

A. 行使行政职权　　B. 实际参与行政法律关系

C. 实施法律行为　　D. 参与法律关系

6. 可以成为行政主体的组织包括(　　　　)。

A. 行政机关　　B. 行政机关的内部机构

C. 行政机关的派出机构　　D. 法律、法规、规章授权的社会组织

7. 行政主体包括(　　　　)。

A. 行政机关　　B. 行政机关的内部机构、派出机构

C. 行政公务人员　　D. 法律、法规、规章授权的组织

8. 行政主体的行政职权取得的法律依据有(　　　　)。

A. 宪法　　B. 政府组织法

C. 单行法律、法规　　D. 规章

9. 职权性行政主体取得行政职权的法律依据包括(　　　　)。

A. 宪法　　B. 政府组织法

C. 单行法律、法规　　D. 规章

10. 可以成为授权性行政主体的组织包括(　　　　)。

A. 内部机构　　B. 派出机构

C. 临时机构　　D. 特定的社会组织

11. 行政优先权的内容有(　　　　)。

A. 先行处置权　　B. 获得社会协助权

C. 行政行为推定有效　　D. 公务行为受保护权

12. 行政机关的含义有(　　　　)。

A. 行政机关是国家机关

B. 行政机关是享有国家行政权的国家机关

C. 行政机关是行使国家行政权的国家机关

D. 行政机关是依据宪法和政府组织法设立的国家机关

13. 国务院常务会议由(　　　　)组成。

A. 全体成员　　B. 总理、副总理、国务委员

C. 秘书长　　D. 各部部长、各委员会主任、审计长

14. 国务院的组成部门包括(　　　　)。

A. 国务院办公厅　　B. 各部、各委员会

C. 中国人民银行、审计署　　D. 直属机构

15. 授权组织获得行政授权的依据是宪法和政府组织法以外的(　　　　)明确规定的特别授权规定。

A. 法律　　B. 法规

C. 规章　　D. 行政规范性文件

16. 可以成为授权组织的行政机构有(　　　　)。

A. 普通行政机构　　B. 专设行政机构

C. 政府工作部门的派出机构　　D. 政府的派出机关

17. 下列主体不能成为行政主体的是(　　　　)。

A. 受委托组织　　B. 受委托的个人

C. 行政机关　　D. 授权组织

18. 行政公务人员的范围包括(　　　　)。

A. 行政主体中的工作人员　　B. 国家公务员

C. 国家行政机关公务员　　D. 非公务员行政公务人员

19. 下列关于行政相对人的说法正确的是(　　　　)。

A. 行政相对人是行政法律关系中的一方主体

B. 行政相对人在行政法律关系中不享有或不行使国家权力

C. 行政相对人是行政主体的相对一方

D. 行政相对人是外部行政法律关系中与行政主体相对应的一方

20. 根据行政主体行政行为针对的对象是否确定，可分为(　　　　)。

A. 特定相对人　　B. 直接相对人

C. 不特定相对人　　D. 间接相对人

六、简答题

1. 监督行政主体的种类有哪些？
2. 判断行政公务人员公务行为的基本标准是什么？
3. 授权组织获得行政授权的法定方式是什么？
4. 地方各级人民政府的范围包括哪些？
5. 列举中央行政机关的范围。

■ 专业技能训练

一、实例分析

某大学的硕士研究生赵某因故在毕业时被学校决定不授予学位。赵某对此不服，向学校所在地人民法院提起行政诉讼，状告母校要求授予其硕士学位。人民法

院经依法审理后作出了赵某胜诉的判决。

从行政主体基本理论的角度分析：

1. 行政诉讼的被告为什么是行政主体？

2. 学校属于什么性质的行政主体？

3. 学校怎样取得了行政主体的资格？

二、法律咨询解答

行政主体及其行政公务人员在行政管理活动中，普遍地获得了社会的配合和协助。

请解答：行政主体及其公务人员具有法律赋予的特权吗？

三、法律问题阐释

具有行政公务人员资格的人的公务行为被视为其所在单位的组织行为。

请阐释：具有行政公务人员资格的人的公务行为不一定是行政公务行为。

四、法律现象评析

某晚报以“违法停车，警车照样贴罚单”为题，报道了在某省城的某街道，两辆制式警车违法停车被辖区交警贴了“违法停车告知单”，被要求限期到相关部门接受处理。

请评析：辖区交警的该处罚行为是否正确？

第三章　行政行为概述

行政行为是行政主体行使行政职权作出的对行政相对人权利义务产生影响的行为。行政行为是行政法理论的重要组成部分，是行政行为理论的基础。本章将介绍和阐释行政行为基础理论的主要内容。

学习目标

通过对本章的学习，理解行政行为的含义、特征；掌握行政行为的基本分类、功能、效力；明确行政行为的成立、生效、合法要件；了解行政行为的无效、撤销、变更、废止。

引例

某市佳地花园小区进行旧城改造，区政府作出了《关于做好佳地花园小区旧城改造房屋拆迁补偿安置工作的通告》（简称通告）。刘某等234户被拆迁户对该通告不满，拟向人民法院起诉，要求人民法院撤销该通告。

问题

1. 区政府作出的该通告属于什么种类的行政行为？为什么？
2. 该通告何时生效？具有什么效力？
3. 该通告具备什么条件时，其效力才具有稳定性？
4. 该通告存在什么情形即可能被人民法院撤销？

本案例的解析，主要涉及行政行为的含义、基本分类、成立、生效、合法要件、效力及撤销等行政行为的相关内容和知识点的运用。

第一节　行政行为的含义和特征

一、行政行为的含义

行政行为是指行政主体在进行行政管理和服务过程中，作出的与行使行政职权有关，并对行政相对人的权利义务产生实际影响的行为。行政行为有以下含义。

（1）行政行为的主体是行政主体。行政主体之外的其他主体实施的行为不是行政行为。

（2）行政行为的内容与行使行政职权有关。具有行政主体资格的行政机关和授权组织实施的其内容与行使行政职权无关的行为，不属于行政行为。与行使行政职权有关的行为包括法律行为和事实行为。法律行为即指行政主体以追求某种法律效果为目的实施的，对行政相对人权利义务有实际影响，并对行政相对人产生法律约束力的行为，如行政处罚、行政许可等。事实行为即指行政主体在行使行政职权的过程中实施的不以追求某种特定的法律效果为目的，对行政相对人的权利义务有实际影响但不具有法律约束力的行为，如行政主体行使行政职权时对行政相对人财物的损害等。

（3）行政行为的法律效果是对行政相对人的权利义务产生实际的影响。这种影响可以是直接的影响，也可以是间接的影响，表现为行政行为的成立致使行政相对人现有的权利义务发生变化。

（4）值得注意的是，法学理论的行政行为涵盖《中华人民共和国行政诉讼法》的行政行为的所有内容，并且内容更为丰富。法学理论的行政行为分为具体行政行为（即《中华人民共和国行政诉讼法》上的行政行为的全部内容）和抽象行政行为（行政机关制定行政法规、行政规章和有普遍约束力的行政决定和命令）。

问题解答

行政机关的下列行为中，属于行政行为的是＿＿＿＿＿＿。

A. 召开工作会议　　B. 进行消防安全检查

C. 对造成环境污染的单位实施处罚　　D. 修建办公楼

二、行政行为的特征

1. 从属法律性

行政主体行使的行政权力属于执行性权力。行政行为是执行法律的行为。行政行为从属法律性表现为行政主体作出的行政行为必须有法律依据、符合法定程序、应受法律的监督。

2. 公益性

行政主体行使行政职权,管理公共事务的最终目的是维持社会公共秩序的正常运转和保障公共利益的实现。公益性是行政行为的根本目标指南和存在的基础,是行政行为的根本属性。

3. 单方意志性

行政主体是公共利益的代表者。行政行为是行政主体运用国家行政权对公共利益的一种集合、维护和分配。行政主体实施行政行为只要在法定职权范围内,即可以自己的单方意志自行决定和直接实施,而无须与行政相对方进行协商或征得其同意、认可。但行政协议行为例外。

4. 强制性

行政行为是行政主体代表国家实施行政权力的行为。国家权力的强制性要求行政行为以国家强制力作为其实施的保障。同时,行政行为是一种实施法律的行为,法律的强制性必然体现为行政行为的强制性。行政相对人作为行政行为的对象,对行政主体作出的行政行为应当服从、遵守、配合。但行政主体实施的行政指导行为不具有强制性。

5. 无偿性

无偿性主要是指行政权力与相应利益之间的非对价关系。行政行为是一种通过法律的执行来实现的无偿性的公共服务。就利益关系而言,行政主体对公共利益的集合(主要指征收税款)是无偿的,因而,对公共利益的维护和分配也应当是无偿的;就法律关系而言,行政主体行使行政权力是一种职责或义务,而职责或义务的履行应当是无偿的。作为无偿性的例外,行政征收,征用行为是有偿的。

问题讨论

公安机关“110”民警的处警行为,体现了行政行为的什么特征?

第二节　行政行为的基本分类

一、抽象行政行为和具体行政行为

分类标准:行政行为针对的对象是否特定以及行政行为是否可以重复适用。

行政行为的对象是否特定,不能以对象的人数多少为标准,而是要看对象是否可以确定。

行政行为的对象是否确定，一般表现为行政行为终结时相对人是否确定。行政行为终结时，相对人已被确定的行政行为即是具体行政行为；行政行为终结时，相对人未被确定，行政主体尚不知道相对人是谁的行政行为即是抽象行政行为。行政行为重复适用主要是指一个行政行为只是在未来(向后)才发生法律效力且可以反复适用于将来发生的同类事件。

抽象行政行为是指行政主体针对不特定的对象作出的、可以反复适用的行政行为。

具体行政行为是指行政主体针对特定对象作出的、对确定的特定相对人产生法律效果的行政行为。

问题讨论

某新建大桥的两头各有一块本市公安局制作的交通指示牌：6:00—21:00 禁止非机动车通行。

请分析市公安局的该交通指挥行为属于什么类型的行政行为。

二、内部行政行为和外部行政行为

分类标准：行政行为针对的行政事务的性质、范围和行政行为发生效力所作用的相对人的法律地位。

内部行政行为是指行政主体针对其自身系统内部的行政事务，基于行政隶属关系作出的，影响具有行政公务人员、内部行政主体法律地位的内部相对人权利义务的行政行为。内部行政行为体现了行政主体对其自身的组织、管理。

外部行政行为是指行政主体针对其自身系统以外的社会公共行政事务，基于行政管辖关系作出的，影响具有公民、法人、其他组织法律地位的外部相对人权利义务的行政行为。外部行政行为体现了行政主体对社会的管理。

问题解答

下列行为中属于内部行政行为的是__________。

A. 某行政机关对其公务员的违法违纪行为给予行政记过处分

B. 某行政机关向本机关的公务员收购旧图书

C. 某区教育局向市规划和自然资源局申请在某区域盖房

D. 某公安机关对某市政府公务员的赌博行为给予处罚

三、行政立法行为、行政执法行为、行政司法行为

分类标准：行政行为体现的行政职权的性质、作用的表现形式。

行政立法行为是指享有行政立法权的行政机关，依照法定程序制定具有普遍约束力的规范性法律文件的行政行为。

行政执法行为是指行政主体将法律、法规、规章以及具有普遍约束力的规范性文件适用于特定的人或事，所作出的具体处理的行政行为。

行政司法行为是指享有行政司法权的行政机关依照法定程序解决行政主体与公民、法人、其他组织之间的行政争议和公民、法人、其他组织相互之间特定的民事争议的具有裁决性质的行政行为。

第三节　行政行为的功能和效力

一、行政行为的功能

行政行为的功能，是指行政主体作出的行政行为对相对人权利义务所产生的具体影响。不同的行政行为，其内容不同、功能各异，但概括起来有以下三个方面。

（一）赋予权利、限制权利、剥夺权利

赋予权利，是指行政主体作出的行政行为赋予相对人从未有过的法律上的某种权能或资格。

限制权利，是指行政主体作出的行政行为制约相对人对已经享有的某种权利的行使。如对财产的查封、扣押决定等。

剥夺权利，是指行政主体作出的行政行为使相对人通过原行政行为获得或本应享有的法律上的权能或资格的丧失或消灭。如吊销营业执照等。

（二）设定义务、减轻义务、免除义务

设定义务，是指行政主体作出的行政行为增设相对人某种法律上的义务，使相对人为一定的行为或不为一定的行为。行政行为对相对人设定的义务具体包括单纯行为上的义务（如接受审计监督）、财产义务（如罚款决定）、人身义务（如拘留决定）。

减轻义务，是指行政主体作出的行政行为使相对人通过原行政行为所承担或本应承担的某种义务予以减小。如减缴税款的决定等。

免除义务，是指行政主体作出的行政行为使相对人通过原行政行为所承担或本应承担的义务予以解除或归于消灭。如免缴税款决定等。

（三）确认法律事实、确认或变更法律地位

确认法律事实，是指行政主体作出的行政行为的效力是对某种行政法律关系有重大影响

的法律事实是否存在及存在状况的确认。如医疗事故鉴定结论等。

确认或变更法律地位,是指行政主体作出的行政行为的效力是对某种法律关系中的当事人的权利义务是否存在及存在范围的确认或变更。如土地管理部门或人民政府对土地所有权或使用权的确认。

应当注意,对于某一个具体的行政行为,上述各项功能并非相互排斥,有时可能同时具有几项或产生多种效果。

□ 法条思考

2017 年 6 月 27 日修正的《中华人民共和国行政诉讼法》第 2 条规定:“公民、法人或者其他组织认为行政机关和行政机关工作人员的行政行为侵犯其合法权益,有权依照本法向人民法院提起诉讼。”

请回答:该规定中的“行政行为侵犯其合法权益”是否可以理解为行政行为对行政相对人权利义务所产生的具体影响?

二、行政行为的效力

行政行为的效力即行政行为的法律效力,是指行政行为成立后,该行为所具有的一种法律强制保护的力量状态。行政行为的法律效力,视该行为所依据的法律规范、所针对的行政事务及行为的内容等方面的不同而不尽相同。概括而言,所有行政行为一般具有下列效力。

(一)公定力

公定力,是指行政行为一经作出,即具有被推定为合法有效而要求所有社会成员予以尊重的法律效力。公定力包含以下含义:其一,行政行为一经作出即具有此效力,且在有权机关依法确认违法并撤销之前,一直具有此效力。其二,该效力是一种对世的效力,不仅对作出的行政主体和相对人,而且对所有的社会成员都具有效力。其三,该效力要求整个社会对行政行为予以尊重和信任,不能否定其内容,不能否认其存在,表现为一种全社会的尊重义务。其四,该效力是一种被推定的法律效力,并不意味着行政行为当然、真正的合法有效、绝对正确。

(二)确定力

确定力,是指行政行为一经作出,其内容具有确定性,非法定主体、非依法不得随意改变的法律效力。改变包括撤销、重作、变更,同时也包括对事实认定和法律适用的改变,又包括对权利义务的改变。确定力具体表现为两种形态:第一种,实质确定力,又称“不可变更力”或“自缚力”,是针对行政主体的确定力,是指行政行为一经作出,行政主体非依法定理由和非经法定程序，不得随意改变其行为内容或就同一事项重新作出行政行为，否则应承担相应的行政法律责任。第二种，形式确定力，又称“不可争讼力”“不可争辩力”，是针对相对人的确定力，是指行政行为一经作出，行政相对人在法定救济期限内未提出争议、主张权利，在法定救济期限届满后，无论该行政行为内容合法与否，不得对其提出争讼，请求法定机关予以改变的效力。形式确定力还包括某些行政行为一经作出，法律明确规定自该行政行为作出之日起即具有不可争辩的效力。

问题解答

根据 2017 年 6 月 27 日修正的《中华人民共和国行政诉讼法》第 46 条、2017 年 9 月 1 日修正的《中华人民共和国行政复议法》第 9 条的规定，请回答：行政相对人对行政行为不服的法定救济期限是多长？

确定力是一种相对的确定力。法定的机关依法定理由，经法定程序，可以对行政主体已作出的行政行为予以改变：① 由国家权力机关予以撤销；② 由审判机关判决予以撤销或变更；③ 由行政复议机关决定予以撤销或变更；④ 由上级行政主体予以撤销或变更；⑤ 由作出行政行为的行政主体主动依法予以撤销或变更。

（三）拘束力

拘束力，是指行政行为依法成立并生效后，在未被依法撤销或变更前，其所设定的权利义务对行政主体和相对人所具有的法律上的约束效力。其具体表现在两个方面：一方面，相对人对行政行为设定的权利义务，必须严格遵守、服从和执行，完全地予以履行，不得违反或拒绝，否则，要承担相应的法律后果。另一方面，行政主体必须依照行政行为的内容，履行自己的职责，否则，要承担相应的法律后果。同时，其他机关、组织和个人对已生效的行政行为，也应当接受、配合和执行，不得干预、拒绝该行政行为的执行。

（四）执行力

执行力，是指已生效的行政行为具有的实现其内容的法律效力。执行力是对行政主体和相对人双方主体的一种法律效力，双方主体对行政行为所设定的内容（权利义务）都具有实现的权利和义务。行政行为所体现的行政法律关系中，行政主体和相对人分别是彼此对应的权利主体和义务主体。执行力是以行政行为的当事人负有义务为前提的，主要表现为权利主体有权要求义务主体履行特定的义务。行政行为的执行力包括自行执行力和强制执行力。自行执行力即指行政行为具有的要求义务主体自行履行所负义务的法律效力。强制执行力即指行政行为具有的强制义务主体履行所负义务的法律效力。在强制执行力中，对行政相对人的强制执行，行政主体可以自己依法直接强制执行或申请人民法院强制执行。对行政主体的强制执行，通常应由行政相对人通过行政复议或行政诉讼途径予以实现。

□ 法条思考

2017 年 6 月 27 日修正的《中华人民共和国行政诉讼法》第 56 条规定："诉讼期间，不停止行政行为的执行。但有下列情形之一的，裁定停止执行：（一）被告认为需要停止执行的；（二）原告或者利害关系人申请停止执行，人民法院认为该行政行为的执行会造成难以弥补的损失，并且停止执行不损害国家利益、社会公共利益的；（三）人民法院认为该行政行为的执行会给国家利益、社会公共利益造成重大损害的；（四）法律、法规规定停止执行的。当事人对停止执行或者不停止执行的裁定不服的，可以申请复议一次。"

该规定表明了行政行为在诉讼期间，不停止执行是原则，停止执行是例外。

请回答："诉讼期间，不停止行政行为的执行"的规定体现了行政行为的什么效力？为什么？

第四节　行政行为的成立、生效和合法要件

一、行政行为的成立

行政行为的成立，是指行政行为的内容已经形成、确定，由行政主体以一定的形式对外作出，并能让相对人识别、知晓的行为状态。行政行为的成立必须具备以下构成要件。

（一）主体要件

行政行为作出的主体是行政主体。行政行为是具有行政主体资格的组织具体行使行政职权作出的行为。只有具有行政主体资格的组织，才有可能作出行政行为。不具有行政主体资格的组织和个人作出的行为，不可能是行政行为。

（二）内容要件

行政行为是具有行政主体资格的组织行使行政职权，履行行政职责，实施行政管理和提供公共服务，以实现行政管理目标所作出的行为。其内容与行使行政职权有关，具有国家行政权运用的属性。具有行政主体资格的组织作出的与行使行政职权无关的行为，不是行政行为。

（三）效果要件

行政行为是一种法律行为，是能够产生行政法律效果的行为。这种法律效果表现为可对相对人权利义务的实际的、具体的影响。如果行政主体在行使行政职权的过程中实施的行为对相对人权利义务不产生行政法上的法律效果，该行为则不属于行政行为，仅是一般的事实行为。

（四）形式要件

行政行为设定的权利义务是行政主体作出的行政行为的意思表示的内容。对相对人有实

际影响的行政行为应当通过客观存在的外在形式将其意思表示让相对人知晓。行政行为的方式不同，其意思表示的方式即不同，其客观存在的形式亦不同，但都应以能够证实并使相对人知晓或能够推定相对人知晓为标准。行政主体只有将自己的意志通过文字、语言、符号或行为等客观存在的方式表示出来，并让相对人知晓后，才能使行政行为成立。如果行政主体的意志还没有客观地表现出来或者还没有让相对人知晓，就无法被外界所识别，就应视为行政行为不存在或不成立。

□ 法条思考

2017 年 11 月 13 日通过的《最高人民法院关于适用〈中华人民共和国行政诉讼法〉的解释》第 63 条规定：行政机关作出行政行为时，没有制作或者没有送达法律文书，公民、法人或者其他组织只要能证明行政行为存在，并在法定期限内起诉的，人民法院应当依法立案。

请回答：从行政行为成立的角度，说明该规定体现了具体行政行为成立的什么要件？为什么？

二、行政行为的生效

行政行为的生效，是指行政行为成立后，其法律效力的发生并持续存在。行政行为法律效力的发生时间，依行政主体和相对人的不同而不同。对行政主体而言，行政行为的成立与行政行为法律效力生效的时间是一致的，基于行政行为所具有的公定力，行政行为一经作出即被推定为合法有效，立即发生法律效力。对相对人而言，行政行为的成立与行政行为法律效力生效的时间不一致，行政行为成立后并不意味着相对人立即知晓其内容。只有在相对人知晓行政行为的内容后，行政行为才开始对相对人发生法律效力。

行政行为被相对人知晓，对相对人开始发生法律效力，因行政行为针对的对象、表现的形式、作出的场合以及所依据的法律规定等因素的不同，而在生效的时间上具有一定的差异性。这种差异性体现在行政行为生效的规则中。行政行为的生效规则是确定行政行为生效时间的规则，具体包括以下内容。

（一）即时生效

即时生效，是指行政行为一经作出，无须通过特定的形式告知相对人，即对相对人发生法律效力。在行政行为的即时生效中，行政行为的作出和行政行为开始生效的时间是一致的。行政行为的即时生效，通常是当场作出的行政行为，一般适用于需要迅速进行处理的紧急情况或行政简易程序。

举例说明

请举出身边看到的事例，说明什么是即时生效的行政行为。

（二）告知生效

告知生效，是指行政行为自行政主体采取有效告知方式并足以使相对人知悉、明了其内容时，开始对相对人发生法律效力。告知生效主要适用于相对人难以确定的情况，包括不特定的多数人或身份虽明确但居所不明确的相对人。告知的方式主要有公告、布告、通知、无线电广播、电视播放等。其中，包括口头告知（对个别人通常采用口头告知）和书面告知（对多数不特定相对人或居所不明的相对人通常采用书面告知）。

（三）送达生效

送达生效，是指行政行为由行政主体送交相对人，由相对人签收或见证人见证后即发生法律效力。送达生效是行政行为生效的一般规则，主要适用于相对人特定、以书面形式作出的行政行为。送达的方式一般包括直接送达、留置送达、转交送达、委托送达、邮寄送达、公告送达等。

（四）受领生效

受领生效，是指行政行为的内容须为相对人受领才开始发生法律效力。受领即相对人对行政行为的内容得以知悉、领会，但受领并不意味着相对人对行政行为的同意、接受。受领包括行政主体通过告知、送达等方式使相对人受领，也包括行政主体没有制作或没有送达行政法律文书，而相对人通过其他方式的受领。

（五）附条件生效

附条件生效，是指行政行为的生效附有条件，当所附条件成就时，该行政行为才发生法律效力。所附条件一般包括期限或其他条件。条件成就即指所附期限的届满或其他条件的具备。如《中华人民共和国土地管理法》规定的土地权属争议处理决定的生效便是附条件生效的方式。

□ 法条思考

《中华人民共和国行政复议法实施条例》第 15 条规定："行政复议法第九条第一款规定的行政复议申请期限的计算，依照下列规定办理：（一）当场作出具体行政行为的，自具体行政行为作出之日起计算；（二）载明具体行政行为的法律文书直接送达的，自受送达人签收之日起计算；（三）载明具体行政行为的法律文书邮寄送达的，自受送达人在邮件签收单上签收之日起计算；没有邮件签收单的，自受送达人在送达回执上签名之日起计算；（四）具体行政行为依法通过公告形式告知受送达人的，自公告规定的期限届满之日起计算；（五）行政机关作出具体行政行为时未告知公民、法人或者其他组织，事后补充告知的，自该公民、法人或其他组织收到行政机关补充告知的通知之日起计算；（六）被申请人能够证明公民、法人或其他组织知道具体行政行为的，自证据材料证明其知道具体行政行为之日起计算。行政机关作出具体行政行为，依法应当向有关公民、法人或其他组织送达法律文书而未送达的，视为该公民、法人或其他组织不知道该具体行政行为。"

请回答：该条文通过规定行政复议申请期限的起算时间，体现了行政行为的哪些生效规则？其中什么是主要的生效规则？

三、行政行为的合法要件

行政行为的合法要件，是指行政行为合法所必须具备的要件。行政行为只有具备法律所要求的全部要件，该行政行为才具有合法性，缺少其中任何一个要件都构成行政行为违法。行政行为的合法要件和行政行为的成立要件不同。行政行为的成立要件表明一个行政行为的形成或成立所必须具有的要件，其解决的是行政行为的客观性，即行政行为是否存在的问题。行政行为的合法要件表明一个已成立、存在的行政行为合法所必须具备的要件，解决的是行政行为的合法性，即行政行为是否合法的问题。行政行为成立，基于其公定力虽然推定为合法有效，但该行政行为不一定真正合法，一旦该行政行为被有权机关依法认定为违法，即会被有权机关予以撤销，失去其效力。据此，行政行为的合法要件决定了行政行为的稳定性。行政行为的合法要件是在行政行为成立的前提下，其具有合法性、稳定性的构成要件。具体包括以下要件。

（一）职权、职责要件

职权、职责要件即指作出行政行为的行政主体行使法定的行政职权、履行行政职责。职权、职责要件要求：① 行政主体必须是在法定职权范围内作出行政行为，不能超越行政职权范围；② 行政主体作出行政行为必须是正当行使行政职权，不得滥用行政职权；③ 行政主体实施行政行为必须是履行法定职责，不能拖延履行或不履行法定职责。行政主体作出行政行为缺少上述要求之一，即构成违法。

（二）内容要件

内容要件即指行政行为的内容符合或不违反法律、法规、规章的规定。内容要件要求：① 行政行为必须有法定依据，适用法律、法规、规章正确，不能错误；② 作出行政行为的事实清楚，证据确实充分，不能事实不清或错误，缺乏证据；③ 行政行为的内容应当公平、合理，不能显失公正。上述要求缺一不可。

（三）程序要件

程序要件即指行政主体作出行政行为的程序符合法律规定。程序要件要求行政主体必须按照法律、法规、规章及其他规范性文件规定的涉及该行政行为的各项程序要求作出行政行为。否则，构成程序违法。如《中华人民共和国行政处罚法》（以下简称《行政处罚法》）规定：行政机关及其执法人员在作出行政处罚决定之前，不依法向当事人告知给予行政处罚的事实、理由和依据，或者拒绝听取当事人的陈述、申辩，不得作出行政处罚决定；当事人明确放弃陈述或者申辩权利的除外。

□ 法条思考

2017 年 6 月 27 日修正的《中华人民共和国行政诉讼法》第 6 条规定："人民法院审理行政案件，对行政行为是否合法进行审查。"

请回答：《行政诉讼法》第 69 条至第 77 条，规定了人民法院行政判决的种类所对应的行政行为的不同情况，体现了行政行为的哪些合法要件？

第五节　行政行为的无效、撤销、变更、废止★

一、行政行为的无效

行政行为的无效，是指行政行为因某种情形的存在，致使其不具有法律效力。行政行为的无效是行政行为效力的一种状态，须经有权机关（人民法院）依法定程序予以确认。基于行政行为的公定力，无效的行政行为在未被有权机关作出确认之前，是被推定为合法有效的。

2017 年 6 月 27 日修正的《中华人民共和国行政诉讼法》（以下简称《行政诉讼法》）第 75 条规定："行政行为有实施主体不具有行政主体资格或者没有依据等重大且明显违法情形，原告申请确认行政行为无效的，人民法院判决确认无效。"

行政行为无效被确认后，具有以下法律后果：① 行政行为自始不发生法律效力；② 根据行政主体和相对人各自是否存在过错及过错程度的大小，各自分别依法承担相应的法律责任。

二、行政行为的撤销

行政行为的撤销，是指有权主体（机关）依法对违法行政行为予以否定，作出取消其法律效力的行为。有权主体（机关）一般包括权力机关、行政复议机关、人民法院、行政主体的上级机关、作出行政行为的行政主体自身。行政行为的撤销是针对存在违法情形的行政行为而作出的使其失去法律效力的一种监督处理。

行政行为的违法无论其程度如何，但违法的表现形式一般有以下六种。2017 年 6 月 27 日修正的《行政诉讼法》第 70 条：行政行为有下列情形之一的，人民法院判决撤销或者部分撤销，并可以判决被告重新作出行政行为："（一）主要证据不足的；（二）适用法律、法规错误的；（三）违反法定程序的；（四）超越职权的；（五）滥用职权的；（六）明显不当的。"

行政行为违法，并不一定被有权主体（机关）撤销。只有在违法的行政行为具有可撤销的内容，并且予以撤销不会给国家利益、社会公共利益造成重大损失的情况下，才可予以撤销。若对违法的行政行为予以撤销会给国家利益、社会公共利益造成重大损失或违法的行政行为不具有可撤销的内容，则不予撤销，应认定其违法并采取相应的补救措施，造成损失的，行政主体应承担赔偿责任。

行政行为的撤销具有以下法律效果：① 行政行为自撤销之日起失去法律效力，也可以追溯到行政行为作出之日，自始失去法律效力。② 作出原行政行为的行政主体依法可以重新作出行政行为。③ 由此给相对人造成实际损失的，行政主体应当赔偿损失。④ 若行政行为的撤销是因相对人的过错，或行政主体与相对人共同的过错引起的，行政主体通过相应行政行为已给予相对人的权益应收回；相对人因行政行为的撤销而遭受到的损失由自己承担；国家或社会公众因已撤销的行政行为所受到的损失，应由行政主体和相对人依其过错程度予以适当赔偿。⑤ 行政主体或其工作人员对导致行政行为撤销本身有过错的，则应承担内部行政法律责任。

三、行政行为的变更

行政行为变更是指有权主体（机关）在原行政行为继续存在的基础上，针对其内容作出的改变，目的是使其更为合理、适当。有权主体（机关）包括行政主体的上级行政机关、作出行政行为的行政主体自身、行政复议机关、人民法院。

行政行为变更的情形，主要包括法律、政策或者形势发生重大变动（如行政法规、规章的修改）和原行政行为的内容不当或其适用依据错误（如人民法院对明显不当的行政处罚作出的变更判决）。

行政行为的变更有以下法律后果：① 相对人法律地位不发生改变，行政行为的内容中已改变的部分，自变更之日起丧失原有法律效力，产生新的法律效力；未经改变的部分始终保持原有法律效力，不受变更的影响。② 因行政行为的变更给无过错的相对人造成的损失，应依法予以赔偿或补偿。

四、行政行为的废止

行政行为的废止，又称行政行为的撤回，是指行政主体针对生效、合法的行政行为作出的终止或消灭其法律效力的行为。

行政行为的废止，不是因为行政行为本身存在违法或不当，而是基于社会情势发生变化，其存在和继续生效已不适应新的社会情况，具体包括以下事由：① 行政行为的依据（法律、法规、规章、政策)被有权机关依法修改、废止或撤销,相应行为若继续实施,则与新的依据(法律、法规、规章、政策)相抵触;② 客观的社会形势发生重大或根本性变化,行政行为的继续存在将会有碍于社会发展,甚至给国家和社会利益造成重大损失;③ 行政行为已完成原定目标、任务,实现了国家行政管理的目的,完成了其历史使命,没有继续存在的必要。

行政行为的废止有以下法律后果:① 行政行为自废止之日起失去法律效力。行政行为被废止之前所设定的内容及产生的法律后果仍然有效,其效力状态应予保持,具体表现为:行政主体通过该行政行为对相对人的授益不应收回;相对人基于该行政行为已履行的义务无权要求补偿。② 因行政行为的废止给相对人造成的损失,行政主体应对其损失予以补偿。

□ 法条思考

2017 年 6 月 27 日修正的《中华人民共和国行政诉讼法》第 74 条规定:行政行为有下列情形之一的,人民法院判决确认违法,但不撤销行政行为:(一)行政行为依法应当撤销,但撤销会给国家利益、社会公共利益造成重大损害的;(二)行政行为程序轻微违法,但对原告权利不产生实际影响的。行政行为有下列情形之一,不需要撤销或者判决履行的,人民法院判决确认违法:(一)行政行为违法,但不具有可撤销内容的;(二)被告改变原违法行政行为,原告仍要求确认原行政行为违法的;(三)被告不履行或者拖延履行法定职责,判决履行没有意义的。

以上内容是对人民法院对被诉的行政行为作出“确认判决”情形的规定。

请回答:行政行为违法和无效是什么关系?

□ 引例答案

问题 1:具体行政行为,通告所针对的对象(人和事)是特定的,且不能反复适用;外部行政行为,通告所针对的是行政系统以外的社会公共事务,是基于行政管辖关系作出,且对公民的权利义务产生了影响;行政执法行为,通告是区政府将国家有关城市房屋拆迁管理的相关规定适用于该小区的房屋拆迁活动所作出的具体处理行为。

问题 2:从被拆迁户签收通告之日起生效。生效的该通告具有公定力、确定力、拘束力、执行力。

问题 3:具备合法要件时,其效力具有稳定性。

问题 4:存在以下情形之一,即可被法院撤销:(一)主要证据不足的;(二)适用法律、法规错误的;(三)违反法定程序的;(四)超越职权的;(五)滥用职权的;(六)明显不当的。

引例解析思路

问题 1：首先，应明白行政行为的基本分类有几种；其次，弄清各基本分类的标准；最后，将通告和各种基本分类的标准进行对比，确定通告属于什么种类的行政行为。

问题 2：一方面，首先要弄清行政行为生效的规则有哪些，然后选择、确定通告应适用哪种生效规则；另一方面，要明白行政行为的效力内容是什么、有哪些。

问题 3：首先，要理解行政行为效力的稳定性是什么；其次，弄清影响行政行为效力稳定性的因素有哪些。

问题 4：首先，明白行政行为的撤销是什么；其次，弄清行政行为撤销的具体情形有哪些。

本章小结

【结语】

本章以行政行为的基本理论知识为内容，对行政行为进行了介绍和阐释。一方面，以行政行为的概念为核心，从行政行为的含义、特征、基本分类等角度，分析、说明了行政行为的基本内涵。另一方面，以行政行为的效力为基点，通过对行政行为的成立、生效、合法要件以及行政行为的无效、撤销、变更、废止等内容的阐释，明确了行政行为的效力状态。同时，从行政行为的内在效力和外在作用上，呈现了行政行为的效力内容和具体的功能。

【本章基本知识点逻辑结构图】

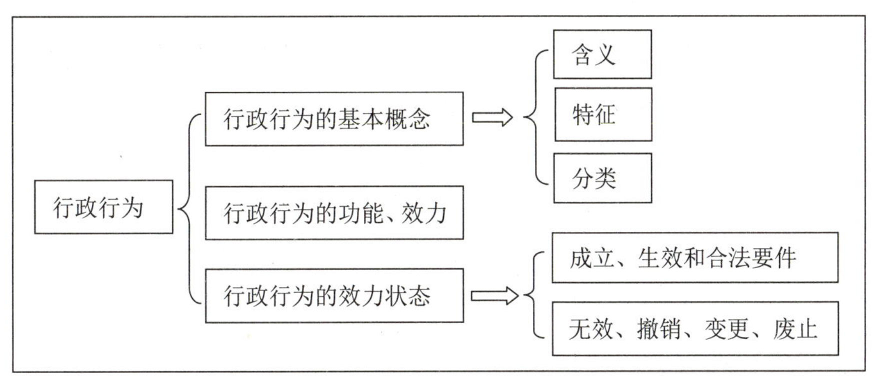

综合训练

思考与练习

一、名词解释

行政行为　抽象行政行为　具体行政行为　内部行政行为　外部行政行为

二、填空题

1. 行政主体作出的与行使行政职权有关的行为，包括 ____________ 行为和 ____________ 行为。
2. 行政行为以其对象是否特定及其是否可以重复适用为标准，可以分为 ____________ 行政行为和 ____________ 行政行为。
3. 行政行为以其针对的行政事务的性质、范围和效力发生作用的相对人的法律地位为标准，可以分为 ____________ 行政行为和 ____________ 行政行为。
4. 行政行为的效力包括 ____________、____________、____________、____________。
5. 行政行为的 ____________ 要件，决定了行政行为的稳定性。

三、判断题

(　　) 1. 公益性是行政行为的根本属性。

(　　) 2. 行政行为的对象是否特定，是以对象的人数多少为判断标准。

(　　) 3. 行政行为的重复适用，是指一个行政行为只在未来才发生法律效力且可以反复适用于将来发生的同类事件。

(　　) 4. 内部行政行为体现了行政主体对其自身的组织、管理，外部行政行为体现了行政主体对社会的管理。

(　　) 5. 行政行为的确定力是一种绝对的确定力。

(　　) 6. 具有行政主体资格的组织作出的行为即是行政行为。

(　　) 7. 行政行为的合法要件即是行政行为的成立要件。

(　　) 8. 被撤销的行政行为，自撤销之日起失去法律效力。

四、单项选择题

1. 行政行为体现的行政职权的性质、作用的表现形式，是(　　)的分类标准。

A. 具体行政行为和抽象行政行为

B. 内部行政行为和外部行政行为

C. 单方行政行为和双方行政行为

D. 行政立法行为、行政执法行为、行政司法行为

2. 相对人对行政行为设定的权利义务，必须严格遵守、服从，完全予以履行，不得违反和拒绝的效力，属于(　　)。

A. 公定力　　B. 确定力

C. 拘束力　　D. 执行力

3. 相对人特定并且以书面形式作出的行政行为的生效，适用(　　)规则。

A. 即时生效　　B. 告知生效

C. 送达生效　　D. 受领生效

4. 超越职权是行政行为(　　)的情形。

A. 无效　　B. 撤销

C. 变更　　D. 废止

5. 法律、政策或者社会形势发生重大变动，会导致行政行为(　　)。

A. 无效　　B. 撤销

C. 变更　　D. 废止

五、多项选择题

1. 判断某一行为是否属于行政行为的标准是(　　)。

A. 行为主体是行政主体

B. 行为内容与行使行政职权有关

C. 行为形式是书面形式

D. 行为效果对公民、法人、其他组织的权利义务产生实际的影响

2. 行政主体针对特定的对象作出的，对确定的特定相对人产生法律效果的行政行为是(　　)。

A. 具体行政行为　　B. 外部行政行为

C. 行政执法行为　　D. 行政司法行为

3. 行政行为的功能有(　　)。

A. 赋予权利、限制权利、剥夺权利　　B. 设定义务、减轻义务、免除义务

C. 变更法律地位　　D. 确认法律事实、确认法律地位

4. 行政行为对相对人权利的影响包括(　　)。

A. 赋予权利　　B. 剥夺权利

C. 限制权利　　D. 维护权利

5. 行政行为的公定力，是一种(　　)的效力。

A. 被推定合法有效

B. 对世

C. 要求整个社会对行政行为予以尊重和信任

D. 一经作出即被推定合法有效

6. 下列选项中，只对行政主体和相对人具有效力的有(　　　　)。

A. 公定力　　　　B. 确定力

C. 拘束力　　　　D. 执行力

7. 行政行为的成立，由(　　　　)构成。

A. 主体要件　　　　B. 内容要件

C. 效果要件　　　　D. 形式要件

8. 行政行为的合法要件包括(　　　　)。

A. 主体要件　　　　B. 职权、职责要件

C. 内容要件　　　　D. 程序要件

9. 民政部门发给某男子结婚证书后，该男子即构成了重婚罪。颁发该结婚证书的行为属于(　　　　)的行政行为。

A. 没有法定依据　　　　B. 受欺骗作出

C. 客观上不可能实施　　　　D. 实施将会导致犯罪

六、简答题

1. 行政行为的基本含义是什么?

2. 职权、职责要件的要求是什么?

3. 行政行为撤销的情形有哪些?

■ 专业技能训练

一、实例分析

某市场监督管理局在办理完毕某公司变更法定代表人登记1年后，发现办理变更登记的工作人员工作疏忽，未认真核实有关材料，作出了错误的变更登记。

请分析：针对错误的变更登记，该市场监督管理局应如何进行处理？为什么?

二、法律咨询解答

2017年6月27日修正的《中华人民共和国行政诉讼法》第2条规定：公民、法人或者其他组织认为行政机关和行政机关工作人员的行政行为侵犯其合法权益，有权依照本法向人民法院提起诉讼。前款所称行政行为，包括法律、法规、规章授权的组织作出的行政行为。

请解答：什么是行政行为(说明：此处的行政行为，是指本书中的具体行政行为)? 如何确定行政行为?

三、法律问题阐释

学校应当对符合毕业条件的学生颁发毕业证书。

请说明：学校颁发毕业证书的行为对学生有什么法律上的影响?

四、法律现象评析

某司机酒后驾车，被执勤的交通警察查处。在交警查处的过程中，该司机极不配合，并且随车人员也同时对交警的查处行为实施了阻挠。

请针对司机的不配合行为和随车人员的阻挠行为，从行政行为的基本理论上进行评析。

第四章　抽象行政行为

抽象行政行为是行政行为的基本种类之一，是行政行为的组成部分。在行政主体实施的行政管理活动中，抽象行政行为具有重要的地位，通常发挥着管理依据的作用，是行政法规范的主要内容。本章将介绍和阐释抽象行政行为的概述、行政立法、行政规范性文件等相关内容。

学习目标

通过本章的学习，学生应当了解行政规范性文件的法律地位；理解抽象行政行为、行政立法、行政规范性文件的含义；明确抽象行政行为的基本分类、行政立法的种类、行政规范性文件的种类；掌握抽象行政行为的特征、行政立法的形式、行政规范性文件的特征。

引例

某甲是一名律师。在长期的执业活动中代理了大量的行政诉讼案件，具有丰富的办理行政案件的经验。在一次律师办理行政案件经验交流会上，某甲强调指出，律师在办理行政案件过程中，无论是作为原告还是作为被告的诉讼代理人，都应当重视对行政行为依据的审查，正确确定行政行为依据的范围和法律效力状态。

问题

1. 行政主体作出具体行政行为的依据有哪些？其中，哪些依据由行政主体制定？
2. 行政主体制定的具体行政行为的依据的表现形式有哪些？
3. 行政主体制定的具体行政行为的依据的法律效力如何？

本案例的解析，主要涉及本章有关抽象行政行为内容和知识点的运用。

第一节　抽象行政行为概述

一、抽象行政行为的含义

抽象行政行为的概念，一般从动态和静态两种意义上理解。从动态意义上讲，抽象行政行为是指行政主体针对不特定的对象（人和事），制定或规定具有普遍约束力并能反复适用的行为规则（规范）的行为。从静态意义上讲，抽象行政行为是指行政主体针对不特定的对象（人和事），制定或规定的具有普遍约束力并能反复适用的行为规则（规范）。抽象行政行为主要的、通常的表现形式是行政规范性文件。抽象行政行为是设定（创设）行为规则（规范）的行政行为，其根本性质是规定人们的行为模式和标准。抽象行政行为包括行政机关制定行政法规、规章的行政立法行为和行政主体制定规章以下（不包括规章）具有普遍约束力的行政规范性文件的行政行为。

二、抽象行政行为的特征

（一）对象的普遍性（不特定性）

抽象行政行为的对象是不特定的人或事，即通常情况下处于非现实已经发生而是将来可能发生的法律事实中的人或事。

（二）效力的普遍性、向将来持续性

抽象行政行为在其生效后，不仅对不特定的多数人具有约束力，而且面向将来持续发生效力。对其生效前的人和事不具有拘束力。

（三）内容的规范性

抽象行政行为通常是依法创制行为规则的行为，为人们设定行为规范。其表现形式一般为行政法规、规章和行政规范性文件。

（四）适用的反复性

抽象行政行为作为一种抽象的行为规范，针对未来出现的同一或同类的不特定对象具有多次、反复适用的效力。

（五）效力的稳定性

抽象行政行为作为一种行政行为，依法不属于行政诉讼和行政复议的受案范围。

举例说明

用实例说明什么是抽象行政行为。

三、抽象行政行为的基本分类

抽象行政行为按照不同的标准,可做不同的分类。通常情况下,抽象行政行为的基本分类为行政立法行为和除行政立法以外的其他抽象行政行为(简称行政规范性文件)。该种分类是以抽象行政行为的规范程度与效力等级为标准所做的划分。

行政立法行为,即指国家行政机关制定发布行政法规和行政规章的抽象行政行为。这类抽象行政行为具有立法的性质,只能由法定的较高层次的国家行政机关实施。目前,法律规定的最低一级享有规章制定权的国家行政机关是设区的市的人民政府。

除行政立法以外的其他抽象行政行为,即行政主体针对广泛的、不特定的对象规定行政措施,发布决定、命令、指示的抽象行政行为。这类抽象行政行为不具有立法的性质,属于非行政立法行为。该类抽象行政行为的主体极为广泛,包括各级各类行政主体。

□ 法条思考

2017 年 6 月 27 日修正的《中华人民共和国行政诉讼法》第 13 条规定:人民法院不受理公民、法人或者其他组织对下列事项提起的诉讼……(二)行政法规、规章或者行政机关制定、发布的具有普遍约束力的决定、命令;……。

2017 年 11 月 13 日通过的《最高人民法院关于适用〈中华人民共和国行政诉讼法〉的解释》第 2 条第 2 款规定:行政诉讼法第十三条第二项规定的“具有普遍约束力的决定、命令”,是指行政机关针对不特定对象发布的能反复适用的规范性文件。

上述规定是对抽象行政行为含义的法律表述。

请回答:在法律上判断某一行为是否属于抽象行政行为,其标准有哪些?

第二节 行政立法

一、行政立法的含义

行政立法,是指特定的国家行政机关,依照法定的权限和程序,制定、修改、废止有关行政管理事项的行政法规和行政规章的活动。其具体包括以下含义。

(1) 行政立法的主体　行政立法的主体是特定的国家行政机关。首先,行政立法的主体是国家行政机关,而不是其他国家机关和社会组织。其次,行政立法的主体是特定的国家行政机关,即享有行政立法权的行政机关,而非所有的国家行政机关。除了特定的国家行政机关之外,法律特别授权的其他行政主体也有行政立法权。例如,作为事业单位的国务院银行业监督管理机构(中国银行保险业监督管理委员会)依据《中华人民共和国银行业监督管理法》的授权,具有规章制定权。

(2) 行政立法的内容和形式　行政立法的内容是有关行政管理的事项,其实质是国家行政机关行使国家行政权的内容。行政立法的形式是国家行政机关制定、修改、废止的行政法规和规章。行政法规和规章具有法的属性,是适用于不特定公民、法人或其他组织的普遍性规则,是法的渊源之一。

(3) 行政立法的权限和程序　行政立法是国家行政机关行使行政立法权的过程和结果,不同的行政立法主体有不同的行政立法权限。同时,行政立法是国家行政机关按照行政立法程序进行的活动。

二、行政立法的种类

(一) 职权性行政立法与授权性行政立法

分类标准:行政立法权的来源。

职权性行政立法,是指特定的国家行政机关直接根据宪法和组织法赋予的立法职权,并在宪法和组织法规定的职权范围内制定行政法规和规章的活动。职权性行政立法的立法权来源于宪法和组织法的直接规定,往往随行政机关的产生而产生,属于行政机关的固有权力。

授权性行政立法,是指国家行政机关根据宪法和组织法所规定的立法职权以外的,由其他单行法律、法规或者权力机关或者上级行政机关的专门决定授予的立法权,制定行政法规和规章的活动。授权性行政立法的立法权根据来源于两类:第一类是宪法和组织法以外的单行法律、法规,第二类是国家权力机关或上级行政机关的专门授权决议。依据第一类的行政立法,被称为一般授权立法;依据第二类的行政立法,被称为特别授权立法。

(二) 执行性行政立法与创制性行政立法

分类标准:行政立法的功能或行政立法的目的与内容。

执行性行政立法,是指行政立法机关为了执行或实现特定法律、法规或者上级行政机关的行政规范性文件的规定而进行的立法活动。

执行性行政立法不能创设新的法律上的权利义务,不得任意增加或减少所要执行的法律、法规或上级行政机关的其他行政规范性文件的内容，通过执行性行政立法，使所要执行的法律、法规或行政规范性文件更具体化、明确化和更具可操作性。如果被执行的法律、法规或上级行政机关的其他行政规范性文件不存在，则执行性行政立法也随之消灭。

创制性行政立法，是指行政立法机关为了填补法律、法规的空白，或者补充法律、法规的不足，根据法律的特别授权规定所进行的立法活动。创制性行政立法，应以法律、法规的特别授权为根据，不得超出其授权范围，所制定的行政法规和规章并不因授权法律、法规的失效而当然失效，具有一定的独立性。创制性行政立法包括两类。

（1）自主性行政立法　自主性行政立法即在本应由法律、法规予以规定的事项，但却尚未有法律、法规规定的前提下，为了填补法律、法规的空白，行政立法机关基于有权机关或法律的特别授权而创制新的权利义务的立法活动。

（2）补充性行政立法　补充性行政立法即在现有的具体法律、法规存在制定时不能预见或不便详细规定的事项的情况下，行政立法机关为了补充其内容的现有不足，根据需要所进行的立法活动。补充性行政立法一般根据原法律、法规所确定的原则创设新的法律规则，但必须得到法律、法规或有权机关的明确授权。

（三）中央行政立法与地方行政立法

分类标准：行政立法主体的层级及适用范围。

中央行政立法，是指中央行政机关（国务院及其各部、委、直属机构）依法制定行政法规、部门规章的活动。中央行政立法调整的是全国范围内的事项或普遍性问题以及由中央作出统一规定的重大问题，其效力和适用范围及于全国。

地方行政立法，是指地方行政机关（一定层级的地方人民政府）依法制定地方政府规章的活动。地方行政立法，一方面，要根据地方的实际情况，将法律、法规的规定具体化，确定实施细则和实施办法；另一方面，要对有关地方的特殊问题作出具体规定，以调整区域性的特殊的社会关系。

问题解答

根据行政立法的分类，指出行政立法根据不同的标准进行分类时所涉及的主要因素有哪些差异。

三、行政立法的形式

（一）行政法规

1. 行政法规的含义

行政法规，是指国务院为了执行宪法、法律，就其职权范围内的行政管理事项，按照法定程序制定的具有普遍约束力的规范性法律文件。行政法规的名称一般称“条例”,也可称“规定”“办法”等。行政法规根据内容需要,可以分章、节、条、款、项、目。

2. 行政法规的制定主体和规范事项

国务院根据宪法和法律,制定行政法规。

行政法规可以就下列事项作出规定:① 为执行法律的规定需要制定行政法规的事项;②《宪法》第 89 条规定的国务院行政管理职权的事项。

应当由全国人民代表大会及其常务委员会制定法律的事项,先由国务院根据全国人民代表大会及其常务委员会的授权决定先制定行政法规,经过实践检验,制定法律的条件成熟时,国务院应当及时提请全国人民代表大会及其常务委员会将该事项的行政法规制定成法律。

行政法规的制定应当经过立项、起草、征求和听取意见、审查、决定与公布等法定程序。行政法规由总理签署国务院令予以公布。行政法规在签署公布后的 30 日内由国务院办公厅报全国人民代表大会常务委员会备案,并及时在国务院公报、中国政府法制信息网、全国范围内发行的报纸上刊载。

3. 行政法规的效力

(1) 行政法规的施行　行政法规应当自公布之日起 30 日后施行;但是,涉及国家安全、外汇汇率、货币政策的确定以及公布后不立即施行将有碍行政法规施行的,可以自公布之日起施行。行政法规不溯及既往,但为了更好地保护公民、法人和其他组织的权利和利益而作出的特别规定除外。

(2) 行政法规的效力阶位　我国的法律形式包括宪法、法律、行政法规、地方性法规、自治条例和单行条例、规章。在所有的法律形式中,宪法具有最高的法律效力,一切法律、行政法规、地方性法规、自治条例和单行条例、规章都不得同宪法相抵触;法律的效力高于行政法规;行政法规的效力高于地方性法规、规章。自治条例和单行条例依法对行政法规做变通规定的,在本自治地方适用自治条例和单行条例的规定。经济特区法规根据授权对行政法规做变通规定的,在本经济特区适用经济特区法规的规定。

(3) 行政法规间的效力冲突　行政法规的特别规定与一般规定不一致的,适用特别规定;新的规定与旧的规定不一致的,适用新的规定;新的一般规定与旧的特别规定不一致,不能确定如何适用时,由国务院裁决。

(二) 规章

1. 规章的含义

规章,是指具有规章制定权的行政机关,为了执行法律、行政法规或者地方性法规,对涉及本部门或本地域的行政管理事项,制定的具有普遍约束力的规范性法律文件。规章的名称一般称“规定”“办法”,但不得称“条例”。除内容复杂的外,规章一般不分章、节。

规章,按照其制定的主体不同,分为部门规章和地方政府规章两种。

2. 规章的制定主体和规范事项

（1）部门规章的制定主体和规范事项　国务院各部、委员会、中国人民银行、审计署和具有行政管理职能的直属机构，可以根据法律和国务院的行政法规、决定、命令，在本部门的权限范围内，制定规章。部门规章规定的事项应当属于执行法律或者国务院的行政法规、决定、命令的事项。涉及两个以上国务院部门职权范围的事项，应当提请国务院制定行政法规或者由国务院有关部门联合制定规章。

（2）地方政府规章的制定主体和规范事项　省、自治区、直辖市和设区的市、自治州的人民政府，可以根据法律、行政法规和本省、自治区、直辖市的地方性法规，制定地方政府规章。

地方政府规章可以就下列事项作出规定：① 为执行法律、行政法规、地方性法规的规定需要制定规章的事项；② 属于本行政区域的具体行政管理事项。

规章的制定应当经过立项、起草、审查、决定和公布等法定程序。规章由部门首长或者省长、自治区主席、市长或者自治州州长签署命令予以公布。部门规章签署公布后，及时在国务院公报或者部门公报和中国政府法制信息网以及在全国范围内发行的报纸上刊载；地方政府规章签署公布后，及时在本级人民政府公报和中国政府法制信息网以及在本行政区域范围内发行的报纸上刊载。

3. 规章的效力

（1）规章的施行　规章应当自公布之日起 30 日后施行；但是，涉及国家安全、外汇汇率、货币政策的确定以及公布后不立即施行将有碍规章施行的，可以自公布之日起施行。规章不溯及既往，但为了更好地保护公民、法人和其他组织的权利和利益而做的特别规定除外。

（2）规章的效力阶位　规章的效力低于宪法、法律和行政法规。地方性法规的效力高于本级和下级地方政府规章；省、自治区的人民政府制定的规章的效力高于本行政区域内的设区的市、自治州的人民政府制定的规章。

（3）规章之间的效力　部门规章之间、部门规章与地方政府规章之间具有同等效力，在各自的权限范围内施行。部门规章之间、部门规章与地方政府规章之间对同一事项的规定不一致时，由国务院裁决。

（4）同一机关制定的规章间的效力冲突　同一机关制定的规章，特别规定与一般规定不一致的，适用特别规定；新的规定与旧的规定不一致的，适用新的规定；新的一般规定与旧的特别规定不一致时，由制定机关裁决。

（5）部门规章与地方性法规间的效力冲突　部门规章与地方性法规之间对同一事项的规定不一致，不能确定如何适用时，由国务院提出意见，国务院认为应当适用地方性法规的，应当决定在该地方适用地方性法规的规定；认为应当适用部门规章的，应当提请全国人民代表大会常务委员会裁决。

问题讨论

用来识别某一规范性法律文件是行政法规还是规章的可操作性标准（或者说应当考虑的要素）是什么？

第三节　行政规范性文件

一、行政规范性文件的含义

行政规范性文件，也称行政规定，是指行政主体为了执行法律、法规、规章以及政策，实现行政管理目的，依法制定的除行政法规、规章以外的，具有普遍约束力的行为规则的总称。一般包括规定行政措施，发布行政决定、命令、指示。

二、行政规范性文件的特征

行政规范性文件和行政立法相比，具有以下特征。

（一）制定主体的广泛性和多级性

一方面，行政规范性文件的制定主体包括各类享有行政权的行政主体，不仅行政机关可以制定，而且授权组织也可以制定；不仅具有行政立法权的行政机关可以制定，而且不具有行政立法权的行政主体也可以制定。另一方面，行政规范性文件的制定主体包括各级行政主体，上自国务院，下至乡、镇人民政府，包括整个行政系统中的各级行政主体。行政立法的主体仅限于享有行政立法权的层级地位较高的特定的行政机关。

（二）内容的从属性和执行性

行政规范性文件的内容，虽然规定了行为模式，具有规范性，但必须以上阶位的法律、法规、规章以及上级行政机关的规定为依据，不得创设权利义务，也不能自行设定法律后果。同时，行政规范性文件制定的目的和作用是执行法律、法规、规章以及上级行政机关的规定。行政立法可以创设权利义务，设定法律后果，尽管行政立法也是为了执行法律，但行政立法更主要的是为行政规范性文件提供依据。

（三）效力的多层级性和适用领域的局限性

基于行政规范性文件制定主体的多级性，与此相对应的行政规范性文件的效力也具有多层级性。下级行政主体制定的行政规范性文件的内容不得与上级行政主体制定的行政规范性文件的内容相抵触。同时,行政规范性文件在行政管理领域具有完备的效力,但在行政审判领域中不能作为行政诉讼裁判的法律依据,也不能作为行政诉讼裁判"参照"的依据。行政立法的效力虽然也具有层级,但不具有多层级性,仅限于行政法规和规章之间。同时,行政立法不但在行政管理领域中具有完备的效力,而且行政法规可以作为行政诉讼裁判直接的法律依据,规章可以作为行政诉讼裁判"参照"的依据。

(四)制定程序的简便性

行政规范性文件的制定要经过一定的程序,但不必遵循法定的严格、正式的行政立法程序,而是强调行政效率,遵循简便易行、简单灵活的非法定程序。

(五)表现形式的多样性

行政规范性文件为行政主体和相对人规定了行为规则。其行为规则可以通过命令、决定、公告、通告、通知、通报、批复、意见、纪要等行政公文的形式予以记载和表现。行政立法的表现形式为法定的行政法规和规章。

三、行政规范性文件的种类

行政规范性文件按照不同的标准,可做不同的分类。通常情况下,行政规范性文件以制定主体是否享有行政立法权为标准,可做如下分类。

(一)行政法规性文件

行政法规性文件,是指具有行政法规制定权的国务院制定的除行政法规以外的行政规范性文件。国务院作为最高国家行政机关,不但是行政法规的制定主体,而且是行政规范性文件的制定主体。国务院制定的行政规范性文件,不属于法的范畴,其效力低于法律、行政法规。

(二)行政规章性文件

行政规章性文件,是指具有行政规章制定权的行政机关制定的除规章以外的行政规范性文件。享有规章制定权的特定的行政机关,一方面,基于其享有的规章制定权,成为规章的制定主体;另一方面,基于其享有的行政职权,成为行政规范性文件的制定主体。行政规章性文件不属于法的范畴,其效力低于法律、行政法规、规章以及上级行政机关的行政规范性文件。

(三)一般行政规范性文件

一般行政规范性文件,是指不具有行政法规、规章制定权的行政主体制定的行政规范性文件。一般行政规范性文件只能由不享有行政法规、行政规章制定权的行政机关和被授权组织制定,其效力低于法律、行政法规、规章以及上级行政主体制定的行政规范性文件。

举例说明

查阅相关的行政规范性文件,分别举例说明三类行政规范性文件的特征。

四、行政规范性文件的法律地位

行政规范性文件是一种普遍性的行为规则，它与行政立法共同组成了抽象行政行为。在行政管理领域中，行政规范性文件可以作为行政行为的依据。一方面，在某些行政管理事项缺乏行政立法加以规范时，行政规范性文件通过规定行为模式，成为行政立法在该领域空白的填补，是行政立法的基础。另一方面，在已有行政立法的情况下，行政规范性文件是介于行政立法和具体行政行为之间的一种过渡行为，即行政立法需要通过行政规范性文件加以明确化、具体化，便于实施，同时，行政规范性文件往往又是具体行政行为的直接根据。

公民、法人或者其他组织认为行政机关的具体行政行为所依据的行政规范性文件不合法，在对具体行政行为申请行政复议时，可以一并向行政复议机关提出对该规定的审查申请。2017 年 9 月 1 日修正的《行政复议法》第 7 条规定："公民、法人或者其他组织认为行政机关的具体行政行为所依据的下列规定不合法，在对具体行政行为申请行政复议时，可以一并向行政复议机关提出对该规定的审查申请：（一）国务院部门的规定；（二）县级以上地方各级人民政府及其工作部门的规定；（三）乡、镇人民政府的规定。前款所列规定不含国务院部、委员会规章和地方人民政府规章。规章的审查依照法律、行政法规办理。"

在司法领域中，行政规范性文件尽管不能作为人民法院作出行政裁判的法律依据，也不能作为其"参照"的依据，但可以作为说理的依据，用以说明具体行政行为的合法或者违法。

2017 年 6 月 27 日修正的《行政诉讼法》第 53 条规定："公民、法人或者其他组织认为行政行为所依据的国务院部门和地方人民政府及其部门制定的规范性文件不合法，在对行政行为提起诉讼时，可以一并请求对该规范性文件进行审查。前款规定的规范性文件不含规章。"第 64 条规定："人民法院在审理行政案件中，经审查认为本法第五十三条规定的规范性文件不合法的，不作为认定行政行为合法的依据，并向制定机关提出处理建议。"人民法院在审理行政案件时，经审查，认为规范性文件合法的，可以在裁判文书中引用；经审查认为规范性文件不合法的，不作为认定行政行为合法的依据，并向制定机关提出处理建议。

□ 引例答案

问题 1： 法律、行政法规、地方性法规、自治条例和单行条例、规章、行政规范性文件、法律解释；行政主体制定的依据为行政法规、规章、行政规范性文件。

问题 2： 行政法规、规章（部门规章和地方政府规章）、行政规范性文件。

问题 3：行政法规、规章（部门规章和地方政府规章）、行政规范性文件在行政管理领域具有完全的适用效力；在行政诉讼领域具有不同的适用效力，其中行政法规具有完全的适用效力，规章只能作为人民法院作出裁判"参照"的依据，行政规范性文件既不能作为人民法院作出裁判的直接依据，也不能作为人民法院作出裁判的"参照"依据。

□ 引例解析思路

问题 1：首先，考虑具体行政行为应当依据行政法的规定作出，行政法的渊源则是具体行政行为的依据；其次，抽象行政行为与具体行政行为的关系，抽象行政行为可作为具体行政行为的依据；最后，抽象行政行为是行政法渊源中的一部分。

问题 2：考虑抽象行政行为的基本分类：抽象行政行为按照规范程度和效力等级可分为制定行政法规、规章的行政立法行为和制定具有普遍约束力的行政规范性文件的行为。

问题 3：考虑抽象行政行为适用的领域和程度，即在行政管理领域的适用范围和在行政诉讼领域中的适用范围。

■ 本章小结

【结语】

本章立足于抽象行政行为的内涵和形式对抽象行政行为进行了介绍和阐释。围绕抽象行政行为的本质阐明了抽象行政行为的含义、特征以及基本分类。以抽象行政行为的基本分类为逻辑起点，对行政立法和行政规范性文件分别从不同的角度进行不同程度的分析与阐释。

【本章基本知识点逻辑结构图】

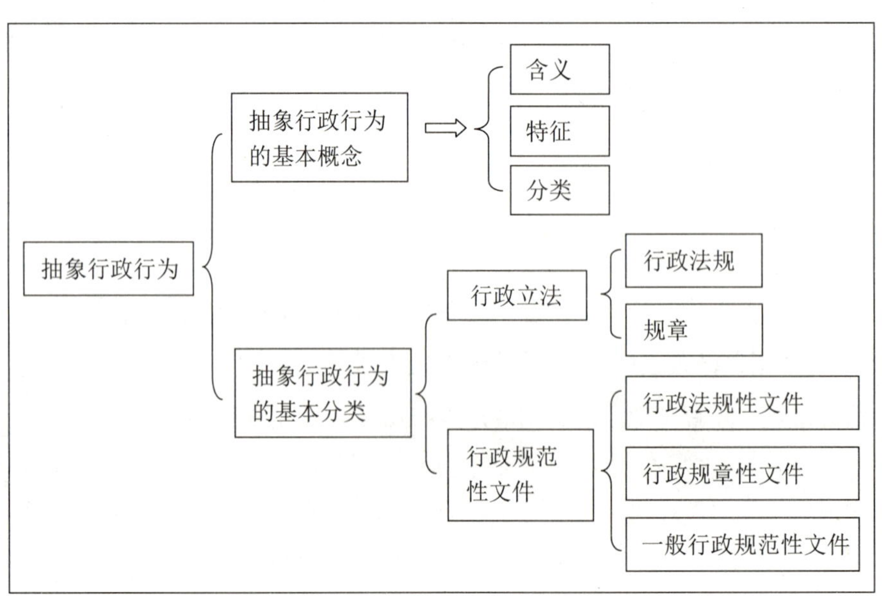

综合训练

思考与练习

一、名词解释

抽象行政行为　　行政立法　　行政法规　　规章　　行政规范性文件

二、填空题

1. 抽象行政行为按其规范程度和效力等级可以分为 ________ 和 ________。
2. 抽象行政行为的对象是 ________。
3. 行政立法是指国家行政机关制定发布 ________ 和 ________ 的抽象行政行为。
4. 行政立法根据其功能或目的与内容的不同，可以分为 ________ 和 ________。
5. 创制性行政立法包括两类：________ 和 ________。
6. 行政法规的名称一般称 ________，也可称 ________、________ 等。
7. ________ 根据宪法和法律，制定行政法规。
8. 行政法规、规章的制定应当经过 ________、________、________、________、________。
9. 行政法规是我国的法律形式之一，除此之外，我国的法律形式还有 ________、________、________、________、________。
10. 规章按照其制定的主体不同，分为 ________ 和 ________ 两种。
11. 涉及两个以上国务院部门职权范围的事项，应当 ________ 或者 ________。
12. 同一机关制定的规章，新的一般规定与旧的特别规定不一致时，由 ________ 裁决。

三、判断题

(　　)1. 抽象行政行为是设定行为规则的行政行为。

(　　)2. 抽象行政行为的根本性质是规定人们的行为模式和标准。

(　　)3. 抽象行政行为不受人民法院和行政复议机关的监督审查。

(　　)4. 行政立法的内容是有关行政管理的事项。

(　　)5. 规章之间具有同等效力，在各自的权限范围内实施。

(　　)6. 部门规章与地方性法规之间对同一事项的规定不一致，不能确定如何适用时，由全国人民代表大会常务委员会提出处理意见。

(　　)7. 行政规范性文件是行政主体制定的具有普遍约束力的行为规则的总称。

(　　)8. 行政规范性文件不仅行政机关可以制定，而且授权组织也可以制定。

(　　)9. 各级各类行政主体均可制定行政规范性文件。

(　　)10. 行政规范性文件在行政管理领域具有完备的效力，但在行政审判领域中不能作为行政裁判的法律依据和参照依据。

(　　)11. 执行性行政立法不能创设新的法律上的权利义务。

四、单项选择题

1. 抽象行政行为主要的、通常的表现形式是（　　）。

A. 行政法规　　B. 行政规章

C. 行政规范性文件　　D. 行政处理决定

2. 行政立法行为只能由法定的较高层次的（　　）实施。

A. 行政主体　　B. 立法机关

C. 国家行政机关　　D. 授权组织

3. 除行政立法以外的其他抽象行政行为的主体是（　　）。

A. 行政机关　　B. 授权组织

C. 行政主体　　D. 各级各类行政主体

4. 行政立法的主体是（　　）。

A. 立法机关

B. 行政机关

C. 特定的行政机关和法律特别授权的其他主体

D. 授权组织

五、多项选择题

1. 行政立法的形式是制定、修改、废止（　　）。

A. 法律　　B. 行政法规

C. 规章　　D. 行政规范性文件

2. 行政立法按照其立法权的来源不同，可以分为（　　）。

A. 职权性行政立法　　B. 中央行政立法

C. 授权性行政立法　　D. 地方行政立法

3. 国务院根据全国人民代表大会及其常务委员会的授权决定制定的行政法规，称（　　）。

A. 规定　　B. 办法

C. 暂行条例　　D. 暂行规定

4. 有关行政法规效力的表述，正确的是（　　）。

A. 行政法规不得同宪法相抵触

B. 法律的效力高于行政法规

C. 行政法规的效力高于地方性法规、规章

D. 自治条例和单行条例以及经济特区法规，对行政法规做变通规定的，在相应的地域（行政区域）分别适用自治条例和单行条例以及经济特区法规的规定

5. 行政法规间的效力冲突的解决规则是（　　）。

A. 特别规定与一般规定不一致的，适用特别规定

B. 新的规定与旧的一般规定不一致的，适用新的规定

C. 新的一般规定与旧的特别规定不一致的，由国务院裁决

D. 新的一般规定与旧的特别规定不一致的，由全国人民代表大会常务委员会裁决

6. 规章的名称一般称（　　）。

A. 规定　　B. 办法

C. 条例　　D. 法规

7. 部门规章的制定主体包括（　　）。

A. 各部、各委员会　　B. 中国人民银行

C. 审计署　　D. 具有行政管理职能的直属机构

8. 地方政府规章的制定主体为（　　）。

A. 省级人民政府

B. 省、自治区人民政府所在地的市人民政府

C. 经济特区所在地的市人民政府

D. 设区的市

9. 关于规章效力的表述，正确的有（　　）。

A. 规章不得同宪法相抵触

B. 法律、行政法规的效力高于规章

C. 地方性法规的效力高于本级或下级地方人民政府制定的规章

D. 本行政区域内，地方各级人民政府制定的规章高于相应的下级人民政府制定的规章

10. 抽象行政行为的效力具有（　　）。

A. 稳定性　　B. 普遍性

C. 向将来持续性　　D. 反复适用性

六、简答题

1. 行政规范性文件的种类有哪些？

2. 行政规范性文件的特征是什么？

3. 抽象行政行为的特征是什么？

■ 专业技能训练

一、实例分析

《中华人民共和国劳动法》第 45 条规定：国家实行带薪年休假制度。劳动者连续工作一年以上的，享受带薪年休假。具体办法由国务院规定。

依据此规定，国务院制定相关的具体实施办法。

请分析：国务院制定相关的具体实施办法的行为属于什么性质的行政行为？其表现形式是什么？

二、法律咨询解答

某公民的合法权益受到其所在地的省人民政府制定的某份特定文件的影响。该公民虽对该文件的相关内容不满，但却不清楚该文件的法律效力如何。

请解答：该文件具有怎样的法律效力？

三、法律问题阐释

行政主体在行使行政职权的过程中，制定行政规范性文件是其实施行政管理的重要手段和措施。

请阐释：行政规范性文件在行政行为中的基本地位和作用。

四、法律现象评析

行政主体制定的行政规范性文件，俗称“红头文件”。在社会各单位中，经常会看到行政主体下发的“红头文件”。

请评析“红头文件”的法律效力。

第五章　具体行政行为

行政行为包括抽象行政行为和具体行政行为。具体行政行为是行政主体行使行政权，针对特定的行政相对人实施的行政行为，是执行法律和抽象行政行为的措施与手段。本章将介绍和阐释具体行政行为基本概念、行政处罚、行政许可、行政强制等内容。

学习目标

通过本章的学习，学生应当了解具体行政行为的种类；理解具体行政行为的含义；明确具体行政行为的分类；掌握具体行政行为的特征；了解行政处罚、行政许可、行政强制等相关内容。

引例

某律师在办理一起黑社会性质组织犯罪的案件中，作为该黑社会性质组织犯罪的主犯的刑事辩护人，因伪造证据，被当地人民法院判处了有期徒刑两年。判决生效后，该律师所在地的省级人民政府司法行政部门随即作出了对该律师予以吊销律师执业证书的决定。

问题

1. 省级人民政府司法行政部门作出的颁发、吊销律师执业证书的行为属于具体行政行为还是抽象行政行为？为什么？

2. 省级人民政府司法行政部门作出的颁发律师执业证书的行为是什么种类的行政行为？

3. 省级人民政府司法行政部门作出的吊销律师执业证书的行为是什么种类的行政行为？

本案例的解析，主要涉及具体行政行为的含义和特征、行政处罚、行政许可、行政强制等相关内容与知识点的运用。

第一节　具体行政行为概述

一、具体行政行为的含义

具体行政行为,也称行政决定或行政处理,是指行政主体行使行政职权、履行行政职责,针对特定对象,所实施的直接影响行政相对人权利义务的行政行为。具体行政行为是行政主体运用最为广泛的执法手段,也是行政主体行使国家行政权的主要形式。

二、具体行政行为的特征

(一)具体行政行为的主体是行政主体

行政主体是实施行政行为的主体。不具有行政主体资格的组织或个人不能作出具体行政行为;具有行政主体资格的组织,不是在行使行政职权、履行行政职责时作出的行为,不属于具体行政行为。

(二)具体行政行为针对和作用的对象是特定的对象

针对并作用于特定的当事人或具体的事项,是具体行政行为的基本特征。特定的当事人包括具体行政行为直接针对的行政相对人和其权利义务受具体行政行为实际影响的相关人。

(三)具体行政行为的内容直接影响特定行政相对人的权利义务

具体行政行为在行政主体与行政相对人之间实际地形成了以具体的权利义务为内容的行政法律关系。具体行政行为对特定行政相对人权利义务的直接影响,表现为对特定行政相对人赋予或增加权利、减少或免除义务、限制或剥夺权利、设定或增加义务。

(四)具体行政行为的效力具有一次性

基于具体行政行为针对的是具体的、特定的对象,具体行政行为的效力具有一次性,只针对特定时间内具体的人和具体的事项发生效力,对于今后出现的同类事件不发生效力。

(五)具体行政行为的形式具有广泛性和多样性

具体行政行为是具体的行政执法行为。具体行政行为针对的特定对象在国家和社会公共事务(行政事务)中是广泛的、复杂的,具体行政行为是执法活动,对特定对象的具体处理的方式、方法、手段也应是灵活的,其具体的表现形式亦应具有广泛性和多样性。

(六)具体行政行为具有可救济性

具体行政行为是对特定行政相对人权利义务产生实际影响的行为。行政相对人认为具体行政行为侵犯其合法权益,可依法申请行政复议和提起行政诉讼。

问题讨论

在实践中，如何认定某一行为属于具体行政行为？

三、具体行政行为的分类

（一）依职权具体行政行为和依申请具体行政行为

分类标准:具体行政行为是否可由行政主体主动实施。

依职权具体行政行为,是指行政主体根据其拥有的职权,不需要相对人提出申请,即可主动实施的具体行政行为。相对人是否提出申请,不是具体行政行为作出的先行程序和必要条件。

依申请具体行政行为,是指行政主体根据其职权不能主动实施,只有在相对人提出申请后,才能决定实施的具体行政行为。相对人的申请是具体行政行为实施的先行程序和必要条件,非经相对人的请求,行政主体不能作出具体行政行为。

（二）羁束具体行政行为和裁量具体行政行为

分类标准:行政主体的意思表示受行政法律规范拘束的程度或者说是行政主体表达意志的自由度。

羁束具体行政行为,是指行政法律规范对行为的范围、条件、标准、形式、程序等做了较详细、具体、明确的规定,行政主体适用行政法律规范时没有或较少有选择、裁量余地的具体行政行为。羁束具体行政行为体现了行政行为的合法性要求。

裁量具体行政行为,是指行政法律规范仅对行为的目的、原则、范围做概括性规定,行政主体适用行政法律规范时,在行为的具体条件、标准、幅度、方式等方面具有较大选择、裁量余地的具体行政行为。裁量具体行政行为不但体现了行政行为的合法性要求,而且主要体现了行政行为的合理性要求。

（三）要式具体行政行为和非要式具体行政行为

分类标准:具体行政行为的成立是否必须具备一定的法定形式。

要式具体行政行为,是指必须具备某种法定的形式或遵守法定的程序,才能成立的具体行政行为。要式具体行政行为必须遵守法律、法规、规章对其形式上的要求,否则,便构成形式违法。

非要式具体行政行为,是指不需要法定的形式和程序,无论采取何种形式都可以成立的具体行政行为。非要式具体行政行为不存在形式违法的问题,但也应当满足简单方便、符合行政合理性的要求。

（四）单方具体行政行为和双方具体行政行为

分类标准:具体行政行为成立时参与的意思表示是否属于行政行为主体双方的意思表示。

单方具体行政行为,是指依据行政主体单方的意思表示,无须征得相对人同意即可成立的具体行政行为。具体行政行为中大多数属于单方具体行政行为。

双方具体行政行为,是指行政主体为了实现行政管理目的,与相对人协商达成一致而成立的具体行政行为。双方具体行政行为,如行政合同,属于具体行政行为中少数的具体行政行为。

问题讨论

具体行政行为可以从不同的角度,按照不同的标准,做不同的分类。请将具体行政行为的分类标准进行综合分析,指出具体行政行为的分类标准反映了具体行政行为的哪些特性。

四、具体行政行为的种类

具体行政行为的种类,是指具体行政行为按照其内容性质和对行政相对人权利义务产生实际影响的方式所区分的其存在和表现的形式或类型。《最高人民法院关于行政案件案由的暂行规定》规定的行政行为均具有行政行为和具体行政行为的一般特性。

2020 年 12 月 7 日通过的《最高人民法院关于行政案件案由的暂行规定》规定了行政案件的 22 种二级案由,这些案由基本上与具体行政行为种类形成对应关系。具体包括:(一)行政处罚、(二)行政强制措施、(三)行政强制执行、(四)行政许可、(五)行政征收或者征用、(六)行政登记、(七)行政确认、(八)行政给付、(九)行政允诺、(十)行政征缴、(十一)行政奖励、(十二)行政收费、(十三)政府信息公开、(十四)行政批复、(十五)行政处理、(十六)行政复议、(十七)行政裁决、(十八)行政协议、(十九)行政补偿、(二十)行政赔偿、(二十一)不履行××职责、(二十二)××(行政行为)公益诉讼。

本书仅对行政处罚、行政许可和行政强制的基本内容予以介绍和阐释。

问题解答

规范"行政处罚""行政许可"和"行政强制"具体行政行为的法律是什么? 由何国家机关在何时制定? 分别从哪些方面进行了规范?

五、行政执法类公务员行为规范

(一)行政执法类公务员

行政执法类公务员,是指依照法律、法规对行政相对人直接履行行政许可、行政处罚、行政强制、行政征收、行政收费、行政检查等执法职责的公务员。

(二)行政执法类公务员的行为规范

为保障行政执法类公务员严格、规范、公正、文明、廉洁执法,国家制定了《行政执法类公务员管理规定(试行)》,要求行政执法类公务员应当模范遵守宪法和法律,按照规定的权限和程序认真履行职责,坚持依法行政,做到严格规范公正文明执法。

行政执法类公务员行为规范主要包括以下五个方面:

(1)严格执法。依法行政,坚持有法必依、执法必严、违法必究,不得包庇、纵容、袒护违法行为。

(2)规范执法。熟悉掌握执法依据、执法流程,按照法定的权限、时限和程序履行职责,服从和执行上级依法作出的决定和命令。

(3)公正执法。坚持以事实为依据、以法律为准绳。程序公正与实体公正相统一,程序优先,不得滥用自由裁量权。

(4)文明执法。不断提升执法素养和执法水平,尊重和保护当事人的陈述、申辩、听证等合法权利,保守当事人的商业秘密,不得粗暴执法。

(5)廉洁执法。严格遵守廉政规定。

第二节 行政处罚

一、行政处罚的含义

2021年1月22日修订的《行政处罚法》第2条明确规定,行政处罚是指行政机关依法对违反行政管理秩序的公民、法人或者其他组织,以减损权益或者增加义务的方式予以惩戒的行为。其有以下含义。

(1)行政处罚的主体是特定的行政主体。所谓特定的行政主体,即指依法享有行政处罚权的行政主体。依法不享有行政处罚权的其他行政主体,不能成为行政处罚的实施主体。行政处罚的主体是否享有行政处罚权,由法律、法规、规章予以规定。

(2)行政处罚的对象是行政相对人。行政相对人即公民、法人或者其他组织。基于行政隶属关系,属于行政系统内部、处于被管理地位的行政公务人员,不能成为行政处罚的对象。

(3)行政处罚的事实前提是行政相对人实施了违反行政法律规范的行为,并且该违法行为尚未构成犯罪。行政相对人实施的违纪行为或者已构成犯罪的行为,不能进行行政处罚,但同时构成行政违法的除外。

(4)行政处罚的性质是一种以对违法者进行惩戒和教育为直接目的、具有制裁性的具体行政行为。制裁性表现为对违法行为人的人身自由、财产、名誉或其他权益的限制、剥夺或者对其科以新的义务。

问题讨论

行政处罚属于国家制裁。行政处罚和刑罚的主要联系与主要区别是什么？

二、行政处罚的种类

行政处罚的种类是行政主体实施行政处罚的具体表现形式。根据不同的标准行政处罚有不同的分类。

（一）行政处罚的理论分类

行政处罚以处罚的内容为标准，可以分为申诫罚、行为罚、财产罚、人身罚。

（1）申诫罚，又称声誉罚或精神罚，是对行政违法行为人的名誉、荣誉、信誉等施加不利影响，予以精神上惩戒的行政处罚形式。申诫罚一般适用于情节轻微的行政违法行为，属于行政处罚中最轻的处罚种类，主要包括警告、通报批评等。

（2）行为罚，又称能力罚或资格罚，是指限制或剥夺行政违法行为人从事某项活动的特定行为能力或资格的行政处罚形式。特定的行为能力或资格是指通过行政许可获得的一种特殊的行为能力或资格，若一旦被剥夺或限制，行政相对人就不能或暂时不能从事某项特殊活动。行为罚的主要表现形式有责令停产停业、暂扣或吊销许可证件、限制从业等。

（3）财产罚，是指剥夺行政违法行为人一定的财产，或者对行政违法行为人科以财产给付义务的行政处罚形式。财产罚具体表现为强迫行政违法行为人缴纳一定数额的金钱或一定数量的物品。财产罚的特点是对行政违法行为人给予经济上的制裁，其主要形式包括罚款、没收违法所得、没收非法财物。

（4）人身罚，也称自由罚，是指在一定期限内限制或剥夺行政违法行为人人身自由的行政处罚形式。人身罚是行政处罚中最为严厉的处罚种类，其具体形式主要包括行政拘留、驱逐出境等。

（二）行政处罚的法定种类

行政处罚的法定种类包括一般和特别两方面。

（1）行政处罚的一般种类，即《行政处罚法》列举的行政处罚种类，包括：警告、通报批评；罚款、没收违法所得、没收非法财物；暂扣许可证件、降低资质等级、吊销许可证件；限制开展生产经营活动、责令停产停业、责令关闭、限制从业；行政拘留。

（2）行政处罚的特别种类，即由法律、行政法规规定的其他行政处罚。

问题讨论

从行政处罚的理论分类角度，分析说明行政处罚对违反行政管理秩序的公民、法人或者其他组织可以在哪些方面产生制裁作用。

三、行政处罚的原则

（一）行政处罚法定原则

行政处罚法定原则是指行政处罚的设定和实施由法律、法规、规章予以明确规定，行政主体实施行政处罚必须依法进行。行政处罚法定原则包含以下内容：① 行政处罚设定权法定；② 行政处罚的依据法定；③ 实施行政处罚的主体及其权限法定；④ 行政处罚的程序法定；⑤ 行政处罚的内容法定。

（二）行政处罚公正原则

行政处罚公正原则是行政合理性原则在行政处罚中的具体体现，是行政处罚法定原则的必要的、重要的补充。行政处罚公正原则的基本要求是行政处罚必须做到公平、合理、恰当，没有偏私，设定和实施行政处罚必须以事实为依据，与违法行为的事实、性质、情节以及社会危害程度相当，即过罚相当。

（三）行政处罚公开原则

行政处罚公开原则是指行政处罚的设定和实施要向社会公开，它是行政处罚法定原则和行政处罚公正原则的外在表现。其有三项基本要求：① 行政处罚依据公开，即对行政违法行为给予行政处罚的规定必须公布；未经公布的，不得作为行政处罚的依据。② 实施行政处罚的程序公开，其中主要包括向当事人表明执法身份、在作出行政处罚决定前向当事人履行告知义务、充分听取当事人的意见、依法公开举行听证等。③ 行政处罚的结果，在法律规定范围内公开。

（四）行政处罚与教育相结合原则

处罚与教育是行政处罚的两项基本功能。行政处罚不仅是制裁行政违法行为人的手段，而且也是教育人们遵守法律的一种形式。行政处罚的目的，既是“惩罚”已然的行政违法行为，同时又是“警戒”未然的行政违法行为。处罚与教育相结合原则要求，实施行政处罚必须兼顾处罚与教育两项功能的发挥，两者不能偏废。一方面，处罚应建立在说服教育的基础上，通过教育使受处罚人认识到自己行为的违法性、危害性、应受惩罚性，及时纠正违法行为，自觉遵守法律规定。另一方面，教育必须以处罚为后盾，不能以教育代替处罚，通过施以有利于教育被处罚人改过自新的必要的、恰当的处罚，使受处罚人进行思考和反省，真正引以为戒。

（五）保护当事人合法权益原则

保护当事人合法权益原则是指行政处罚的设定和实施，必须赋予和保障当事人维护自己合法权益的基本权利。行政处罚应当贯彻和体现不得随意设定与实施行政处罚的法治要求。保护当事人合法权益原则包含以下基本内容：① 当事人在行政处罚过程中和行政处罚决定后，分别享有陈述权、申辩权和申请行政复议权、提起行政诉讼权、请求国家赔偿权等基本权利。② 行政处罚实施主体有义务依法采取切实的措施，保障当事人充分行使依法享有的有关行政处罚的各项权利，当事人可以依法通过法律救济途径实现对自己权利的保护。

四、行政处罚的设定

行政处罚作为对行政相对人权利义务产生不利影响、具有制裁性的行政管理手段，只能由法律、法规、规章等予以设定，其他规范性文件不得设定。可以设定行政处罚的法律规范性文件依其制定机关和效力等级的不同，设定行政处罚种类的权限范围则不同。

（一）法律的设定权

法律对行政处罚的设定，具有绝对或完全的设定权，即法律可以设定各种行政处罚。应当特别指出，法律对限制人身自由的行政处罚具有专有的设定权，即限制人身自由的行政处罚，只能由法律设定，行政法规、地方性法规、规章则无权设定。

（二）行政法规的设定权

行政法规对行政处罚的设定权包含三个方面的权限，即行政处罚的创设权、行政处罚的规定权和补充设定权。

行政法规对行政处罚的创设权限具有相对性，即行政法规可以设定除限制人身自由以外的各种行政处罚。

行政法规对法律已经作出规定的行政处罚具有规定权，即法律对违法行为已经作出行政处罚规定，行政法规需要作出具体规定的，必须在法律规定的给予行政处罚的行为、种类和幅度的范围内规定。

行政法规具有补充设定权。2021 年 1 月 22 日修订的《行政处罚法》第 11 条第 3 款规定："法律对违法行为未作出行政处罚规定，行政法规为实施法律，可以补充设定行政处罚。拟补充设定行政处罚的，应当通过听证会、论证会等形式广泛听取意见，并向制定机关作出书面说明。行政法规报送备案时，应当说明补充设定行政处罚的情况。"

（三）地方性法规的设定权

地方性法规作为法律、行政法规的下位法律规范性文件，其对行政处罚的设定权包含三个方面的权限，即行政处罚的创设权、行政处罚的规定权和补充设定权。

地方性法规对行政处罚的创设权限具有一定的局限性，即地方性法规可以设定除限制人身自由、吊销营业执照以外的行政处罚。

地方性法规具有较广泛的行政处罚规定权，即法律、行政法规对违法行为已经作出行政处罚规定，地方性法规需要作出具体规定的，必须在法律、行政法规规定的给予行政处罚的行为、种类和幅度的范围内规定。

地方性法规具有补充设定权。2021 年 1 月 22 日修订的《行政处罚法》第 12 条第 3 款："法律、行政法规对违法行为未作出行政处罚规定，地方性法规为实施法律、行政法规，可以补充设定行政处罚。拟补充设定行政处罚的，应当通过听证会、论证会等形式广泛听取意见，并向制定机关作出书面说明。地方性法规报送备案时，应当说明补充设定行政处罚的情况。”

（四）规章的设定权

规章作为立法体系中效力最低的法律规范性文件，其对行政处罚的设定权也包含两个方面的权限，即行政处罚的创设权和行政处罚的规定权。

规章与其效力阶位相对应，具有较小的行政处罚创设权限，即尚未制定法律、法规（行政法规、地方性法规）的，对违反行政管理秩序的行为，可以设定警告、通报批评或者一定数额罚款的行政处罚，并且罚款的限额，属部门规章设定的罚款，由国务院规定；属地方政府规章设定的罚款，由省、自治区、直辖市的人民代表大会常务委员会规定。

规章对行政处罚的设定权，主要表现为对行政处罚的规定权，即法律、法规（行政法规、地方性法规）对行政处罚已经作出规定的，规章可以在法律、法规规定的给予行政处罚的行为、种类和幅度的范围内作出具体规定。

□ 法条思考

2021 年 1 月 22 日修订的《中华人民共和国行政处罚法》第 16 条规定：除法律、法规、规章外，其他规范性文件不得设定行政处罚。

本条是关于行政处罚设定依据或设定权的规定。

请回答：有权设定行政处罚的主体是哪些？

五、行政处罚的实施主体

（一）行政处罚实施主体的资格条件

行政处罚实施主体不同于一般的行政主体，有其自身的资格条件。

（1）行政处罚实施主体必须是具有行政主体资格的组织，包括行政机关和授权组织。

（2）行政处罚实施主体必须是具有行政处罚权的行政主体，不享有行政处罚权的行政主体不得实施行政处罚。

（二）综合行政处罚实施主体

综合行政处罚实施主体是指依法实施了原属于其他行政主体（行政机关）的行政处罚权的具有相对集中行政处罚权的行政主体。一个行政机关行使有关行政机关的行政处罚权，必须由国务院或者省、自治区、直辖市人民政府决定。限制人身自由的行政处罚权只能由公安机关和法律规定的其他机关行使。

2021 年 1 月 22 日修订的《行政处罚法》规定了综合执法制度。国家在城市管理、市场监管、生态环境、文化市场、交通运输、应急管理、农业等领域推行建立综合行政执法制度，相对集中行政处罚权。

（三）法律、法规授权的组织

法律、法规授权的具有管理公共事务职能的组织可以在法定授权范围内实施行政处罚。法律、法规授权的组织实施行政处罚的条件是：① 该组织是具有管理公共事务职能的组织；② 法律、法规明文授权；③ 在法定授权范围内实施行政处罚。

（四）行政机关委托的组织

行政机关可以委托相关组织实施行政处罚。《行政处罚法》第 20 条第 1 款规定："行政机关依照法律、法规、规章的规定，可以在其法定权限内书面委托符合本法第 21 条规定条件的组织实施行政处罚。行政机关不得委托其他组织或者个人实施行政处罚。"

（1）行政机关委托的组织实施行政处罚的条件。《行政处罚法》第 21 条规定："受委托组织必须符合以下条件：（一）依法成立并具有管理公共事务职能；（二）有熟悉有关法律、法规、规章和业务并取得行政执法资格的工作人员；（三）需要进行技术检查或者技术鉴定的，应当有条件组织进行相应的技术检查或者技术鉴定。"

（2）行政机关委托实施行政处罚的条件是：① 具有法律、法规、规章的依据；② 委托事项必须在该行政机关的法定权限内；③ 委托行政机关对受委托组织实施行政处罚的行为应当负责监督；④ 对受委托组织实施行政处罚的行为的后果承担法律责任；⑤ 委托应采用书面委托。委托书应当载明委托的具体事项、权限、期限等内容。委托行政机关和受委托组织应当将委托书向社会公布。

（3）受委托实施行政处罚的组织的法律义务是：① 受委托组织实施行政处罚必须在委托范围内；② 以委托行政机关名义实施行政处罚；③ 不得再委托其他组织或者个人实施行政处罚。

六、行政处罚的管辖

行政处罚的管辖是指具有行政处罚权的行政主体，对违法行为实施行政处罚的分工和权限。行政处罚的管辖包括以下两种。

（一）一般管辖

行政处罚的一般管辖，即行政处罚实施主体对一般违法行为实施行政处罚的分工和权限，其管辖规则为：① 关于级别管辖，原则上，行政处罚由县级以上地方人民政府具有行政处罚权的行政机关管辖。法律、行政法规另有规定的，从其规定。② 关于地域管辖，原则上，行政处罚由违法行为发生地的行政机关管辖。法律、行政法规、部门规章另有规定的，从其规定。

2021 年修订的《行政处罚法》规定了省、自治区、直辖市根据当地实际情况，可以决定将基层管理迫切需要的县级人民政府部门的行政处罚权交由能够有效承接的乡镇人民政府、街道办事处行使，并定期组织评估。决定应当公布。

为保证执法效果，承接行政处罚权的乡镇人民政府、街道办事处应当加强执法能力建设，按照规定范围、依照法定程序实施行政处罚。有关地方人民政府及其部门应当加强组织协调、业务指导、执法监督，建立健全行政处罚协调配合机制，完善评议、考核制度。

（二）指定管辖

两个以上行政机关都有管辖权的，由最先立案的行政机关管辖。对管辖发生争议的，应当协商解决，协商不成的，报请共同的上一级行政机关指定管辖；也可以直接由共同的上一级行政机关指定管辖。

七、行政处罚的适用

行政处罚的适用，即行政处罚实施主体依法对违法行为人进行处罚的活动。行政处罚的适用应当处理好以下问题。

（一）行政处罚协助

行政机关因实施行政处罚的需要，可以向有关机关提出协助请求。协助事项属于被请求机关职权范围内的，应当依法予以协助。

（二）行政处罚与刑事处罚的衔接

违法行为涉嫌犯罪的，行政机关应当及时将案件移送司法机关，依法追究刑事责任。对依法不需要追究刑事责任或者免予刑事处罚，但应当给予行政处罚的，司法机关应当及时将案件移送有关行政机关。行政处罚实施机关与司法机关之间应当加强协调配合，建立健全案件移送制度，加强证据材料移交、接收衔接，完善案件处理信息通报机制。

（三）责令当事人改正违法行为

行政机关实施行政处罚时，应当责令当事人改正或者限期改正违法行为。

当事人有违法所得，除依法应当退赔的外，应当予以没收。违法所得是指实施违法行为所取得的款项。法律、行政法规、部门规章对违法所得的计算另有规定的，从其规定。

（四）对同一违法行为不得给予两次以上罚款处罚

对当事人的同一个违法行为，不得给予两次以上罚款的行政处罚。同一个违法行为违反多个法律规范应当给予罚款处罚的，按照罚款数额高的规定处罚。

（五）对未成年人的适用

不满 14 周岁的未成年人有违法行为的，不予行政处罚，责令监护人加以管教；已满 14 周岁不满 18 周岁的未成年人有违法行为的，应当从轻或者减轻行政处罚。

（六）对精神病人的适用

精神病人、智力残疾人在不能辨认或者不能控制自己行为时有违法行为的，不予行政处罚，但应当责令其监护人严加看管和治疗。间歇性精神病人在精神正常时有违法行为的，应当给予行政处罚。尚未完全丧失辨认或者控制自己行为能力的精神病人、智力残疾人有违法行为的，可以从轻或者减轻行政处罚。

（七）从轻、减轻的情形

当事人有下列情形之一，应当从轻或者减轻行政处罚：① 主动消除或者减轻违法行为危害后果的；② 受他人胁迫或者诱骗实施违法行为的；③ 主动供述行政机关尚未掌握的违法行为的；④ 配合行政机关查处违法行为有立功表现的；⑤ 法律、法规、规章规定其他应当从轻或者减轻行政处罚的。

（八）不予处罚的情形

违法行为轻微并及时改正，没有造成危害后果的，不予行政处罚。初次违法且危害后果轻微并及时改正的，可以不予行政处罚。当事人有证据足以证明没有主观过错的，不予行政处罚。法律、行政法规另有规定的，从其规定。

对当事人的违法行为依法不予行政处罚的，行政机关应当对当事人进行教育。

（九）处罚的折抵

违法行为构成犯罪，人民法院判处拘役或者有期徒刑时，行政机关已经给予当事人行政拘留的，应当依法折抵相应刑期。违法行为构成犯罪，人民法院判处罚金时，行政机关已经给予当事人罚款的，应当折抵相应罚金；行政机关尚未给予当事人罚款的，不再给予罚款。

（十）行政处罚的时效

违法行为在两年内未被发现的，不再给予行政处罚；涉及公民生命健康安全、金融安全且有危害后果的，上述期限延长至 5 年。法律另有规定的除外。上述期限，从违法行为发生之日起计算；违法行为有连续或者继续状态的，从行为终了之日起计算。

（十一）从旧兼从轻

实施行政处罚，适用违法行为发生时的法律、法规、规章的规定。但是，作出行政处罚决定时，法律、法规、规章已被修改或者废止，且新的规定处罚较轻或者不认为是违法的，适用新的规定。

问题讨论

具有行政处罚权的行政主体在适用法律实施行政处罚时，必须考虑哪些与确定是否处罚以及怎样处罚有关的法律问题？

八、行政处罚程序

（一）行政处罚程序的一般要求

行政处罚依违法行为人的违法行为的性质和社会危害程度大小的不同，可以适用不同的处罚程序，但无论是简易程序，还是一般程序，或是听证程序，行政处罚实施主体都必须遵循以下基本的程序要求。

1. 违法事实必须查清

行政处罚实施主体对违法行为人实施行政处罚必须以事实为根据。违法事实的存在是进行行政处罚的客观基础。行政处罚实施主体对行政相对人的违法行为依法给予行政处罚时，必须查明违法事实；违法事实不清、证据不足的，不得给予行政处罚。

证据包括：① 书证；② 物证；③ 视听资料；④ 电子数据；⑤ 证人证言；⑥ 当事人的陈述；⑦ 鉴定意见；⑧ 勘验笔录、现场笔录。证据必须经查证属实，方可作为认定案件事实的根据。以非法手段取得的证据，不得作为认定案件事实的根据。

2. 履行告知义务

违法行为人依法享有的有关行政处罚的基本权利，是当事人在行政处罚中维护自己合法权益的必要手段，是保障行政处罚合法、公正、公开的重要条件。当事人享有的各项基本权利的实现，以行政处罚实施主体履行告知义务为前提条件。

行政处罚实施主体在作出行政处罚决定之前，应当告知当事人拟作出的行政处罚内容及事实、理由、依据，并告知当事人依法享有陈述、申辩、要求听证等权利。

3. 充分听取当事人的陈述、申辩

当事人依法享有的陈述权、申辩权是当事人在行政处罚中必要的程序性权利，行政处罚实施主体有义务保障当事人行使陈述权、申辩权。

行政机关必须充分听取当事人的意见，对当事人提出的事实、理由和证据，应当进行复核；当事人提出的事实、理由或者证据成立的，行政机关应当采纳。行政机关应当及时告知当事人违法事实，并采取信息化手段或者其他措施，为当事人查询、陈述和申辩提供便利。不得限制或者变相限制当事人享有的陈述权、申辩权。行政机关不得因当事人陈述、申辩而给予更重的处罚。行政处罚实施主体拒绝听取当事人的陈述、申辩，不得作出行政处罚决定，当事人明确放弃陈述或者申辩权利的除外。

4. 全过程记录制度

行政机关应当依法以文字、音像等形式，对行政处罚的启动、调查取证、审核、决定、送达、执行等进行全过程记录，归档保存。

5. 公示制度

行政处罚的实施机关、立案依据、实施程序和救济渠道等信息应当公示。具有一定社会影响的行政处罚决定应当依法公开。公开的行政处罚决定被依法变更、撤销、确认违法或者确认无效的，行政机关应当在 3 日内撤回行政处罚决定信息并公开说明理由。行政机关及其工作人员对实施行政处罚过程中知悉的国家秘密、商业秘密或者个人隐私，应当依法予以保密。

（二）简易程序的适用

简易程序是指行政处罚实施主体对违法行为当场作出行政处罚决定所遵守的程序。其特点是简便易行。简易程序有以下法定要求。

1. 简易程序适用的条件

简易程序的适用应当同时具备以下三个条件：① 事实条件：违法事实确凿，无须进行专门的调查取证活动。② 依据条件：违法行为应受行政处罚，有法定的依据。③ 处罚种类条件：可以当场实施处罚的种类仅限于警告和罚款，并且罚款的数额有明确的限额，即对公民为 200 元以下；对法人或者其他组织为 3 000 元以下。法律另有规定的，从其规定。

2. 简易程序的程序要求

执法人员当场作出行政处罚决定的，应遵守以下程序要求：① 向当事人出示执法证件。② 填写预定格式、编有号码的行政处罚决定书；行政处罚决定书应当载明当事人的违法行为，行政处罚的种类和依据、罚款数额、时间、地点，申请行政复议、提起行政诉讼的途径和期限以及行政机关名称，并由执法人员签名或者盖章。③ 行政处罚决定书当场交付当事人。当事人拒绝签收的，应当在行政处罚决定书上注明。④ 执法人员当场作出的行政处罚决定，应当报所属行政机关备案。

□ 案例分析

王某因超载被公路管理机关执法人员李某拦截，李某口头作出罚款 200 元的处罚决定，并要求当场缴纳。王某要求出具书面处罚决定和罚款收据。李某认为其要求属于强词夺理，拒绝听取其申辩。

请分析，该行政处罚是否有违法之处？

（三）一般程序的适用

一般程序是指行政处罚实施主体需要对违法事实进行调查，并在调查的基础上非当场作出行政处罚决定所遵守的程序。其特点是必须全面、客观、公正地调查违法事实，行政处罚决定由行政处罚实施主体负责人决定或集体讨论决定。一般程序有以下法定要求。

1. 一般程序适用的条件

一般程序的适用应当同时具备以下条件：① 事实条件：违法事实不清，需要专门进行调查、收集证据;② 依据条件:应受行政处罚的违法行为,必须有法定的依据;③ 处罚种类条件:除警告、小额罚款(公民 200 元以下,法人或者其他组织 3 000 元以下)以外的各种行政处罚。

2. 对调查违法事实、收集证据的程序要求

(1) 行政机关发现公民、法人或者其他组织有依法应当给予行政处罚的行为的,必须全面、客观、公正地调查,收集有关证据;必要时,依照法律、法规的规定,可以进行检查。

(2) 执法人员在调查或者进行检查时,执法人员不得少于两人,应当主动向当事人或者有关人员出示执法证件。当事人或者有关人员有权要求执法人员出示执法证件。执法人员不出示执法证件的,当事人或者有关人员有权拒绝接受调查或者检查。

当事人或者有关人员应当如实回答询问,并协助调查或者检查,不得拒绝或者阻挠。询问或者检查应当制作笔录。

(3) 行政机关在收集证据时,可以采取抽样取证的方法;在证据可能灭失或者以后难以取得的情况下,经行政机关负责人批准,可以先行登记保存,并应当在 7 日内及时作出处理决定,在此期间,当事人或者有关人员不得销毁或者转移证据。

(4) 执法人员与案件有直接利害关系或者有其他关系可能影响公正执法的,应当回避。当事人认为执法人员与案件有直接利害关系或者有其他关系可能影响公正执法的,有权申请回避。当事人提出回避申请的,行政机关应当依法审查,由行政机关负责人决定。决定作出之前,不停止调查。

3. 作出行政处罚决定

(1) 作出行政处罚决定的行政人员　通常情况下,调查终结,行政处罚实施主体负责人应当对调查结果进行审查,根据不同情况,分别作出处理决定;对情节复杂或者重大违法行为给予行政处罚,由行政处罚实施主体负责人集体讨论决定。

(2) 对违法事实不同情况的处理决定　根据对违法事实调查结果存在的不同情况,分别作出以下处理决定:① 确有应受行政处罚的违法行为的,根据情节轻重及具体情况,作出行政处罚决定;② 违法行为轻微,依法可以不予行政处罚的,不予行政处罚;③ 违法事实不能成立的,不予行政处罚;④ 违法行为涉嫌犯罪的,移送司法机关。

(3) 行政处罚的法制审核　有下列情形之一,在行政机关负责人作出行政处罚的决定之前,应当由从事行政处罚决定法制审核的人员进行法制审核;未经法制审核或者审核未通过的,不得作出决定:① 涉及重大公共利益的;② 直接关系当事人或者第三人重大权益,经过听证程序的;③ 案件情况疑难复杂、涉及多个法律关系的;④ 法律、法规规定应当进行法制审核的其他情形。行政机关中初次从事行政处罚决定法制审核的人员,应当通过国家统一法律职业资格考试取得法律职业资格。

4. 行政处罚决定书的制作与送达

(1) 行政处罚决定书载明事项和制作方法　行政机关给予行政处罚,应当制作行政处罚决定书。行政处罚决定书应当载明下列事项:① 当事人的姓名或者名称、地址;② 违反法律、

法规、规章的事实和证据；③ 行政处罚的种类和依据；④ 行政处罚的履行方式和期限；⑤ 申请行政复议、提起行政诉讼的途径和期限；⑥ 作出行政处罚决定的行政机关名称和作出决定的日期。行政处罚决定书必须盖有作出行政处罚决定的行政机关的印章。

（2）行政处罚决定书的送达　行政处罚决定书应当在宣告后当场交付当事人；当事人不在场的，行政机关应当在 7 日内依照《中华人民共和国民事诉讼法》的有关规定，将行政处罚决定书送达当事人。当事人同意并签订确认书的，行政机关可以采用传真、电子邮件等方式，将行政处罚决定书等送达当事人。

（四）听证程序的适用

听证程序是指行政处罚实施主体作出对当事人权利义务有重大影响的行政处罚时，基于当事人的申请，指定时间和地点，在主持人的主持下，调查人员和当事人对行政处罚的事实、证据及拟作出的行政处罚意见，进行举证、质证、辩论所遵守的程序。其特点是在指定的时间、地点，由主持人、调查人员、当事人共同参加，调查人员、当事人在主持人的主持下对行政处罚的事实认定和法律适用进行公开的质证、辩驳。听证程序不是一个独立、完整的行政处罚程序，而是行政处罚实施主体适用一般程序对重大违法行为作出较重的行政处罚时，通过公开的调查、质证和辩论方式，认定违法事实和确定法律适用的程序。听证程序有以下法定要求。

1. 听证程序的适用条件

（1）处罚种类条件　① 较大数额罚款；② 没收较大数额违法所得、没收较大价值非法财物；③ 降低资质等级、吊销许可证件；④ 责令停产停业、责令关闭、限制从业；⑤ 其他较重的行政处罚；⑥ 法律、法规、规章规定的其他情形。

（2）当事人提出申请　行政机关拟作出相关行政处罚决定，应当告知当事人有要求听证的权利，当事人要求听证的，行政机关应当组织听证。

2. 听证程序的程序要求

听证应当依照以下程序组织。

（1）当事人要求听证的，应当在行政机关告知后 5 日内提出。

（2）行政机关应当在举行听证的 7 日前，通知当事人及有关人员听证的时间、地点。

（3）除涉及国家秘密、商业秘密或者个人隐私依法予以保密外，听证公开举行。

（4）听证由行政机关指定的非本案调查人员主持；当事人认为主持人与本案有直接利害关系的，有权申请回避。

（5）当事人可以亲自参加听证，也可以委托 1～2 人代理。

（6）当事人及其代理人无正当理由拒不出席听证或者未经许可中途退出听证的，视为放弃听证权利，行政机关终止听证。

（7）举行听证时，调查人员提出当事人违法的事实、证据和行政处罚建议，当事人进行申辩和质证。

（8）听证应当制作笔录。笔录应当交当事人或者其代理人核对无误后签字或者盖章。当事人或者其代理人拒绝签字或者盖章的，由听证主持人在笔录中注明。

问题解答

比较分析行政处罚简易程序与一般程序在适用条件、程序要求上的联系和区别。比较分析一般程序与听证程序之间的关系。

九、行政处罚的执行★

行政处罚的执行是实现行政处罚决定所确定内容的活动。行政处罚决定依法作出后，其所确定的内容，当事人应当在行政处罚决定书载明的期限内，予以履行。当事人逾期不履行行政处罚决定的，作出行政处罚决定的行政主体有权采取措施强制执行，以实现行政处罚决定的内容。

（一）行政复议和行政诉讼期间不停止执行原则

行政处罚决定作为行政行为的一种，具有行政行为所具有的效力内容。行政行为的推定效力决定了行政处罚决定即使在行政复议和行政诉讼期间，也不停止执行。本原则的法定内容为：当事人对行政处罚决定不服，申请行政复议或者提起行政诉讼的，行政处罚决定不停止执行，法律另有规定的除外。

（二）罚款决定的执行

作出罚款决定的行政主体与收缴罚款的机构分离原则，是指作出罚款决定的行政主体不收取罚款的款项，由当事人向指定的银行缴纳罚款的规则。本原则包含以下内容。

（1）通常情况下，作出罚款决定的行政主体及其执法人员不得自行收缴罚款；当事人应当自收到行政处罚决定书之日起 15 日内，到指定的银行或者通过电子支付系统缴纳罚款。银行应当收受罚款，并将罚款直接上缴国库。

（2）具有法定情形，作出罚款决定的行政主体及其执法人员可以当场收缴罚款，并在法定期限内将收缴的罚款缴付指定的银行。

依照规定当场作出行政处罚决定，有下列情形之一，执法人员可以当场收缴罚款：① 依法给予 100 元以下罚款的；② 不当场收缴事后难以执行的。

在边远、水上、交通不便地区，行政机关及其执法人员依照规定作出罚款决定后，当事人到指定的银行或者通过电子支付系统缴纳罚款确有困难，经当事人提出，行政机关及其执法人员可以当场收缴罚款。

行政机关及其执法人员当场收缴罚款的，必须向当事人出具国务院财政部门或者省、自治区、直辖市人民政府财政部门统一制发的专用票据；不出具财政部门统一制发的专用票据的，当事人有权拒绝缴纳罚款。执法人员当场收缴的罚款，应当自收缴罚款之日起 2 日内，交至行政机关；在水上当场收缴的罚款，应当自抵岸之日起 2 日内交至行政机关；行政机关应当在 2 日内将罚款缴付指定的银行。

（三）行政处罚的强制执行措施

当事人逾期不履行行政处罚决定的，作出行政处罚决定的行政机关可以采取下列措施。

（1）到期不缴纳罚款的，每日按罚款数额的 3% 加处罚款，加处罚款的数额不得超出罚款的数额。

（2）根据法律规定，将查封、扣押的财物拍卖、依法处理或者将冻结的存款、汇款划拨抵缴罚款。

（3）根据法律规定，采取其他行政强制执行方式。

（4）依照《中华人民共和国行政强制法》的规定申请人民法院强制执行。

行政机关批准延期、分期缴纳罚款的，申请人民法院强制执行的期限，自暂缓或者分期缴纳罚款期限结束之日起计算。

（四）被执行的非法财物和款项的处理

行政处罚实施主体对于没收非法财物的行政处罚决定，除依法应当予以销毁的物品外，依法没收的非法财物必须按照国家规定公开拍卖或者按照国家有关规定处理。

罚款、没收的违法所得或者没收非法财物拍卖的款项，必须全部上缴国库，任何行政机关或者个人不得以任何形式截留、私分或者变相私分。罚款、没收的违法所得或者没收非法财物拍卖的款项，不得同作出行政处罚决定的行政机关及其工作人员的考核、考评直接或者变相挂钩。除依法应当退还、退赔的外，财政部门不得以任何形式向作出行政处罚决定的行政机关返还罚款、没收的违法所得或者没收非法财物拍卖的款项。

第三节　行 政 许 可

一、行政许可的含义

行政许可，是指在法律规范普遍（一般）禁止的前提下，行政主体根据行政相对人的申请，经依法审查，作出的是否赋予申请人从事某种特定活动或实施某种特定行为的权利或法律资格的具体行政行为。行政主体作出的准予行政许可的具体行政行为，通常的表现形式为颁发许可证或执照等，其实质是在法律规范普遍禁止的基础上，对行政相对人予以一般禁止的解除，同时赋予行政相对人从事某种活动或实施某种行为的法律资格或权利。

《中华人民共和国行政许可法》(以下简称《行政许可法》)第2条和第3条规定:“本法所称行政许可,是指行政机关根据公民、法人或者其他组织的申请,经依法审查,准予其从事特定活动的行为”“有关行政机关对其他机关或者对其直接管理的事业单位的人事、财务、外事等事项的审批,不适用本法”。

二、行政许可的特点

(一)行政许可是依申请的具体行政行为

一方面,行政主体实施行政许可必须以行政相对人提出申请为前提,行政主体不得因行政相对人拟从事某项活动未提出申请而主动对行政相对人实施行政许可。另一方面,行政相对人要从事某一为法律所限制或控制的活动和行为,不能未经申请许可,而擅自从事该项活动或行为,提出申请是行政相对人从事某种法律行为之前必须履行的义务。

(二)行政许可是解除法律一般禁止的具体行政行为

行政许可是对一般人禁止而对特定人解除禁止的行为。首先,行政许可的存在是以法律规范的一般禁止为前提。法律规范设定行政许可即意味着设立了相应的一般禁止。在行政相对人可以从事的社会、经济活动中,有些活动基于行政管理、公共利益和社会秩序维护的需要,法律对此做了事前对一般人普遍的禁止,即一般人不经过个别批准、认可、核准或者资质确认等,便不能从事该项活动。其次,行政许可是对符合条件的特定的对象解除禁止,允许其从事某项特定活动,享有和取得特定的权利和法律资格的行为,是行政主体按照法定条件和程序对特定的行政相对人解除法律的一般禁止。

(三)行政许可是授益性的具体行政行为

行政许可的法律效果是免除行政相对人某种不作为的义务,使其可以行使某种权利或者获得从事某种活动的资格。行政相对人取得行政许可,即获得了一定的行为资格,具有一般人不能享有的“特权”。行政许可是赋予行政相对人某种权利或法律资格的授益性具体行政行为。

(四)行政许可是要式的具体行政行为

行政许可必须按照法定程序作出,采用特定的法定形式,并且符合一定的格式、行文、加密、颜色、用纸等方面的技术规范。行政许可的典型形式有:许可证、执照、批准文件、签证、资格证和资质证、签章等。书面形式的许可是行政许可在形式上的基本要求。由于行政许可涉及各行各业,立法分散,命名极不统一,认定行政许可的标准不只是其名称,而主要是其内在特征。

举例说明

用行政许可的实例具体说明行政许可的特点。

三、行政许可的分类

（一）行政许可的理论分类

1. 一般行政许可和特别行政许可

分类标准:行政许可的范围。

一般行政许可,又称普通行政许可,是指只要符合法定条件,行政主体即可对申请人的申请直接予以准许,对申请人及申请事项并无特殊限制的行政许可。一般行政许可是对行政相对人行使法定权利或者从事法律没有禁止但附有条件的活动的准许,一般没有数量的限制。

特别行政许可,也称特许,是指申请人只有在符合一般的法定条件的同时,又符合对申请人的申请资格或申请事项的特别限制条件,行政主体才对其申请予以准许的行政许可。特别行政许可是对行政相对人行使的某项特别权利或从事某项特别行为的资格的赋予,一般有数量的限制。

2. 权利性行政许可和附义务行政许可

分类标准:行政许可是否附加必须履行的义务。

权利性行政许可,也称无条件放弃的行政许可,是指行政相对人获得行政许可后,可以根据自己的意志决定是否行使该许可所赋予的权利和资格,并不承担一定作为的义务,可以自由放弃被许可的权利,并不因此而承担任何法律责任的行政许可。

附义务行政许可,又称有条件放弃的行政许可,是指行政相对人获得行政许可的同时,必须承担一定时期内从事被许可活动的义务,否则,要承担相应法律责任或丧失被许可权利的行政许可。

3. 排他性行政许可和非排他性行政许可

分类标准:享有行政许可的程度。

排他性行政许可,又称独占许可,是指对于某项活动或行为,某一行政相对人获得行政许可后,其他任何行政相对人均不能再申请获得该项许可的行政许可。

非排他性行政许可,又称共存许可,是指对于某项活动或行为,具备法定条件的任何行政相对人,都可以申请并获得准许的行政许可。

4. 独立的行政许可和附文件的行政许可

分类标准:行政许可证能否单独使用。

独立的行政许可,是指单独的行政许可证已规定了所有许可的内容,不需要其他文件加以补充说明的行政许可。

附文件的行政许可,是指许可证必须附加文件予以说明被许可内容的行政许可。附加文件是该类行政许可中一个不可或缺的组成部分,即该类行政许可须附有关的说明材料才能产生效力。

5. 行为行政许可和资格行政许可

分类标准:行政许可的目的和形式。

行为行政许可,是指行政主体允许符合条件的申请人,从事某项活动的行政许可。

资格行政许可,是指行政主体应申请人的申请,经过一定的考核程序,核发相应的证明文书,允许其享有某种资格或具有某种能力的行政许可。

(二)行政许可的法律分类

行政许可按照性质、功能、适用事项的不同,可以分为普通许可、特许、认可、核准、登记五类。行政许可法虽然没有明确规定行政许可的法定种类,但其规定的相关内容实质上是确定了这五类行政许可。

1. 普通许可

普通许可是指行政主体准予符合法定条件的行政相对人从事特定活动,没有特别严格的条件限制的行政许可。普通许可是行政管理中运用最为广泛的一种行政许可,适用于直接关系国家安全、经济安全、公共利益、人民健康、生命财产安全的事项。其功能主要是防止危险,保障安全。普通许可一般没有数量限制。

2. 特许

特许是指行政主体代表国家依法向特定的行政相对人授予某种特定权利的行政许可。行政许可法确定的特许,不同于行政法理论上的特别许可,其主要适用于有限自然资源的开发利用、有限公共资源的配置、直接关系公共利益的垄断性企业的市场准入等事项。特许的功能主要是分配稀缺资源,一般有数量的控制。

3. 认可

认可是指行政主体对申请人是否具备特定技能的认定的行政许可,主要适用于为公众提供服务、直接关系公共利益的职业、行业中需要确定行政相对人具备特殊信誉、特殊条件或者特殊技能的资格、资质的事项。认可的功能主要是提高从业者的从业水平或者某种技能、信誉。认可是对人的许可,与身份相关,一般通过考试的方式予以认可,没有数量限制。

4. 核准

核准是指行政主体对某些事项是否达到特定技术标准、技术规范要求的判断、确定的行政许可,主要适用于直接关系公共安全、人身健康、生命安全的重要设备设施的设计、建造、安装和使用;直接关系人身健康、生命财产安全的特定产品、物品的检验、检疫事项。其功能也是防止危险,保障安全。核准是针对物的产品质量在技术上是否达到法定要求的行政许可,没有数量限制。

5. 登记

登记是指行政主体确立行政相对人特定主体资格、特定身份的行政许可。行政许可中的登记,不同于一般的登记行为,其主要适用于企业或其他组织的设立等,需要明确和证明主体资格的事项。登记的功能主要是确立申请人的市场主体资格,向公众提供证明或者信誉、信息。申请人申请登记时,行政主体一般只对申请登记的材料进行形式审查,申请人应对申请材料的真实性负责。登记没有数量限制。

四、行政许可的原则

(一) 行政许可法定原则

行政许可法定原则,是行政合法性原则在行政许可行为中的具体要求,是指行政许可活动必须有法定依据,并且必须严格依法进行的基本规则。行政许可法定原则主要包含以下内容:① 行政许可的设定和实施必须有法律规范依据;② 法律规范对行政许可的设定和实施的权限、范围、条件与程序做明确规定;③ 行政许可的设定和实施必须严格依法进行,不得违反法律规范的规定;④ 违法的行政许可,行政主体必须承担相应的法律责任。

(二) 公开、公平、公正原则

1. 公开

行政许可公开原则是指行政许可的依据、过程、结果应当向当事人和社会公开。其具体内容包括:① 有关行政许可的规定应当公布,未经公布的,不得作为实施行政许可的依据;② 行政许可的实施过程和结果,除涉及国家秘密、商业秘密或者个人隐私的外,应当公开。

2. 公平

行政许可公平原则是指设立和实施行政许可必须平等对待、不得歧视行政相对人。其具体内容包括:① 行政许可适用的条件、标准平等;② 符合法定条件、标准的,申请人有依法取得行政许可的平等权利;③ 同等条件,同等对待;不同条件,不同对待。不得歧视任何人。

3. 公正

行政许可公正原则是指设定和实施行政许可必须合法、合理。其具体内容包括:① 行政许可的依据必须科学、合理;② 行政许可的过程必须依法定程序进行,行政相对人的各项权利得到充分地行使;③ 行政许可的结果是尊重、根据事实和正确适用法律,具有合法性和合理性。

(三) 便民和效率原则

1. 便民原则

行政许可便民原则是指行政主体实施行政许可,要尊重行政相对人,方便行政相对人行使权利,为行政相对人申请行政许可提供优质服务。其内容包括:① 明确、重视行政相对人享有的与行政许可相关的各项权利;② 采取措施,提供条件,极大地方便和切实地保障行政相对人充分有效地行使各项权利;③ 自觉接受人民群众对实施行政许可的监督。

2. 效率原则

行政许可效率原则是指行政主体实施行政许可,要及时地履行义务,及时、有效地开展各项工作。其内容包括:① 严格依照行政许可实施程序办理许可事项;② 严格遵守法律规定的行政许可时限要求,不得无故拖延时间。

(四)合法权益保障原则

行政许可合法权益保障原则是指行政相对人申请、参与、获得行政许可,法律赋予其维护自己合法权益的基本权利,并可获得法律的保障。其含义包括:① 行政相对人对行政主体实施行政许可,享有陈述权、申辩权;有权依法申请行政复议或者提起行政诉讼;其合法权益因行政主体违法实施行政许可受到损害的,有权依法要求赔偿。② 行政许可基本权利的实现有必要的法律保障。

(五)信赖保护原则

信赖保护原则是指行政主体应当确保行政管理活动的明确性、稳定性和连贯性,从而树立和保护行政相对人对行政主体及其管理活动真诚信赖的原则。行政许可中的信赖保护原则包括以下内容:① 行政主体的行政许可决定一经作出并生效,非因法定事由和非经法定程序,不得擅自改变。② 行政主体只有在出现下列情形时,才可以依法变更或者撤回已经生效的行政许可决定:行政许可所依据的法律、法规、规章修改或废止;准予行政许可所依据的客观情况发生重大变化,并且为了公共利益的需要。行政主体依法变更或者撤回已经生效的行政许可,由此给行政相对人造成财产损失的,行政主体应当依法给予补偿。

(六)行政许可禁止转让原则

行政许可禁止转让原则是指除法律、法规规定可以转让的行政许可外,其他行政许可不得转让。具体包含以下内容:① 行政许可一般具有一定的人身属性,原则上不得转让;② 法律、法规规定可以转让的,依照法定条件和程序转让。一般而言,可以转让的行政许可必须具备两个条件,即具有资源配置功能和属于以支付一定价款的有偿方式取得的行政许可。

(七)监督原则

监督原则是指行政主体应当依法加强对下级行政主体实施行政许可和行政相对人从事行政许可事项活动的监管。其具体内容包括:① 县级以上人民政府对行政主体实施行政许可行为的监督;② 行政主体对行政相对人从事行政许可事项活动的监督。

五、行政许可的设定

(一)行政许可的设定范围

行政许可的设定范围,是指可以设定行政许可的事项范围,即哪些事项可以设定行政许可,哪些事项不能设定行政许可。行政许可设定范围的实质是国家的行政干预权与公民的自由权之间的界限的划分。

1. 可以设定行政许可的事项

根据设定行政许可的目的和原则,设定行政许可的事项领域主要应当集中在与社会公共利益、公共安全和秩序以及有限资源配置等有关的方面。其具体包括以下六个方面。

(1) 直接涉及国家安全、公共安全、经济宏观调控、生态环境保护以及直接关系人身健康、生命财产安全等特定活动,需要按照法定条件予以批准的事项。

(2) 有限自然资源开发利用、公共资源配置以及直接关系公共利益的特定行业的市场准入等需要赋予特定权利的事项。

(3) 提供公共服务并且直接关系公共利益的职业、行业,需要确定具备特殊信誉、特殊条件或者特殊技能等资格、资质的事项。

(4) 直接关系公共安全、人身健康、生命财产安全的重要设备、设施、产品、物品,需要按照技术标准、技术规范,通过检验、检测、检疫等方式进行审定的事项。

(5) 企业或者其他组织的设立等,需要确定主体资格的事项。

(6) 法律、行政法规规定可以设定行政许可的其他事项。

2. 不宜设定行政许可的事项

对于可以设定行政许可的事项,通过下列方式能够予以规范的,可以不设定行政许可。

(1) 公民、法人或者其他组织能够自主决定的。

(2) 市场竞争机制能够有效调节的。

(3) 行业组织或者中介机构能够自律管理的。

(4) 行政机关采用事后监督等其他行政管理方式能够解决的。

3. 不应当设定行政许可的事项

在涉及行政相对人权利行使的事项中,下列事项不应当设定行政许可。

(1) 属于最低限度维持公民生存和人格尊严的权利和自由的事项,即公民行使该项权利不能附加法定条件的绝对权涉及的事项。

(2) 属于宪法规定的公民基本权利和自由的事项。

(3) 属于村民自治、居民自治等非行政领域的事项。

(4) 法律规定的公民基本权利中不会对社会造成重大影响的行为事项。

(二) 行政许可的设定权限

行政许可的设定权限包括行政许可创设权和行政许可规定权。行政许可创设权即指在现有的规范性文件(规范性法律文件、国务院行政决定)尚未对行政许可的事项作出规定的条件下,某项规范性文件首次对行政许可事项作出规定的权限。行政许可规定权即指在上位规范性文件已经对行政许可事项作出创设的条件下,下位规范性文件在其创设的行政许可事项范围内,对实施该行政许可作出的具体规定的权限。根据行政许可法的规定,可以设定行政许可的规范性文件有法律、行政法规、国务院发布的决定、地方性法规、省级政府规章,除此之外,其他规范性文件一律不得设定行政许可。

1. 行政许可创设权

（1）法律的创设权　在可以设定行政许可的事项范围内，法律可以设定各种行政许可。

（2）行政法规的创设权　在可以设定行政许可的事项范围内，尚未制定法律的，行政法规可以设定行政许可。

（3）国务院发布的决定的创设权　在可以设定行政许可的事项范围内，尚未制定法律、行政法规的，在必要时，国务院可以采用发布决定的方式设定行政许可，实施后，除临时性行政许可事项外，国务院应当及时提请全国人民代表大会及其常务委员会制定法律，或者自行制定行政法规。

（4）地方性法规的创设权　在可以设定行政许可的事项范围内，尚未制定法律、行政法规的，地方性法规可以设定行政许可。

（5）省级政府规章的创设权　在可以设定行政许可的事项范围内，尚未制定法律、行政法规和地方性法规的，因行政管理的需要，确需立即实施行政许可的，省、自治区、直辖市人民政府规章可以设定临时性的行政许可。临时性的行政许可实施满一年需要继续实施的，应当提请本级人民代表大会及其常务委员会制定地方性法规。

上述有权设定行政许可的规范性文件中，地方性法规和省级政府规章的创设权有以下限制：① 不得设定应当由国家统一确定的公民、法人或者其他组织的资格、资质的行政许可；② 不得设定企业或者其他组织的设立登记及其前置性行政许可；③ 其设定的行政许可，不得限制其他地区的个人或者企业到本地区从事生产经营和提供服务，不得限制其他地区的商品进入本地区市场。

2. 行政许可的规定权

（1）行政法规的规定权　行政法规可以在法律设定的行政许可事项范围内，对实施该行政许可作出具体规定。

（2）地方性法规的规定权　地方性法规可以在法律、行政法规设定的行政许可事项范围内，对实施该行政许可作出具体规定。

（3）规章的规定权　规章包括部门规章和地方政府规章，可以在上位法设定的行政许可事项范围内，对实施该行政许可作出具体规定。

上述规范性文件中，法规、规章的规定权有以下限制：① 对实施上位法设定的行政许可作出的具体规定，不得增设行政许可；② 对行政许可条件作出的具体规定，不得增设违反上位法的其他条件。

（三）行政许可设定的基本要求

1. 明确性要求

设定行政许可，应当规定行政许可的实施机关、条件、程序、期限。

2. 民主性要求

有权设定行政许可的机关，起草法律草案、法规草案和省级政府规章草案，拟设定行政许可的，起草单位应当采取听证会、论证会等形式听取意见，并向制定机关说明设定该行政许可的必要性、对经济和社会可能产生的影响以及听取和采纳意见的情况。

3. 责任性要求

（1）行政许可的设定机关应当定期对其设定的行政许可进行评价；对已设定的行政许可，认为通过《行政许可法》（2019 年 4 月 23 日修正）第 13 条所列方式能够解决的，应当对设定该行政许可的规定及时予以修改或者废止。

（2）行政许可的实施机关可以对已设定的行政许可的实施情况及存在的必要性适时进行评价，并将意见报告该行政许可的设定机关。

（3）公民、法人或者其他组织可以向行政许可的设定机关和实施机关就行政许可的设定和实施提出意见与建议。

（4）省、自治区、直辖市人民政府对行政法规设定的有关经济事务的行政许可，根据本行政区域经济和社会发展情况，认为通过《行政许可法》第 13 条所列方式能够解决的，报国务院批准后，可以在本行政区域内停止实施该行政许可。

六、行政许可的实施主体

（一）行政许可实施主体的范围

1. 行政机关

行政许可由具有行政许可权的行政机关在其法定职权范围内实施。行政机关行使行政许可权除应当在其法定职权范围内实施外，还有以下两种情况。

（1）行政机关集中行使行政许可权。经国务院批准，省、自治区、直辖市人民政府根据精简、统一、效能的原则，可以决定一个行政机关行使有关行政机关的行政许可权。

（2）行政机关联合、统一行使行政许可权。行政许可需要行政机关内设的多个机构办理的，该行政机关应当确定一个机构统一受理行政许可申请，统一送达行政许可决定。行政许可依法由地方人民政府两个以上部门分别实施的，本级人民政府可以确定一个部门受理行政许可申请并转告有关部门分别提出意见后统一办理，或者组织有关部门联合、集中办理。

2. 授权组织

法律、法规授权的具有管理公共事务职能的组织，可在法定授权范围内，以自己的名义实施行政许可。

在行政许可的事项中，对直接关系公共安全、人身健康、生命财产安全的设备、设施、产品、物品的检验、检测、检疫，除法律、行政法规规定由行政机关实施的外，应当逐步由符合法定条件的专业技术组织实施。专业技术组织及其有关人员对所实施的检验、检测、检疫结论承担法律责任。

（二）行政许可权的委托实施

行政主体在其法定职权范围内，依照法律、法规、规章的规定，可以委托其他行政主体实施行政许可。委托行政主体应当将受委托的行政主体和受委托实施的行政许可的内容予以公告。

委托行政主体对受委托行政主体实施行政许可的行为应当负责监督，并对该行为的后果承担法律责任。受委托的行政主体在受托范围内，以委托行政主体的名义实施行政许可；受委托的行政主体不得再委托其他组织或者个人实施行政许可。

问题解答

对行政许可与行政处罚的设定及实施主体的对比分析。下列说法不正确的是＿＿＿＿＿。

A. 行政许可和行政处罚设定的法律规范依据及设定权限相同

B. 行政许可和行政处罚的设定机关均应当定期对其设定的行政许可和行政处罚进行评价

C. 法律、法规授权的具有管理公共事务职能的组织，可依授权行使行政许可权和行政处罚权

D. 行政机关委托实施行政许可和行政处罚的组织应当是依法成立的管理公共事务的事业组织

七、行政许可实施的一般程序

行政许可实施的程序根据行政许可事项是否特殊以及法律对不同行政许可事项实施不同行政许可程序的规范要求，分为行政许可实施的一般程序和特别程序。行政许可实施的一般程序，是指法律规范设定的实施行政许可应当遵守的基本行为规则的程序，主要是实施普通行政许可种类应当遵守的程序。其具体包括以下程序阶段。

（一）申请与受理

1. 行政许可信息的公示与释明

行政许可信息的公示与释明，即行政许可实施主体为了便于行政相对人申请行政许可，通过一定的方式将与行政许可相关的信息公之于众，并将有关内容向行政相对人予以解释和说明。行政许可实施主体应当将法律、法规、规章规定的有关行政许可的事项、依据、条件、数量、程序、期限以及需要提交的全部材料的目录和申请书示范文本等在办公场所公示。申请人要求行政许可实施主体对公示内容予以说明、解释的，行政许可实施主体应当说明、解释，提供准确、可靠的信息。

行政许可实施主体应当建立和完善有关制度，推行电子政务，在行政许可实施主体的网站上公布行政许可事项，方便申请人采取数据电文等方式提出行政许可申请；应当与其他行政许

可实施主体共享有关行政许可信息,提高办事效率。

2. 行政许可的申请

行政相对人从事特定活动,依法需要取得行政许可的,应当向行政许可实施主体提出申请。行政相对人向行政许可实施主体提出行政许可申请,可以自己直接提出,也可以委托代理人提出。但是,依法应当由申请人到行政许可实施主体办公场所提出行政许可申请的,不得委托代理人提出。

行政相对人申请行政许可应当向行政许可实施主体递交申请书。申请书需要采用格式文本的,行政许可实施主体应当向申请人提供行政许可申请书格式文本,申请书格式文本中不得包含与申请行政许可事项没有直接关系的内容。

行政许可申请可以通过信函、电报、电传、传真、电子数据交换和电子邮件等方式提出。

申请人申请行政许可,应当如实向行政许可实施主体提交有关材料和反映真实情况,并对其申请材料实质内容的真实性负责。行政许可实施主体不得要求申请人提交与其申请的行政许可事项无关的技术资料和其他材料。

3. 行政许可申请的处理

行政许可实施主体对申请人提出的行政许可申请,应当根据下列情况分别作出处理:① 申请事项依法不需要取得行政许可的,应当立即告知申请人不受理;② 申请事项依法不属于本行政许可实施主体职权范围的,应当即时作出不予受理的决定,并告知申请人向有关行政许可实施主体申请;③ 申请材料存在可以当场更正的错误的,应当允许申请人当场更正;④ 申请材料不齐全或者不符合法定形式的,应当当场或者在 5 日内一次告知申请人需要补正的全部内容,逾期不告知的,自收到申请材料之日起即为受理;⑤ 申请事项属于本行政许可实施主体职权范围,申请材料齐全,符合法定情形,或者申请人按照本行政许可实施主体的要求提交全部补正申请材料的,应当受理行政许可申请。行政许可实施主体受理或者不予受理行政许可申请,应当出具加盖本行政许可实施主体专用印章和注明日期的书面凭证。

(二)审查与决定

1. 行政许可的审查

行政许可实施主体对申请人提交的申请材料应当进行审查,其审查的方式有两种:形式审查和实质审查。形式审查即行政许可实施主体对申请人提交的申请材料是否齐全、是否符合法定形式进行的审查。实质审查即行政许可实施主体对申请人提交的申请材料的实质内容进行的核实、核查。对于实质审查,行政许可实施主体应当根据法定条件和程序指派两名以上工作人员进行核查。

行政许可实施主体对申请人提交的申请材料进行审查时,发现行政许可的事项直接关系他人重大利益的情况,应当告知该利害关系人。申请人、利害关系人有权对此进行陈述和申辩。行政许可实施主体应当听取申请人、利害关系人的陈述和申辩意见。

在行政许可的审查中,依法应当先经下级行政主体审查后报上级行政主体决定的行政许可，下级行政主体应当在法定期限内将初步审查意见和全部申请材料直接报送上级行政主体，上级行政主体不得要求申请人重复提供申请材料。

2. 行政许可的决定

行政许可实施主体对申请人的行政许可申请，经审查作出的行政许可决定采用书面形式，包括准予行政许可决定和不予行政许可决定。申请人的申请符合法定条件、标准的，行政许可实施主体应当依法作出准予行政许可的书面决定。其中，申请人提交的申请材料齐全、符合法定形式，行政许可实施主体能够当场作出决定的，应当当场作出书面的行政许可决定；有数量限制的行政许可，两个或者两个以上申请人均符合法定条件、标准的，行政许可实施主体应当根据受理行政许可申请的先后顺序作出准予行政许可的决定，但是，法律、行政法规另有规定的，依照其规定。行政许可实施主体依法作出不予行政许可的书面决定的，应当说明理由，并告知申请人享有依法申请行政复议或者提起行政诉讼的权利。

（三）行政许可的期限

行政许可法对行政许可的期限作了明确的规定，具体有以下四种期限。

1. 作出行政许可决定的期限

行政许可实施主体作出行政许可决定的期限，除可以当场作出行政许可决定的外，行政许可实施主体应当自受理行政许可申请之日起 20 日内作出行政许可决定。20 日内不能作出决定的，经本行政许可实施主体负责人批准，可以延长 10 日，并应当将延长期限的理由告知申请人。但是，法律、法规另有规定的，依照其规定。

依照《行政许可法》第 26 条的规定，行政许可实施主体采取统一办理或者联合办理、集中办理的，办理的时间不得超过 45 日；45 日内不能办结的，经本级人民政府负责人批准，可以延长 15 日，并应当将延长期限的理由告知申请人。

2. 下级行政主体初审期限

依法应当先经下级行政主体审查后报上级行政主体决定的行政许可，下级行政主体应当自其受理行政许可申请之日起 20 日内审查完毕。但是，法律、法规另有规定的，依照其规定。

3. 颁发、送达行政许可证件及加贴标签、加盖检验、检测、检疫印章的期限

行政许可实施主体作出准予行政许可的决定，应当自作出决定之日起 10 日内向申请人颁发、送达行政许可证件，或者加贴标签、加盖检验、检测、检疫印章。

4. 行政许可决定的排除期限

行政许可实施主体作出行政许可决定，依法需要听证、招标、拍卖、检验、检测、检疫、鉴定和专家评审的，所需时间不计算在上述法定的期限内。行政许可实施主体应当将所需时间书面告知申请人。

（四）行政许可的听证

1. 行政许可听证的适用范围

行政许可听证是行政许可实施的一般程序中的一个特殊的程序阶段。听证是于特定的时

间、场所，在主持人的主持下，由行政许可实施主体负责审查该行政许可申请的工作人员和申请人、利害关系人一同就申请人申请的行政许可事项是否符合准予行政许可的法定条件、标准，进行陈述、质证、辩论的活动。听证并非行政许可实施的必经程序，其适用限于以下范围。

（1）依法定适用的行政许可事项　法律、法规、规章规定实施行政许可应当听证的事项。

（2）依职权适用的行政许可事项　行政许可实施主体认为需要听证的除法定适用行政许可听证事项之外的其他涉及公共利益的重大行政许可事项。

（3）依申请适用的行政许可事项　行政许可直接涉及申请人与他人之间重大利益关系的行政许可事项。

行政许可实施主体对于依法定和依职权适用的行政许可听证事项，应当向社会公告，并举行听证。行政许可实施主体对于依申请适用的行政许可听证事项，行政许可实施主体在作出行政许可决定前，应当告知申请人、利害关系人享有要求听证的权利；申请人、利害关系人在被告知听证权利之日起 5 日内提出听证申请的，行政许可实施主体应当在 20 日内组织听证。

申请人、利害关系人不承担行政机关组织听证的费用。

2. 行政许可听证的程序

行政许可听证按照下列程序进行。

（1）行政许可实施主体应当于举行听证的 7 日前将举行听证的时间、地点通知申请人、利害关系人，必要时予以公告。

（2）听证应当公开进行。

（3）行政许可实施主体应当指定审查该行政许可申请的工作人员以外的人员为听证主持人，申请人、利害关系人认为主持人与该行政许可事项有直接利害关系的，有权申请回避。

（4）举行听证时，审查该行政许可申请的工作人员应当提供审查意见的证据、理由，申请人、利害关系人可以提出证据，并进行申辩和质证。

（5）听证应当制作笔录，听证笔录应当交听证参加人确认无误后签字或者盖章。

行政许可实施主体应当根据听证笔录，作出行政许可决定。

问题解答

行政许可的实施必须按法定程序进行。

关于行政许可程序的表述，下列选项正确的是________。

A. 对依法不属于某行政主体职权范围内的行政许可申请，行政主体作出不予受理决定，应向当事人出具加盖主体专用印章和注明日期的书面凭证

B. 行政许可听证均为依当事人申请的听证，行政主体不能主动进行听证

C. 行政主体作出的准予行政许可决定，除涉及国家秘密的，均应一律公开

D. 所有的行政许可适用范围均没有地域限制，在全国范围内有效

八、行政许可实施的特别程序

行政许可实施的特别程序是指法律规范设定的实施各种特别种类的行政许可，应当分别遵守的特殊行为规则的程序。行政许可实施的一般程序和特别程序共同构成了行政许可的实施程序。两者的关系是一般和特殊的关系。在对除普通行政许可种类之外的其他特别种类的行政许可事项实施行政许可时，特别程序有规定的，优先适用特别程序的规定；特别程序没有规定的，适用一般程序的一般规定。行政许可实施的特别程序包括以下程序内容。

（一）特许的行政许可实施程序

实施《行政许可法》第 12 条第 2 项所列特许事项的行政许可，行政许可实施主体应当通过招标、拍卖等公平竞争的方式作出决定。但是，法律、行政法规另有规定的，依照其规定。行政许可实施主体通过招标、拍卖等方式作出行政许可决定的具体程序，依照有关法律、行政法规的规定。

行政许可实施主体按照招标、拍卖程序确定中标人、买受人后，应当作出准予行政许可决定，并依法向中标人、买受人颁发行政许可证件。

行政许可实施主体违反本程序要求，不采取招标、拍卖方式，或者违反招标、拍卖程序，损害申请人合法权益的，申请人可以依法申请行政复议或者提起行政诉讼。

（二）认可的行政许可实施程序

实施《行政许可法》第 12 条第 3 项所列认可事项的行政许可，赋予公民特定资格，依法应当举行国家考试的，行政许可实施主体根据考试成绩和其他法定条件作出行政许可决定；赋予法人或者其他组织特定的资格、资质的，行政许可实施主体根据申请人的专业人员构成、技术条件、经营业绩和管理水平等的考核结果作出行政许可决定。但是，法律、行政法规另有规定的，依照其规定。

公民特定资格的考试依法由行政许可实施主体或者行业组织实施，公开举行。行政许可实施主体或者行业组织应当事先公布资格考试的报名条件、报考办法、考试科目以及考试大纲。但是，不得组织强制性的资格考试的考前培训，不得指定教材或者其他助考材料。

（三）核准的行政许可实施程序

实施《行政许可法》第 12 条第 4 项所列核准事项的行政许可的，应当按照技术标准、技术规范依法进行检验、检测、检疫，行政许可实施主体根据检验、检测、检疫的结果作出行政许可决定。

行政许可实施检验、检测、检疫，应当自受理申请之日起 5 日内指派两名以上工作人员按照技术标准、技术规范进行检验、检测、检疫。不需要对检验、检测、检疫结果做进一步技术分析即可认定设备、设施、产品、物品是否符合技术标准、技术规范的，行政许可实施主体应当当场作出行政许可决定。行政许可实施主体根据检验、检测、检疫结果，作出不予行政许可决定的，应当书面说明不予行政许可所依据的技术标准、技术规范。

（四）登记的行政许可实施程序

实施《行政许可法》第12条第5项所列登记事项的行政许可的，申请人提交的申请材料齐全、符合法定形式的，行政许可实施主体应当当场予以登记。需要对申请材料的实质内容进行核实的，行政许可实施主体根据法定条件和程序应当指派两名以上工作人员进行核查。

（五）国务院实施行政许可的程序

国务院实施行政许可的程序，适用有关法律、行政法规的规定，即由特别的法律、行政法规作出规定。

九、行政许可的变更与延续

行政许可的变更即指对行政许可事项内容的变化。取得行政许可的被许可人要求变更行政许可事项的，应当向作出行政许可决定的行政许可实施主体提出申请；符合法定条件、标准的，行政许可实施主体应当依法办理变更手续。

行政许可的延续即指行政许可的效力期限届满后的依法延长和延展。取得行政许可的被申请人需要延续依法取得的行政许可的有效期的，应当在该行政许可有效期限届满30日前向作出行政许可决定的行政许可实施主体提出申请。但是，法律、法规、规章另有规定的，依照其规定。行政许可实施主体应当根据被许可人的申请，在该行政许可有效期届满前作出是否准予延续的决定；逾期未作决定的，视为准予延续。

十、行政许可的费用★

行政许可实施主体实施行政许可原则上不收取费用，收取费用必须有法定依据。

（一）行政许可禁止违规收费

行政许可实施主体实施行政许可和对行政许可事项进行监督检查，不得收取任何费用。但是，法律、行政法规另有规定的，依照其规定。行政许可实施主体提供申请书格式文本，不得收费。行政许可实施主体组织听证的，申请人、利害关系人不承担费用。

（二）行政许可依法收费并上缴

行政许可实施主体实施行政许可，依照法律、行政法规的规定收取费用的，应当按照公布的法定项目和标准收费；所收取的费用必须全部上缴国库，任何机关或者个人不得以任何形式截留、挪用、私分或者变相私分。财政部门不得以任何形式向行政许可实施主体返还或者变相返还实施行政许可所收取的费用。

（三）行政许可费用的财政保障

行政许可实施主体实施行政许可所需费用应当列入本行政许可实施主体的预算，由本级财政予以保障，按照批准的预算予以核拨。

十一、行政许可的监督检查★

在社会、经济活动中，行政相对人自由实施的各种行为，其中有些行为可能会损害国家利益、社会公共利益、破坏社会秩序。为了国家利益、社会公共利益和社会秩序的安全，法律对行政相对人实施的某类、某一方面、某一领域中的行为设定了普遍性的事前禁止。行政许可实质上是对普遍性禁止的个别解除，允许特定的行政相对人从事法律所普遍禁止的行为。据此，行政许可实施主体的行政许可实施行为和被许可人从事行政许可事项的活动，应当受到有权主体的监督检查，以确保行政许可实施主体依法实施行政许可和被许可人始终具备准予行政许可的条件、标准，并按照行政许可的具体要求实施行政许可事项，以最终达到实现保障国家利益、社会公共利益和社会秩序的安全。

行政许可监督检查，是指上级行政许可实施主体对下级行政许可实施主体实施行政许可是否合法和行政许可实施主体对行政许可的被许可人取得行政许可后是否保持准予行政许可的条件、标准以及是否按照行政许可的要求从事行政许可事项的活动的监督检查。

（一）行政许可监督检查的种类

1. 上级行政许可实施主体对下级行政许可实施主体的监督检查

上级行政许可实施主体应当加强对下级行政许可实施主体实施行政许可的监督检查，及时纠正行政许可实施中的违法行为，并对违法行为人追究相应的法律责任。

2. 行政许可实施主体对被许可人从事行政许可事项活动的监督检查

行政许可实施主体对被许可人从事行政许可事项活动的监督检查包括以下具体内容。

（1）监督制度的建立健全　行政许可实施主体应当建立健全监督制度，通过核查反映被许可人从事行政许可事项活动情况的有关材料，履行监督责任。行政许可实施主体依法对被许可人从事行政许可事项的活动进行监督检查时，应当将监督检查的情况和处理结果予以记录，由监督检查人员签字后归档。公众有权查阅行政许可实施主体监督检查记录。行政许可实施主体应当创造条件，实现与被许可人、其他有关行政许可实施主体的计算机档案系统互联，核查被许可人从事行政许可事项活动的情况。

（2）对被许可产品、场所、设备的监督检查　行政许可实施主体可以对被许可人生产经营的产品依法进行抽样检查、检验、检测，对其生产经营场所依法进行实地检查。检查时，行政许可实施主体可以依法查阅或者要求被许可人报送有关材料；被许可人应当如实提供有关情况和材料。行政许可实施主体根据法律、行政法规的规定，对直接关系公共安全、人身健康、生命财产安全的重要设备、设施进行定期检验。对检验合格的，行政许可实施主体应当发给相应的证明文件。

（3）对被许可人跨管辖区域的监督检查　被许可人在作出行政许可决定的行政许可实施主体管辖区域外违法从事行政许可事项活动的，违法行为发生地的行政许可实施主体应当依法将被许可人的违法事实、处理结果抄告作出行政许可决定的行政许可实施主体。

（4）对资源开发利用被许可人的监督检查　被许可人未依法履行开发利用自然资源义务或者利用公共资源义务的，行政许可实施主体应当责令限期改正；被许可人在规定期限内不改正的，行政许可实施主体应当依照有关法律、行政法规的规定予以处理。

（5）对市场准入被许可人的监督检查　取得直接关系公共利益的特定行业的市场准入行政许可的被许可人，应当按照国家规定的服务标准、资费标准和行政许可实施主体依法规定的条件，向用户提供安全、方便、稳定和价格合理的服务，并履行普遍服务的义务；未经作出行政许可决定的行政许可实施主体的批准，不得擅自停业、歇业。被许可人不履行前述相关义务要求的，行政许可实施主体应当责令限期改正，或者依法采取有效措施督促其履行义务。

（6）对重要设备、设施的监督检查　对直接关系公共安全、人身健康、生命财产安全的重要设备、设施，行政许可实施主体应当督促设计、建造、安装和使用单位建立相应的自检制度。行政许可实施主体在监督检查时，发现直接关系公共安全、人身健康、生命财产安全的重要设备、设施存在安全隐患的，应当责令停止建造、安装和使用，并责令设计、建造、安装和使用单位立即改正。

（二）行政许可的撤销和注销

1. 行政许可的撤销

行政许可的撤销即有权的行政主体对违法的行政许可作出的取消其效力的决定。行政许可的撤销包括可以撤销情形的撤销和应当撤销情形的撤销。

有下列情形之一的，作出行政许可决定的行政许可实施主体或者其上级行政主体，根据利害关系人的请求或者依职权，可以撤销行政许可：① 行政许可实施主体工作人员滥用职权、玩忽职守作出准予行政许可决定；② 超越法定职权作出准予行政许可决定的；③ 违反法定程序作出准予行政许可决定的；④ 对不具备申请资格或者不符合法定条件的申请人准予行政许可的；⑤ 依法可以撤销行政许可的其他情形。

被许可人以欺骗、贿赂等不正当手段取得行政许可的，应当撤销。无论是“可以撤销”还是“应当撤销”，撤销许可可能对公共利益造成重大损害的，不予撤销。对于属于依法可以撤销情形而撤销行政许可，被许可人的合法权益受到损害的，行政许可实施主体依法给予赔偿；对于属于依法应当撤销情形而撤销行政许可的，被许可人基于该项行政许可取得的权益不受保护。

2. 行政许可的注销

行政许可的注销即指行政许可实施主体对具有法定情形的行政许可作出的终止或消灭其效力的行为。有下列情形之一的，行政许可实施主体应当依法办理有关行政许可的注销手续：① 行政许可有效期届满未延续的；② 赋予公民特定资格的行政许可，该公民死亡或者丧失行为能力的；③ 法人或者其他组织依法终止的；④ 行政许可被依法撤销、撤回，或者行政许可证件依法被吊销的；⑤ 因不可抗力导致行政许可事项无法实现的；⑥ 法律、法规规定的应当注销行政许可的其他情形。

□ 案例分析

刘某参加考试并取得《医师资格证书》。之后市卫生健康委员会查明刘某在报名时提供虚假的报名材料，于是向刘某送达《行政许可证件撤销告知书》。刘某提出听证申请，被拒绝。市卫生健康委员会随后撤销了刘某的《医师资格证书》。

请分析后回答，下列选项正确的是____________。

A. 市卫生健康委员会有权撤销《医师资格证书》

B. 撤销《医师资格证书》的行为应当履行听证程序

C. 市政府有权撤销《医师资格证书》

D. 市卫生健康委员会撤销《医师资格证书》后，应依照法定程序将其注销

第四节　行 政 强 制

一、行政强制概述

行政强制，是指为了维护公共利益，实现行政管理目的，对公民、法人或者其他组织的人身、财产、行为等采取强行限制的行为。《中华人民共和国行政强制法》（以下简称《行政强制法》）规定，行政强制包括行政强制措施和行政强制执行。

（一）行政强制措施的概念、特征和种类

1. 行政强制措施的概念

行政强制措施，是指行政机关在行政管理过程中，为制止违法行为、防止证据损毁、避免危害发生、控制危险扩大等情形，依法对公民的人身自由实施暂时性限制，或者对公民、法人或其

他组织的财物实施暂时性控制的行为。

2. 行政强制措施的特征

行政强制措施有以下特征：① 预防性。行政强制措施的目的在于预防、制止或控制危害社会行为的发生或扩大。② 临时性。行政强制措施常常是行政机关作出最终处理决定的前奏和准备。③ 主体只能是行政机关和经授权的组织。

3. 行政强制措施的种类

《行政强制法》第 9 条对行政强制措施的类别作出明确规定，"行政强制措施的种类：(一)限制公民人身自由；(二)查封场所、设施或者财物；(三)扣押财物；(四)冻结存款、汇款；(五)其他行政强制措施"。

限制公民人身自由的强制措施，指为制止违法行为、避免危害发生、控制危险扩大等情形，行政机关依法对公民的人身自由实施暂时性限制。查封场所、设施或者财物，扣押财物，冻结存款、汇款，此三类行政强制措施属于对物采用的强制措施。除以上四类之外的行政强制措施，行政强制法用"其他行政强制措施"进行概括。

（二）行政强制执行的概念、特征和方式

1. 行政强制执行的概念

行政强制执行，是指行政机关或者行政机关申请人民法院，对不履行行政决定的公民、法人或者其他组织，依法强制履行义务的行为。

2. 行政强制执行的特征

行政强制执行有以下特征：① 行政强制执行的执行主体包括行政机关和人民法院。② 行政强制执行以公民、法人或者其他组织不履行具体行政行为所确定的义务为前提。行政强制执行只能在公民、法人或者其他组织不履行生效具体行政行为确定的义务时才能进行。③ 行政强制执行的目的在于以强制的方式迫使当事人履行义务，实现具体行政行为所确定的义务。

3. 行政强制执行的方式

《行政强制法》第 12 条规定，"行政强制执行的方式：(一)加处罚款或者滞纳金；(二)划拨存款、汇款；(三)拍卖或者依法处理查封、扣押的场所、设施或者财物；(四)排除妨碍、恢复原状；(五)代履行；(六)其他强制执行方式"。

法律规定行政机关强制执行的，由行政机关依法律规定的方式强制执行；法律没有规定行政机关强制执行的，作出行政决定的行政机关应当申请人民法院强制执行。行政强制执行可以分为两类：① 直接强制执行。直接强制执行指行政机关直接对当事人人身或财产实施强制，迫使其履行义务或实现与履行义务相同状态的执行方法。② 间接强制执行。间接强制执行又分为代履行和执行罚。代履行也称代执行，指如当事人拒不履行的义务为可由他人代替履行的义务时，行政机关请他人代为履行，并要求当事人承担相应费用的执行方式。代履行有两个特征：第一，当事人应履行的义务可以当事人亲自履行，也可以由他人履行，如排除妨碍、

恢复原状；第二，代履行的费用应由当事人承担。执行罚是指在当事人逾期不履行义务时，行政机关要求当事人承担一定的金钱给付义务，促使其履行义务的执行方式。

二、行政强制的基本原则

行政强制的基本原则指贯穿整个行政强制制度始终，体现行政法治精神和法治理念，行政机关、公务员及相关主体从事行政强制活动时必须坚持和遵循的基本要求。《行政强制法》确立了行政强制法定原则、适当原则、教育与强制相结合原则、不得谋利原则和权利保障原则五项行政强制的基本原则。

（一）行政强制法定原则

行政强制法定原则，指行政强制权的设定和实施必须依法进行。《行政强制法》第 4 条规定："行政强制的设定和实施，应当依照法定的权限、范围、条件和程序。"行政强制法定原则包括设定法定和实施法定。行政强制设定法定是指行政强制的设定权由法律规定。行政法规和地方性法规能否具有或具有什么样的设定权有赖于法律的明确授权。除法律、行政法规和地方性法规外，其他规范性文件不得设定行政强制行为。行政强制实施法定是指对由立法依法设定的行政强制，享有行政强制权的机关必须依照法律规定的权限、范围、条件和程序行使该权力。

（二）行政强制适当原则

所谓行政强制适当原则，指行政强制的设定和实施应当出于行政管理所必需，应当保证行政强制手段与行政强制目的关系的恰当，在可以采用多种行政强制手段时应使用损害最小的手段。《行政强制法》第 5 条规定："行政强制的设定和实施，应当适当。采用非强制手段可以达到行政管理目的的，不得设定和实施行政强制。"该原则包括三个方面的要求：① 行政强制手段适当，即行政机关所采取的行政强制手段必须与达到的结果相适当，手段与结果之间要匹配。② 非强制手段优先，这是行政强制适当原则的核心，即如果采用非强制手段可以达到行政管理目的，不得设定和实施行政强制。③ 行政强制适当原则既适用于行政强制的实施，也适用于行政强制的设定。

（三）教育与强制相结合原则

教育与强制相结合原则指行政机关在实施行政强制时，不能一味强调强制，而应当与说服教育相结合，通过说服教育工作尽可能促使当事人自觉履行义务，在说服教育无效的情况下应及时通过强制实现法律目的。《行政强制法》第 6 条规定："实施行政强制，应当坚持教育与强制相结合。"该规定要求，在实施行政强制时应树立教育与强制并举的观念；先教育后强制；运用多种手段进行宣传教育。

（四）不得谋利原则

不得谋利原则指行政机关及其工作人员应当始终坚持行政强制权的行使为公共利益的要求，不得利用行政强制权为单位或个人谋取利益。《行政强制法》第 7 条规定："行政机关及其工作人员不得利用行政强制权为单位或者个人谋取利益。"该原则包含两个方面的要求：① 不得谋利的主体为行政机关和行政机关工作人员。② 不得谋利的对象包括单位和个人。单位和个人包括行政机关及其工作人员，还包括其他任何单位、任何个人。

（五）权利保障原则

《行政强制法》第 8 条规定："公民、法人或者其他组织对行政机关实施行政强制，享有陈述权、申辩权；有权依法申请行政复议或者提起行政诉讼；因行政机关违法实施行政强制受到损害的，有权依法要求赔偿。公民、法人或者其他组织因人民法院在强制执行中有违法行为或者扩大强制执行范围受到损害的，有权依法要求赔偿。"该条规定确立了行政强制权利保障原则。

三、行政强制的设定

行政强制的设定是指由国家立法创设行政强制，它涉及哪些法律规范可以对哪一种类的行政强制作出规定。《行政强制法》规定，行政强制的设定和实施均应适用行政强制法。只有发生或者即将发生自然灾害、事故灾难、公共卫生事件或者社会安全事件等突发事件，行政机关采取金融业审慎监管措施、进出境货物强制性技术监控措施，才可以依照有关法律、行政法规的规定执行。

行政强制包括行政强制措施和行政强制执行，二者的设定有很大差异。

（一）行政强制措施的设定

1. 法律的设定权

法律可以对所有的行政强制措施进行设定。限制公民人身自由的行政强制措施，冻结存款、汇款的行政强制措施和应由法律规定的行政强制措施的设定由法律保留，只能由法律作出设定。

2. 行政法规的设定权

行政法规对行政强制措施的设定存在两种情形：① 某一领域或事项尚未制定法律，且属于国务院行政管理职权事项的，行政法规可以设定除由法律保留的行政强制措施以外的其他行政强制措施。② 某一领域或事项已出台法律，如已制定的法律设定了行政强制措施，且对行政强制措施的对象、条件、种类作了规定的，行政法规只能对已创设的行政强制措施作出细化规定，不得作出扩大规定。

如已制定的法律未设定行政强制措施，行政法规原则上不得设定行政强制措施。单行法律规定特定事项由行政法规规定具体管理措施，行政法规可以设定由法律保留设定的行政强制措施之外的其他行政强制措施。

3. 地方性法规的设定权

尚未制定法律、行政法规，且属于地方性事务的，地方性法规可以设定两类行政强制措施，即查封场所、设施或者财物和扣押财物。对法律已设定的行政强制措施，地方性法规只能对法律所规定的行政强制措施的对象、条件、种类作出细化规定，加以具体化，扩大规定无效。如法律中未设定行政强制措施的，地方性法规不得设定行政强制措施。

除法律、法规以外的其他规范性文件，均不得设定行政强制措施。

（二）行政强制执行的设定

《行政强制法》第 13 条规定："行政强制执行由法律设定。法律没有规定行政机关强制执行的，作出行政决定的行政机关应当申请人民法院强制执行。"此规定要求行政机关的自行强制执行必须由法律设定，行政法规、地方性法规不得设定行政机关强制执行。

（三）设定的论证和评价

《行政强制法》规定，无论是对行政强制措施的设定还是对行政强制执行的设定，在设定前必须进行论证，设定后必须进行评价。

起草法律草案、法规草案，拟设定行政强制的，起草单位应当采取听证会、论证会等形式听取意见，并向制定机关说明设定该行政强制的必要性、可能产生的影响以及听取和采纳意见的情况。

行政强制设定后应进行评价。行政强制的设定机关应当定期对其设定的行政强制进行评价，并对不适当的行政强制及时予以修改或者废止。行政强制的实施机关可以对已设定的行政强制的实施情况及存在的必要性适时进行评价，并将意见报告该行政强制的设定机关。公民、法人或者其他组织可以向行政强制的设定机关和实施机关就行政强制的设定和实施提出意见和建议。有关机关应当认真研究论证，并以适当方式予以反馈。

四、行政强制措施实施程序

行政机关履行行政管理职责、实施行政强制措施，应当依照法律、法规的规定；违法行为情节显著轻微或者没有明显社会危害的，可以不采取行政强制措施。

（一）实施行政强制措施的主体

行政强制措施由法律、法规规定的行政机关在法定职权范围内实施。《行政强制法》明确规定行政强制措施权不得委托，同时规定行政强制措施应当由行政机关具备资格的行政执法人员实施，其他人员不得实施。《行政强制法》第 17 条第 2 款授予行使相对集中行政处罚权的行政机关采取行政强制措施的权力，可以实施法律、法规规定的与行政处罚权有关的行政强制措施。

（二）一般程序要求

实施行政强制措施的一般程序指行政机关实施各类行政强制措施均需要遵守的程序环节和要求。

1. 报告和批准

实施前须向行政机关负责人报告并经批准；情况紧急，需要当场实施行政强制措施的，行政执法人员应当在24小时内向行政机关负责人报告，并补办批准手续。行政机关负责人认为不应当采取行政强制措施的，应当立即解除。

2. 表明身份并通知当事人到场

由两名以上行政执法人员实施；出示执法身份证件；通知当事人到场；当事人不到场的，邀请见证人到场，由见证人和行政执法人员在现场笔录上签名或者盖章。

3. 告知和说明理由并听取当事人的陈述和申辩

当场告知当事人采取行政强制措施的理由、依据以及当事人依法享有的权利、救济途径。

4. 制作现场笔录

现场笔录由当事人和行政执法人员签名或者盖章，当事人拒绝的，在笔录中予以注明。

（三）特别程序要求

除一般程序要求外，行政机关实施限制公民人身自由、查封扣押、冻结等行政强制措施的，还须遵循特别程序要求。

1. 实施限制公民人身自由的行政强制措施

依照法律规定实施限制公民人身自由的行政强制措施，除应当履行一般程序外，还应当遵守下列规定：① 当场告知或者实施行政强制措施后立即通知当事人家属实施行政强制措施的行政机关、地点和期限；② 在紧急情况下当场实施行政强制措施的，在返回行政机关后，立即向行政机关负责人报告并补办批准手续；③ 法律对此类措施的其他程序作出规定，应从其规定。实施限制人身自由的行政强制措施不得超过法定期限。实施行政强制措施的目的已经达到或者条件已经消失，应当立即解除。

2. 查封、扣押

（1）主体要求　查封、扣押应当由法律、法规规定的行政机关实施，其他任何行政机关或者组织不得实施。

（2）对象要求　查封、扣押限于涉案的场所、设施或者财物，不得查封、扣押与违法行为无关的场所、设施或者财物；不得查封、扣押公民个人及其所扶养家属的生活必需品。当事人的场所、设施或者财物已被其他国家机关依法查封的，不得重复查封。

（3）形式要求　行政机关决定实施查封、扣押的，应当制作并当场交付查封、扣押决定书和清单。查封、扣押决定书应当载明下列事项：当事人的姓名或者名称、地址；查封、扣押的理由、依据和期限；查封、扣押场所、设施或者财物的名称、数量等；申请行政复议或者提起行政诉讼的途径和期限；行政机关的名称、印章和日期。查封、扣押清单一式二份，由当事人和行政机关分别保存。

（4）期限　查封、扣押的期限不得超过 30 日；情况复杂的，经行政机关负责人批准，可以延长，但是延长期限不得超过 30 日。法律、行政法规另有规定的除外。延长查封、扣押的决定应当及时书面告知当事人，并说明理由。

对物品需要进行检测、检验、检疫或者技术鉴定的，查封、扣押的期间不包括检测、检验、检疫或者技术鉴定的期间。检测、检验、检疫或者技术鉴定的期间应当明确，并书面告知当事人。检测、检验、检疫或者技术鉴定的费用由行政机关承担。

（5）保管及费用　对查封、扣押的场所、设施或者财物，行政机关应当妥善保管，不得使用或者损毁；造成损失的，应当承担赔偿责任。对查封、扣押的场所、设施或者财物，行政机关可以委托第三人保管，第三人不得损毁或者擅自转移、处置。因第三人的原因造成的损失，行政机关先行赔付后，有权向第三人追偿。因查封、扣押发生的保管费用由行政机关承担。

（6）处置　行政机关采取查封、扣押措施后，应当及时查清事实，在法定期限内作出处理决定。行政机关有以下处置方式：① 没收。对违法事实清楚，依法应当没收的非法财物予以没收；② 销毁。法律、行政法规规定应当销毁的，依法销毁；③ 解除查封、扣押。有下列情形之一的，行政机关应当及时作出解除查封、扣押决定：当事人没有违法行为；查封、扣押的场所、设施或者财物与违法行为无关；行政机关对违法行为已经作出处理决定，不再需要查封、扣押；查封、扣押期限已经届满；其他不再需要采取查封、扣押措施的情形。

3. 冻结

（1）主体要求　冻结存款、汇款应当由法律规定的行政机关实施，不得委托给其他行政机关或者组织；其他任何行政机关或者组织不得冻结存款、汇款。

（2）对象要求　冻结存款、汇款的数额应当与违法行为涉及的金额相当；已被其他国家机关依法冻结的存款、汇款，不得重复冻结。

（3）冻结通知书　行政机关依照法律规定决定实施冻结存款、汇款的，应当履行法定一般程序，并向金融机构交付冻结通知书。金融机构接到行政机关依法作出的冻结通知书后，应当立即予以冻结，不得拖延，不得在冻结前向当事人泄露信息。法律规定以外的行政机关或者组织要求冻结当事人存款、汇款的，金融机构应当拒绝。

（4）冻结决定书　作出冻结决定的行政机关应当在 3 日内向当事人交付冻结决定书。冻结决定书应当载明下列事项：当事人的姓名或者名称、地址；冻结的理由、依据和期限；冻结的账号和数额；申请行政复议或者提起行政诉讼的途径和期限；行政机关的名称、印章和日期。

（5）期限　除法律另有规定的，冻结的期限为 30 日。自冻结存款、汇款之日起 30 日内，行政机关应当作出处理决定或者作出解除冻结决定；情况复杂的，经行政机关负责人批准，可以延长，但是延长期限不得超过30日。法律另有规定的除外。延长冻结的决定应当及时书面告知当事人，并说明理由。

（6）冻结决定的解除　有下列情形之一的，行政机关应当及时作出解除冻结决定：当事人没有违法行为；冻结的存款、汇款与违法行为无关；行政机关对违法行为已经作出处理决定，不再需要冻结；冻结期限已经届满；其他不再需要采取冻结措施的情形。行政机关作出解除冻结决定的，应当及时通知金融机构和当事人。金融机构接到通知后，应当立即解除冻结。行政机关逾期未作出处理决定或者解除冻结决定的，金融机构应当自冻结期满之日起解除冻结。

五、行政强制执行程序

（一）行政机关强制执行程序

1. 行政机关自行强制执行权限

行政机关依法作出行政决定后，当事人在行政机关决定的期限内不履行义务的，具有行政强制执行权的行政机关依法强制执行。行政机关自行强制执行权的取得需要法律授权。

《行政强制法》给予行政机关的两项授权：① 违法的建筑物、构筑物、设施的强制拆除。对违法的建筑物、构筑物、设施等需要强制拆除的，应当由行政机关予以公告，限期当事人自行拆除。当事人在法定期限内不申请行政复议或者提起行政诉讼，又不拆除的，行政机关可以依法强制拆除。② 当事人在法定期限内不申请行政复议或者提起行政诉讼，经催告仍不履行的，在实施行政管理过程中已经采取查封、扣押措施的行政机关，可以将查封、扣押的财物依法拍卖抵缴罚款。

2. 一般程序及要求

对行政机关自行强制执行程序，无论采取何种措施均应遵循下列程序环节：

（1）督促催告　行政机关作出强制执行决定前，应当事先催告当事人履行义务。催告应当以书面形式作出，并载明下列事项：履行义务的期限；履行义务的方式；涉及金钱给付的，应当有明确的金额和给付方式；当事人依法享有的陈述权和申辩权。

（2）听取当事人的陈述与申辩　当事人收到催告书后有权进行陈述和申辩。行政机关应当充分听取当事人的意见，对当事人提出的事实、理由和证据，应当进行记录、复核。当事人提出的事实、理由或者证据成立的，行政机关应当采纳。

（3）作出强制执行决定和送达　经催告，当事人逾期仍不履行行政决定，且无正当理由的，行政机关可以作出强制执行决定。强制执行决定应当以书面形式作出，并载明下列事项：当事人的姓名或者名称、地址；强制执行的理由和依据；强制执行的方式和时间；申请行政复议或者提起行政诉讼的途径和期限；行政机关的名称、印章和日期。在催告期间，对有证据证明有转移或者隐匿财物迹象的，行政机关可以作出立即强制执行决定。催告书、行政强制执行决定书应当直接送达当事人。当事人拒绝接收或者无法直接送达当事人的,应当依照《中华人民共和国民事诉讼法》的有关规定送达。

(4) 采取强制执行措施　文书经送达后,行政机关根据执行内容、标的等不同,分别采取不同的强制执行方式,并遵循不同的程序规定。行政机关不得在夜间或者法定节假日实施行政强制执行。但是,情况紧急的除外。行政机关不得对居民生活采取停止供水、供电、供热、供燃气等方式迫使当事人履行相关行政决定。

3. 特别程序及要求

除一般程序要求外,针对具体强制执行措施,行政机关还应遵循特别程序要求。

(1) 金钱给付义务的执行

① 先采取间接强制措施。行政机关依法作出金钱给付义务的行政决定,当事人逾期不履行的,行政机关可以依法加处罚款或者滞纳金。加处罚款或者滞纳金的标准应当告知当事人。加处罚款或者滞纳金的数额不得超出金钱给付义务的数额。

② 自行强制执行或申请法院执行。行政机关实施加处罚款或者滞纳金超过 30 日,经催告当事人仍不履行的,具有行政强制执行权的行政机关可以强制执行。没有行政强制执行权的行政机关应当申请人民法院强制执行。但是,当事人在法定期限内不申请行政复议或者提起行政诉讼,经催告仍不履行的,在实施行政管理过程中已经采取查封、扣押措施的行政机关,可以将查封、扣押的财物依法拍卖抵缴罚款。

③ 执行的程序要求。划拨存款、汇款应当由法律规定的行政机关决定,并书面通知金融机构。金融机构接到行政机关依法作出划拨存款、汇款的决定后,应当立即划拨。依法拍卖财物,由行政机关委托拍卖机构依照《中华人民共和国拍卖法》(以下简称《拍卖法》)的规定办理。划拨的存款、汇款以及拍卖和依法处理所得的款项应当上缴国库或者划入财政专户。任何行政机关或者个人不得以任何形式截留、私分或者变相私分。

(2) 代履行

① 通用范围。行政机关依法作出要求当事人履行排除妨碍、恢复原状等义务的行政决定,当事人逾期不履行,经催告仍不履行,其后果已经或者将危害交通安全、造成环境污染或者破坏自然资源的,行政机关可以代履行,或者委托没有利害关系的第三人代履行。

② 程序。代履行应当遵守下列规定:第一,代履行前送达决定书,代履行决定书应当载明当事人的姓名或者名称、地址,代履行的理由和依据、方式和时间、标的、费用预算以及代履行人;第二,代履行 3 日前,催告当事人履行,当事人履行的,停止代履行;第三,代履行时,作出决定的行政机关应当派员到场监督;代履行完毕,行政机关到场监督的工作人员、代履行人和当事人或者见证人应当在执行文书上签名或者盖章。代履行不得采用暴力、胁迫以及其他非法方式。

需要立即清除道路、河道、航道或者公共场所的遗洒物、障碍物或者污染物,当事人不能清除的，行政机关可以决定立即实施代履行；当事人不在场的，行政机关应当在事后立即通知当事人，并依法作出处理。

③ 费用。代履行的费用按照成本合理确定，由当事人承担。但是，法律另有规定的除外。

4. 中止执行、终结执行和执行和解

（1）中止执行　有下列情形之一的，中止执行：当事人履行行政决定确有困难或者暂无履行能力的；第三人对执行标的主张权利，确有理由的；执行可能造成难以弥补的损失，且中止执行不损害公共利益的；行政机关认为需要中止执行的其他情形。

中止执行的情形消失后，行政机关应当恢复执行。对没有明显社会危害，当事人确无能力履行，中止执行满 3 年未恢复执行的，行政机关不再执行。

（2）终结执行　有下列情形之一的，终结执行：公民死亡，无遗产可供执行，又无义务承受人的；法人或者其他组织终止，无财产可供执行，又无义务承受人的；执行标的灭失的；据以执行的行政决定被撤销的；行政机关认为需要终结执行的其他情形。

在执行中或者执行完毕后，据以执行的行政决定被撤销、变更，或者执行错误的，应当恢复原状或者退还财物；不能恢复原状或者退还财物的，依法给予赔偿。

（3）执行和解　实施行政强制执行时，行政机关可以在不损害公共利益和他人合法权益的情况下，与当事人达成执行协议。执行协议可以约定分阶段履行；当事人采取补救措施的，可以减免加处的罚款或者滞纳金。执行协议应当履行。当事人不履行执行协议的，行政机关应当恢复强制执行。

（二）申请法院强制执行

1. 适用条件

当事人在法定期限内不申请行政复议或者提起行政诉讼，又不履行行政决定的，没有行政强制执行权的行政机关可以自期限届满之日起 3 个月内，依照行政强制法申请人民法院强制执行。没有强制执行权的行政机关申请人民法院强制执行其行政行为，应当自被执行人的法定起诉期限届满之日起 3 个月内提出。逾期申请的，除有正当理由外，人民法院不予受理。

综上，行政机关申请执行其行政行为应当具备以下条件：① 行政行为可以由人民法院执行；② 行政行为已经生效并具有可执行内容；③ 申请人是作出该行政行为的行政机关或者法律、法规、规章授权的组织；④ 被申请人是该行政行为确定的义务人；⑤ 被申请人在行政行为所确定的期限内或者行政机关催告期限内未履行义务；⑥ 申请人在法定期限内提出申请；⑦ 被申请执行的行政案件属于受理执行申请的人民法院管辖。

2. 行政机关提出申请

（1）申请前的催告　行政机关申请人民法院强制执行前，应当催告当事人履行义务。催告书送达 10 日后当事人仍未履行义务的，行政机关可以申请人民法院强制执行。

（2）管辖法院　行政机关申请人民法院强制执行其行政行为的，由申请人所在地的基层人民法院受理;行政机关可以向所在地有管辖权的人民法院申请强制执行;执行对象是不动产的,向不动产所在地有管辖权的人民法院申请强制执行。基层人民法院认为执行确有困难的,可以报请上级人民法院执行;上级人民法院可以决定由其执行,也可以决定由下级人民法院执行。

(3) 申请材料　行政机关向人民法院申请强制执行,应当提供下列材料:强制执行申请书;行政决定书及作出决定的事实、理由和依据;当事人的意见及行政机关催告情况;申请强制执行标的情况;法律、行政法规规定的其他材料。

强制执行申请书应当由行政机关负责人签名,加盖行政机关的印章,并注明日期。

3. 法院的受理和审查

(1) 受理　人民法院接到行政机关强制执行的申请,应当在 5 日内受理。对不符合条件的申请,应当裁定不予受理。行政机关对人民法院不予受理的裁定有异议的,可以在 15 日内向上一级人民法院申请复议,上一级人民法院应当自收到复议申请之日起 15 日内作出是否受理的裁定。

(2) 审查

① 审查方式。人民法院对行政机关强制执行的申请通过审阅书面材料方式进行审查。根据行政强制法的规定,法院在作出裁定前也可以采用其他方式进行审查。人民法院发现有下列情形之一的,在作出裁定前可以听取被执行人和行政机关的意见:明显缺乏事实根据的;明显缺乏法律、法规依据的;其他明显违法并损害被执行人合法权益的。

② 审查期限与案件处理。对一般的强制执行案件,法院的审查期限为 7 日。对行政机关提交的申请材料齐全,且行政决定具备法定执行效力的,人民法院应当自受理之日起七日内作出执行裁定。

对出现《行政强制法》第 58 条规定情形的案件,法院的审查期限为 30 日。

人民法院应当自受理之日起 30 日内作出是否执行的裁定。裁定不予执行的,应当说明理由,并在 5 日内将不予执行的裁定送达行政机关。行政机关对人民法院不予执行的裁定有异议的,可以自收到裁定之日起 15 日内向上一级人民法院申请复议,上一级人民法院应当自收到复议申请之日起 30 日内作出是否执行的裁定。

因情况紧急,为保障公共安全,行政机关可以申请人民法院立即执行。经人民法院院长批准,人民法院应当自作出执行裁定之日起五日内执行。

③ 费用。行政机关申请人民法院强制执行,不缴纳申请费。强制执行的费用由被执行人承担。人民法院以划拨、拍卖方式强制执行的,可以在划拨、拍卖后将强制执行的费用扣除。依法拍卖财物,由人民法院委托拍卖机构依照《拍卖法》的规定办理。划拨的存款、汇款以及拍卖和依法处理所得的款项应当上缴国库或者划入财政专户,不得以任何形式截留、私分或者变相私分。

□ 引例答案

问题 1：具体行政行为，申请领取律师执业证书的人和被吊销律师执业证书的人均是特定的人。

问题 2：行政许可。

问题 3：行政处罚。

□ 引例解析思路

问题 1：从具体行政行为和抽象行政行为的分类标准以及具体行政行为的特征进行考虑和分析。

问题 2：从颁发律师执业证书的内容和行政许可的含义、特点以及分类进行分析。

问题 3：从吊销律师执业证书的内容和行政处罚的含义和种类进行分析。

■ 本章小结

【结语】

本章围绕具体行政行为的概述、有专门法律依据的具体行政行为的主要种类这两个基本点，对具体行政行为的基本内容进行了阐释。具体行政行为概述部分，分析和阐明了具体行政行为的含义、特征、分类和种类。在认识具体行政行为种类的基础上，根据现行专门法律规定的内容，对行政处罚、行政许可和行政强制分别进行了阐述。

【本章基本知识点逻辑结构图】

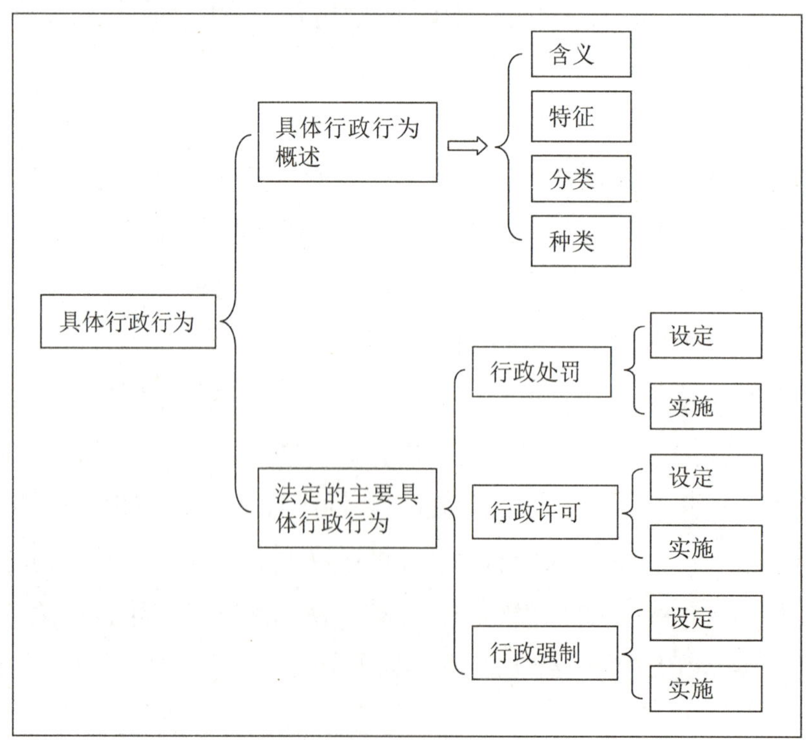

综合训练

思考与练习

一、名词解释

具体行政行为　　行政处罚　　行政许可　　行政强制

二、填空题

1. 行政许可的实施主体，包括具有行政许可权的 ____________ 和 ____________ 。
2. 行政主体依法作出不予行政许可的书面决定的，应当说明 ____________ ，并告知申请人享有 ____________ 或者 ____________ 。
3. 行政主体在作出行政处罚决定之前，应当告知当事人作出行政处罚决定的 ____________，并告知当事人 ____________ 。
4. 违法行为在 ____________ 内未被发现的，不再给予行政处罚，法律另有规定的除外。
5. 行政处罚由 ____________ 的县级以上地方人民政府具有行政处罚权的行政机关管辖。
6. 行政处罚的管辖发生争议的，由 ____________ 指定管辖。
7. 规章设定罚款行政处罚的限额，部门规章设定的由 ____________ 规定，地方政府规章设定的由 __________规定 。
8. 上位法对违法行为已经作出行政处罚的规定，下位法需要作出具体规定的，必须在上位法规定的给予行政处罚的 ____________ 和 ____________ 的范围内规定。
9. 实施行政处罚，纠正违法行为，应当坚持 ____________ 和 ____________ 相结合，教育公民、法人或者其他组织自觉遵守法律。
10. 被许可人需要延续依法取得的行政许可的有效期的，应当在该行政许可有效期届满 ____________ 前向作出行政许可决定的行政主体提出申请。
11. 行政处罚由具有行政处罚权的 ____________ 在法定职权范围内实施。
12. 根据《行政强制法》的规定，行政强制包括 ____________ 和 ____________ 。
13. 《行政强制法》确立了行政强制法定原则、 ____________ 、 ____________、不得谋利原则和 ____________ 五项行政强制的基本原则。

14. 行政强制措施的种类：____________；查封场所、设施或者财物；____________；____________；其他行政强制措施。

15. ____________可以对所有的行政强制措施进行设定。

三、判断题

(　　)1. 对违法行为给予行政处罚的规定必须公布，未经公布的，不得作为行政处罚的依据。

(　　)2. 规章可以自主设定行政处罚。

(　　)3. 在没有法律、法规、规章规定的情况下，其他规范性文件可以设定行政处罚。

(　　)4. 违法行为构成犯罪的，行政主体应当将案件移送司法机关，依法追究刑事责任。

(　　)5. 对当事人的同一个违法行为，不得给予两次以上行政处罚。

(　　)6. 除涉及国家秘密、商业秘密或者个人隐私外，行政处罚的听证公开举行。

(　　)7. 实施行政处罚的执法人员与当事人有直接利害关系的，应当回避。

(　　)8. 作出行政处罚决定的行政主体及其执法人员不得自行收缴罚款。

(　　)9. 依法取得行政许可的被许可人，可以依法转让该行政许可。

(　　)10. 省级人民政府规章设定的行政许可属于临时性行政许可。

(　　)11. 申请人应当对其申请行政许可材料实质内容的真实性负责。

(　　)12. 经国务院批准，省级人民政府可以决定一个行政机关行使有关行政机关的行政许可权。

(　　)13. 行政许可实施主体实施行政许可和对行政许可事项进行监督检查，不得收取任何费用。

(　　)14. 公民、法人或者其他组织依法取得的行政许可受法律保护，行政主体不得改变已生效的行政许可。

(　　)15. 限制公民人身自由的行政强制措施，冻结存款、汇款，这些措施可以由行政法规作出设定。

(　　)16. 代履行是指如当事人拒不履行的义务为可由他人代替履行的义务时，行政机关请他人代为履行，并要求当事人承担相应费用的执行方式。

(　　)17. 直接强制一般包括划拨存款、汇款，拍卖或者依法处理查封扣押的场所、设施或者财物等。

(　　)18. 只是对行政强制措施的设定，在设定前必须进行论证，设定后必须进行评价。

四、单项选择题

1. 除可以当场作出行政许可决定外，行政主体应当自受理行政许可申请之日起（　　）内作出行政许可决定。

A. 20 日　　B. 30 日

C. 45 日　　D. 60 日

2. 限制人身自由的行政处罚由（　　）实施。

A. 行政机关　　B. 授权组织

C. 受委托组织　　D. 公安机关

3. 限制人身自由的行政处罚由（　　）设定。

A. 法律　　B. 行政法规

C. 地方性法规　　D. 规章

4. 法律可以设定（　　）行政处罚。

A. 限制人身自由　　B. 各种

C. 吊销企业营业执照　　D. 责令停产停业

5. 行政法规可以设定（　　）的行政处罚。

A. 限制人身自由　　B. 除限制人身自由以外

C. 吊销企业营业执照　　D. 较大数额罚款

6. 查封、扣押的期限不得超过（　　）日，如法律、行政法规有规定的，从其规定。

A. 20 日　　B. 30 日

C. 45 日　　D. 60 日

7. 行政机关采取查封、扣押措施后，应当及时查清事实，在法定期限内作出处理决定，下列（　　）不是行政机关的处置方式 。

A. 没收　　B. 销毁

C. 解除查封、扣押　　D. 冻结

五、多项选择题

1. 设定和实施行政许可，应当遵循（　　　）。

A. 公开原则　　B. 公平、公正原则

C. 便民原则　　D. 法定原则

2. 公民、法人或者其他组织对行政主体实施的行政许可，有权（　　　）。

A. 陈述、申辩　　B. 依法申请行政复议和提起行政诉讼

C. 依法要求赔偿　　D. 要求听证

3. 设定行政许可的依据有（　　　）。

A. 法律　　B. 法规

C. 国务院的行政决定　　D. 规章

4. 下列无权设定行政许可的规章有（ ）。

A. 省级人民政府规章

B. 省、自治区人民政府所在地的市人民政府规章

C. 经济特区所在地的市人民政府规章

D. 经国务院批准的较大的市的人民政府规章

5. 有下列( )情形之时，不得作出行政处罚决定。

A. 行政主体及执法人员在作出行政处罚决定之前，没有向当事人告知给予行政处罚的事实、理由和依据

B. 行政主体及执法人员在作出行政处罚决定之前，没有向当事人告知依法享有的权利

C. 行政主体及执法人员在作出行政处罚决定之前，拒绝听取当事人的陈述、申辩

D. 行政主体及执法人员在作出行政处罚决定之前，没有向当事人告知要求举行听证的权利

6. 听证程序适用的行政处罚种类为（ ）的行政处罚。

A. 限制人身自由 B. 责令停产停业

C. 吊销许可证或执照 D. 较大数额的罚款

7. 行政处罚简易程序的适用条件是（ ）。

A. 违法事实确凿

B. 有法定依据

C. 作出对公民处以 200 元以下、对法人或者其他组织处以 3 000 元以下罚款或者警告的行政处罚

D. 作出没收 200 元以下违法所得的行政处罚

8.（ ）可以决定一个行政机关行使有关行政机关的行政处罚权。

A. 国务院 B. 设区的市级人民政府

C. 省级人民政府 D. 省级人大批准的省级人民政府

9. 行政机关依照（ ）的规定，可以在其法定权限内委托符合法定条件的受委托组织实施行政处罚。

A. 法律 B. 行政法规

C. 地方性法规 D. 规章

10. 对（ ），不予行政处罚。

A. 不满 14 周岁的人有违法行为的

B. 已满 14 周岁不满 18 周岁的人有违法行为的

C. 精神病人在不能辨认或不能控制自己行为时有违法行为的

D. 违法行为轻微并及时纠正，没有造成危害后果的

11. 行政处罚的设定依据有（　　　　）。

A. 法律　　　　B. 法规

C. 规章　　　　D. 其他规范性文件

12. 吊销营业执照的行政处罚，由（　　　　）设定。

A. 法律　　　　B. 行政法规

C. 地方性法规　　　　D. 规章

13. 地方性法规不得设定（　　　　）的行政处罚。

A. 限制人身自由　　　　B. 吊销企业营业执照

C. 吊销营业执照　　　　D. 责令停产停业

14. 对违反行政管理秩序的行为，尚未制定法律、法规的，规章可以设定（　　　　）的行政处罚。

A. 警告　　　　B. 没收违法所得

C. 有限额的一定数量的罚款　　　　D. 吊销许可证或执照

15. 对公民、法人或者其他组织违反行政管理秩序的行为，应当给予行政处罚的，由（　　　　）规定。

A. 法律　　　　B. 行政法规

C. 地方性法规　　　　D. 规章

16. 公民、法人或者其他组织针对行政处罚享有的权利有（　　　　）。

A. 陈述权、申辩权

B. 申请行政复议或提起行政诉讼的权利

C. 依法提出国家赔偿的权利

D. 要求举行听证的权利

17. 实施行政处罚，（　　　　）的，行政处罚无效。

A. 没有法定依据

B. 不遵守法定程序

C. 对违法行为给予行政处罚的规定没有公布

D. 没有保障当事人对行政处罚依法享有的权利

18. 有关具体行政行为的表述，正确的是（　　　　）。

A. 具体行政行为针对和作用的对象是特定的对象

B. 具体行政行为的内容直接影响特定行政相对人的权利义务

C. 具体行政行为的效力具有一次性

D. 具体行政行为的形式具有广泛性和多样性

19. 有下列（　　　　）情形，行政机关应当及时作出解除冻结决定。

A. 当事人没有违法行为

B. 冻结的存款、汇款与违法行为无关

C. 行政机关对违法行为已经作出处理决定，不再需要冻结

D. 冻结期限已经届满；其他不再需要采取冻结措施的情形

20. 有下列（　　）情形，中止执行。

A. 当事人履行行政决期有困难或者暂无履行能力的

B. 第三人对执行标的主张权利，确有理由的

C. 执行可能造成难以弥补的损失，且中止执行不损害公共利益的

D. 行政机关认为需要中止执行的其他情形

21. 人民法院发现有下列（　　）情形，在作出裁定前可以听取被执行人和行政机关的意见。

A. 明显缺乏事实根据的

B. 明显缺乏法律、法规依据的

C. 被执行人确有违法行为

D. 其他明显违法并损害被执行人合法权益的

六、简答题

1. 具体行政行为的特征是什么？
2. 行政处罚的理论分类有哪些？
3. 行政处罚的原则有哪些？
4. 行政许可的特点有哪些？
5. 行政许可的法律分类有哪些？
6. 行政许可的原则是什么？
7. 行政许可的设定范围有哪些？
8. 行政处罚的法定种类有哪些？
9. 行政强制的特点有哪些？
10. 行政强制的原则有哪些？

■ 专业技能训练

一、实例分析

甲村与乙村相邻。两村因对其交界处的“金牛山”的自然资源使用权发生争议，双方均请求本乡人民政府进行裁决。乡人民政府裁决将“金牛山”上的森林划归甲村看管并可以依法采伐，同时，将该山的采矿权划归乙村。之后，甲村得知“金牛山”地下有金矿可开采，欲反悔，进而与乙村发生冲突。乡人民政府以不服本人民政府裁决为由，对甲村村主任王某予以行政拘留 3 天，以此平息双方的纠纷。

请分析：乡人民政府的行政行为存在什么行政法律问题？

二、法律咨询解答

刘某到某住宅小区办事，未按该小区物业管理的要求停放车辆，在将要离开时，

受到了该小区物业公司管理人员的罚款处理。

请解答：物业公司管理人员对刘某的罚款处理是否合法?

三、法律问题阐释

在行政管理过程中，行政主体及其行政公务人员有失职行为。

请阐释：行政主体不履行或拖延履行法定职责属于具体行政行为吗?

四、法律现象评析

网吧，是人们运用现代网络技术手段进行学习、生活、交流、娱乐的场所，管理不善将会给社会带来危害。目前，在网吧的经营管理中有“黑网吧”现象的存在。

请评析“黑网吧”涉及的行政法律问题。

第六章　行政程序

行政行为是行政主体行使行政权，进行行政管理活动的方式和手段。行政行为的作出离不开行政程序。行政程序是行政行为形成的过程，没有行政程序，行政行为无法形成。行政程序构成要素的合法性、适当性直接影响行政行为实体内容的合法性和合理性。行政行为违反法定行政程序，则构成行政违法。本章将介绍和阐释行政程序的基本内容。

学习目标

通过对本章内容的学习，学生应当理解行政程序的含义；明确行政程序的分类；理解和掌握行政程序的特征、行政程序的基本原则和行政程序的基本制度等内容。

引例

张某参加了某省招生考试管理中心组织的全国招收攻读硕士研究生统一入学考试。之后，在其不知情的情况下，该省招生考试管理中心作出了《国家教育考试考生违规处理决定书》。该决定书的内容除了记载考试种类、考生姓名、准考证号、考试时间及地点等考试的基本信息外，还写明了考试科目：英语；违规事实：试卷答案雷同；处理证据：《考场报告单》或《评卷报告单》；处理依据：《国家教育考试违规处理办法》；处理结果：取消当次考试成绩。张某对该处理决定不服，拟提起行政诉讼。

问题

省招生考试管理中心对考生张某作出的处理决定，在行政程序上是否合法？为什么？

本案例的解析，主要涉及行政程序相关内容和知识点的运用。

第一节　行政程序概述

一、行政程序的含义

行政程序，是指行政主体在当事人（行政相对人及其他利害关系人）的参与下，行使行政权、实施行政行为所必须遵守的步骤、方式、顺序、时限的总称。换言之，行政程序是指行政主体在当事人的参与下，按照一定的步骤、方式、顺序、时限行使行政权，作出行政行为的过程。行政行为的步骤、方式构成了行政行为的空间表现形式，行政行为的顺序、时限构成了行政行为的时间表现形式。所以，行政程序本质上是行政行为空间和时间表现形式的有机结合。行政程序有以下含义。

（一）行政程序是行政主体行使行政权作出行政行为时适用的程序

首先，行政程序不同于立法程序和诉讼程序，它是行政主体行使行政权所遵守的程序。其次，行政程序是行政主体作出行政行为时必须遵守的程序，属于事前程序，不包括行政司法救济程序，也不同于具有行政主体资格的组织从事民事活动应当遵守的民事程序。

（二）行政程序是由作出行政行为的步骤、方式、顺序、时限构成的过程

步骤、方式、顺序、时限是行政程序必不可少的构成要素。步骤是指行政主体完成某一行政行为所必须经历的若干阶段，即形成一个行政行为的若干个小的行为过程。行政程序一般由程序的启动、进行、终结三个基本阶段组成。方式是指行政主体在实施行政行为的每个步骤上所采用的各种具体方法和形式。通常意义上，行政行为包括口头、书面和动作三种基本形式，包括在法律特别规定的情况下的默示形式。顺序是指行政主体实施行政行为的若干步骤（阶段）按一定逻辑规律进行排列的先后次序。时限是指行政主体实施行政行为的每一个步骤及其整个过程所占用的时间期限。

（三）行政程序是作为过程的行政行为，是行政行为的形式

任何一个行政行为都是实体内容和程序形式的有机统一。实体是行政行为的目的、内容和结果，程序是行政行为形成的步骤、方式、顺序、时限。实体和程序两者无法分离。没有实体，程序将没有保障、规范和承载的对象，尽管其具有自身独立的价值，也将因此而失去其存在的意义；没有程序，实体将没有形成和存在的依托与基础，实体的内容和结果将无法呈现。正如任何事物的内容都离不开形式一样，任何行政行为也离不开行政程序，行政程序决定着行政实体内容和结果能否形成以及存在的形式。

□ 法条思考

2017 年 6 月 27 日修正的《中华人民共和国行政诉讼法》第 70 条规定：行政行为有下列情形之一的，人民法院判决撤销或者部分撤销，并可以判决被告重新作出行政行为：……（三）违反法定程序的；……。

本项规定的内容说明行政程序的合法性将直接影响行政行为的合法性。

请回答：行政程序与行政行为是什么关系？

二、行政程序的特征

（一）行政程序的法定性

行政程序是行政主体行使行政权的程序，是行政权运行的方式和流程。行政主体行使行政权作出行政行为不但要有实体法依据，而且必须符合法定程序。这是行政法治的基本要求。行政程序的法定性即指用以规范行政行为的程序通常情况下应有法律规范予以设定，使其具有控制行政行为合法性、合理性的强制力量。行政程序的法定性表明：① 行政行为的形成是由实体和程序两部分要素构成，行政程序的法定化是确保实体合法实现的保障。尽管我国目前尚未有统一的行政程序法典，但能够对行政行为产生控制功能的行政程序的相关法律规范已有明确的规定。② 行政主体在实施行政行为时必须严格遵守法定程序，违反法定程序要承担相应的法律责任。③ 行政相对人参与行政行为形成过程，遵守法定行政程序，其合法权益得到法律的保障。

（二）行政程序的多样性

行政管理领域广泛，行政事务纷繁复杂，客观存在的行政行为性质的差异性，决定了行政程序的多样性。行政程序的多样性是指基于行政管理领域、行政事务类型以及行政行为性质的不同，与之相对应，不同的行政行为所遵守的行政程序则各异，呈现出多种程序并存的状况，并且同一性质的行政行为，不同情况也要遵循不同的程序。行政程序的多样性表明：① 不同性质的行政行为，遵循不同性质的行政程序，在立法上很难制定一部规范性质各异的不同行政行为的巨细靡遗的统一行政程序法典。② 行政程序尽管多种多样，但性质各异、具体程序要求不同的各种行政程序之间，仍然具有统一的、基本精神相同的一般程序要求。③ 行政程序的多样性特点，要求我们在适用行政程序时，既要关注和遵守各种行政程序共同具有的基本程序要求，更要注意并遵守每种行政程序各自所具有的具体的特殊要求，并且要遵循特别行政程序优于普通行政程序的适用规则。

（三）行政程序的分散性

行政程序的分散性是指由法律规范予以规定的行政程序的法律形式具有多样性，从而使行政程序分散于众多的、具有不同效力等级的规范性法律文件之中。行政程序的分散性表明：在尚未制定统一的行政程序法典之前，一方面，某些行政实体法中规定了若干行政程序的法律规范；另一方面，针对不同性质的行政行为制定有各种单一的关于行政程序的规范性法律文件。

三、行政程序的分类

（一）内部行政程序与外部行政程序

分类标准：行政程序适用的范围。

内部行政程序是适用于行政系统内部的一种行政程序，是行政主体内部的工作程序。行政主体对内部事务实施管理作出内部行政行为和内部行政事实行为时，应当遵守内部行政程序。该行政程序与外部行政相对人无直接关系。

外部行政程序是适用于行政系统外部的一种行政程序，是行政主体对本行政系统外部事务实施行政管理时所遵守的行政程序。该行政程序与外部行政相对人有直接关系。外部行政程序是行政程序中的核心部分。

（二）抽象行政行为程序与具体行政行为程序

分类标准：行政程序所规范的行政行为的类型、性质。

抽象行政行为程序是指行政主体作出抽象行政行为所遵守的行政程序，包括行政立法程序和制定行政规范性文件的程序，其中，行政立法程序更为规范、严格。

具体行政行为程序是指行政主体作出具体行政行为所遵守的行政程序，包括行政执法程序和行政司法程序。

（三）法定行政程序与非法定行政程序

分类标准：行政程序是否由法律规范予以设定。

法定行政程序是指法律规范对其作了明确规定，行政主体行使行政权作出行政行为时必须遵守的行政程序。法律对此行政程序作出了明确、具体的规范和要求。

非法定行政程序是指法律规范对其没有规定，行政主体行使行政权作出行政行为时自由裁量地决定或选择适用的行政程序。在行政活动中，并非所有的行政程序都由法律规范设定。事实上，相当多的行政程序都是由行政公务人员凭个人的工作经验、智慧、主观能动性及其习惯做法而创造的。

（四）强制性行政程序与任意性行政程序

分类标准：行政主体遵守行政程序是否具有一定的自由选择权。

强制性行政程序是指法律规范对其做了详细、具体、明确的规定，行政主体在适用时不得自由选择，必须严格遵守法律规范规定的行政程序。无选择性是强制性行政程序最根本的特征。如作出行政处罚前,行政主体必须向行政相对人履行告知义务,否则,行政处罚决定无效。

任意性行政程序是指法律规范对其作出了可供选择的余地,行政主体在适用时,可以根据具体情况自由地选择相应的法律规范要求的行政程序。如法律规范规定:执法人员在调查案件时,应当向当事人、证人提出询问,作出《询问笔录》,索取有关证据,必要时可以进行现场勘查。这里的现场勘查即任意性行政程序。

(五)主要行政程序与次要行政程序

分类标准:行政程序对行政相对人合法权益产生的影响是否具有实质性。

主要行政程序是指行政主体在不遵守程序规范要求时,将可能对行政相对人合法权益产生实质影响,并直接影响行政行为合法性的行政程序。如行政处罚中的告知程序。行政主体违反主要行政程序作出的行政行为,有权机关应当予以撤销。

次要行政程序是指行政主体不遵守程序规范要求时,并不会对行政相对人的合法权益产生实质影响,并且不直接影响行政行为的合法性,行政相对人只需向行政主体指出或由监督机关责令其予以补正即可的行政程序。如对某些期限规定,但有些期限规定对行政相对人权益的影响则是非常重大的,则属于主要行政程序。行政主体违反次要行政程序作出的行政行为不必一定撤销或重作。

(六)行政立法程序、行政执法程序、行政司法程序

分类标准:行政程序所规范的行政行为的功能。

行政立法程序是指行政机关制定行政法规和行政规章所遵守的行政程序。在行政立法程序中,狭义的行政立法程序仅指行政法规和行政规章的制定程序,广义的行政立法程序还包括制定行政规范性文件的程序。行政立法程序一般指狭义的行政立法程序。由于行政立法对象的不特定和效力的后及性,使得行政立法程序比较正式、严格,具有准立法程序的特点。

行政执法程序是指行政主体作出行政决定的程序,是指行政主体行使行政职权,作出具体行政行为的过程中所遵守的行政程序。基于行政执法行为方式和手段的多样性,行政执法程序的设置也具有多样性的特点。

行政司法程序是指行政主体以第三方公断人的身份,依法解决其管辖范围内当事人间的纠纷所遵守的行政程序,包括行政裁决程序和行政复议程序。基于行政司法行为的性质是解决争议、裁决纠纷的活动,具有准司法程序的特点。强调公正应当是行政司法程序设置的最基本要求。

(七)简易程序、一般程序、特别程序

分类标准:行政事务的性质及其处理过程的繁简程度。

简易程序是指行政主体针对简单、一般的行政事务作出的对行政相对人权利义务影响较小的行政行为所遵守的行政程序。一般程序,又称普通程序,是指行政主体针对复杂、普通的

行政事务作出的对行政相对人有较大影响的行政行为所遵守的行政程序。特别程序是指行政主体针对特殊、复杂的行政事务作出的对特定行政相对人有较大影响的特定行政行为所遵守的专门的行政程序。

问题解答

制定行政规范性文件的程序属于______。

A. 抽象行政行为程序　　B. 具体行政行为程序

C. 事前程序　　D. 事后程序

第二节　行政程序的基本原则

一、程序公正原则

（一）程序公正原则的含义

法律的正义只有通过公正的程序才能得到真正的实现。公正的程序是正确认定事实，正确选择和适用法律，从而作出正确判断的根本保证。程序公正原则是指要求行政主体行使行政权，实施行政行为时在程序上平等地对待行政相对人，一视同仁，不偏不倚，排除各种可能造成不平等或产生偏见的因素的基本准则。程序公正原则是现代行政程序的基本要求，是现代行政民主化的必然要求。

（二）程序公正原则的基本内容

程序公正原则是确保行政主体行使行政权实现的过程和结果，可以为社会一般理性人认同、接受并遵循的基本原则。公正是一种主观的价值判断，有正当、平等、客观、无偏私等含义。程序公正原则具体包括以下内容。

（1）行政行为的正当性　行政行为的正当性要求行政程序的设定要以“看得见的正义”的形式设计，并且应当注重行政主体与行政相对人的对抗性。

（2）行政行为的一贯性　行政行为的一贯性要求行政主体行使行政权应当平等地对待情况相同的行政相对人，遵守惯例，前后一贯，做到类似情况类似处理。

（3）行政行为的说理性　行政行为的说理性要求行政主体在作出对行政相对人合法权益产生不利影响的行政行为时，除法律有特别规定外，必须向行政相对人说明作出该行政行为的事实根据、法律依据以及进行自由裁量时所考虑的政策和公益等因素。

二、程序公开原则

（一）程序公开原则的含义

程序公开原则是指要求行政主体依职权或依申请将规范行政权行使的行政程序，向社会公众和行政相对人公开，使公众和行政相对人知悉的基本准则。行政程序公开作为行政主体的义务，对应于公民或组织的知情权。知情权是公民或组织所享有的获得政府占有的信息的权利。行政程序公开是增加行政活动透明度的重要手段，是行政主体接受社会和行政相对人监督的前提。

（二）程序公开的内容

（1）行政权行使依据的公开　行政权行使依据公开即行政主体应当将作为行使行政权的依据在尚未实施行政权或者作出行政行为之前，以法定形式向社会公布或告知相关行政相对人，使之了解、知晓。行政权行使的依据包括两类：一类为一般性（抽象）的职权依据，主要是国家机关制定、发布的具有普遍约束力的规范性文件；另一类为个别性（具体）的决定依据，指在具体个案中，向特定行政相对人公开作出某一具体行政行为的依据，具体包括事实依据、法律依据、裁量依据等。

（2）行政信息的公开　行政相对人了解、掌握行政信息，是其参与行政程序、维护自身合法权益的重要前提。行政主体根据行政相对人的申请，应当及时、迅速地提供其所需的行政信息，除非法律有不得公开的禁止性规定。

（3）行政权行使过程的公开　行政权行使过程的公开即指行政主体在行使行政权作出行政行为的过程中，决定或影响行政相对人合法权益的重要事项和重要阶段向行政相对人和社会公开，要告知行政相对人，使行政相对人和社会公众有了解、知道的机会。听证制度就是体现行政公开、公正的一个重要制度。

（4）行政权行使结果的公开　行政权行使结果的公开指行政主体行使行政权对行政相对人作出的有实际影响的行政行为，必须及时向行政相对人公开行政行为的内容，使行政相对人在事后可以及时行使救济权。应当公开的行政行为不公开，行政行为对行政相对人不发生法律效力。行政决定的送达制度是结果公开的重要内容。

（三）程序公开原则的例外

行政程序公开是体现现代行政民主化，接受社会和行政相对人监督的基本方式，是行政主体实施行政活动的原则，但是，无条件的绝对公开，有时会损害国家利益，损害社会组织及个人的合法权益。在通常情况下，作出行政行为的行政程序中涉及国家秘密、个人隐私以及商业秘密的，则不得公开。

三、行政效率原则

（一）行政效率原则的含义

行政效率原则是指要求行政程序中的各种行为方式、步骤、顺序、时限的设置及实施在不损害行政相对人的合法权益，不违反公平原则的前提下，应有助于以最小的行政管理成本，实现行政管理目标的最佳效果的基本准则。效率是行政的生命，没有基本的效率就不可能实现行政权维护社会管理秩序所需的基本程序的功能。行政效率原则是有效实现行政管理目标的重要原则。

（二）行政效率原则的内容

行政效率原则要求构成行政程序的各要素的设置和实施，应当尽可能实现行政效率，提高行政资源的利益率，优化行政资源配置，降低和减小影响行政效率的因素。其内容包括以下四点。

（1）任何行政程序的设定都应当充分考虑到时间性，规定明确的期间，防止行政主体拖延履行行政职责，保障快速实现行政目标。行政主体和行政相对人都应严格遵守法定期间，否则，应承担相应的法律责任。

（2）行政程序的设定要有一定的灵活性和可操作性，并适当控制行政自由权的范围，以适应行政管理复杂多变的需要，行政主体可根据不同情况实施不同的行政程序，包括简易程序和紧急程序。

（3）行政程序应当建立在科学、合理的基础上，注重程序的规范、明确、协调，以保证行政决策的正确以及行政活动为公众所接受，通过减少失误、保证执行顺畅以提高行政效率。

（4）行政程序的设计要有利于排除行政管理的障碍，保证行政管理目标及时实现。

四、行政相对人参与原则

（一）行政相对人参与原则的含义

行政相对人参与原则是指要求行政主体在作出行政行为的过程中，应当为作为行政法律关系一方主体的行政相对人行使程序性权利、参与行政程序活动提供便利条件和机会，从而确保行政相对人享有的行政程序权益的实现，使行政行为更加符合社会公共利益的基本准则。在行政活动过程中，依法行政和保障行政相对人合法权益是相辅相成、不可分割的统一体。行政主体在确保行政权公正行使的同时，必须确保行政相对人的合法权益，使行政相对人有足够的机会参与行政活动，充分表达自己的意见。

（二）行政相对人参与原则的内容

（1）为了保证行政权的公正行使和行政相对人的合法权利，法律赋予了行政相对人参与行政行为作出的程序性权利。

其具体包括:① 陈述权,即行政相对人就所涉及的事实向行政主体作出陈述、说明、解释的权利。② 申辩权,即行政相对人针对行政主体提出的对其不利的事实认定和法律适用以及拟作出处理的意见进行反诘、抗辩的权利。③ 申请权,即行政相对人请求行政主体启动一定的行政程序的权利,主要有听证申请权、回避申请权、卷宗查阅申请权、行政复议申请权等。

(2) 行政主体在行使行政权作出行政行为的过程中,有义务保障和便利行政相对人行使行政程序的权利,为行政相对人参与行政程序提供条件和机会。

问题解答

行政程序的基本原则对行政程序发挥的作用是______。

A. 行政程序规则的统帅作用

B. 行政程序适用的指导作用

C. 行政程序设定和适用的方向作用

D. 行政程序适用的具体规范作用

第三节　行政程序的基本制度

行政程序的基本制度是指由法律规范构成的具有相对独立的价值、功能和作用,并且具有普遍适用性的行为规范体系。行政程序的基本制度是构成行政程序的基本模式或框架,是行政程序基本原则具体化的操作过程。

一、听证制度

听证制度是指行政主体在作出影响行政相对人合法权益的行政行为前,听取行政相对人陈述、申辩和质证的一种制度。行政主体在作出行政行为之前,应当给予行政相对人参与并发表意见的机会,或者行政主体的行政行为对行政相对人有不利影响时,行政主体必须听取行政相对人的意见,不能片面认定事实,剥夺相对人辩护的权利。

听证制度适用于抽象行政行为(决策类)和具体行政行为(决定类)的听证活动。听证分为正式听证和非正式听证。正式听证是行政主体采用听证会的方式听取公众、当事人的意见的制度,一般包括通知、质辩和决定三个阶段。非正式听证是行政主体采用听证会以外的方式听取当事人意见的制度的统称。正式听证和非正式听证的区别主要在于行政相对人参与听证的方式和程度的不同。在非正式听证中,行政相对人主要通过口头或书面的方式表达其意见,以供行政主体参考;行政相对人没有质证和相互辩论的权利;行政主体作出行政行为时,不受行政相对人意见的限制。而在正式听证中,行政主体必须举行听证会,行政相对人有权在律师的陪同下出席听证会，有权提供证据，进行口头辩论，行政主体必须根据听证记录作出行政行为。中国行政法上所称听证程序，通常指的是正式听证，而不包括非正式听证。

问题解答

听证制度体现了行政程序的＿＿＿＿＿＿。

A. 程序公开原则　　B. 程序公正原则

C. 行政相对人参与原则　　D. 行政效率原则

二、回避制度

回避制度是指行政主体的行政公务人员在执行公务过程中，存在有可能影响行政行为公正作出的情形时，退出(不再参与)对该行政行为的作出程序，终止本公务的执行的制度。回避制度来源于普通法上的自然公正原则，即人类应受公平对待的自然本性的内在要求，奉行“任何人都不能做自己案件的法官”的公正理念。

回避制度的价值在于避免嫌疑，防止偏私，保障公正。行政公务人员回避的事由一般包括：是行政行为的当事人或当事人的近亲属；与行政行为的结果有法律上的利害关系；与行政行为的当事人有其他关系，可能影响行政行为的公正性。行政公务人员在行政程序中回避的方式有当事人申请回避、行政公务人员自行回避以及在当事人和行政公务人员未提出申请回避的情况下行政主体依职权决定回避等三种方式。行政公务人员回避的程序分申请、审查、决定三个阶段。

三、证据制度

行政行为的作出必须建立在客观存在事实的基础上，客观事实不清不得作出行政行为。在行政行为中，作为行政行为客观基础的法律事实由证据予以认定，尤其是在行政诉讼中作为被告的行政主体负举证责任，决定了行政程序中证据制度的建立应当符合行政诉讼对证据的要求。

行政程序中的证据制度是指在行政行为的作出过程中，有关调查取证、举证、质证、认证的规则体系。证据制度的核心是证据的证据能力。证据能力即证据能够成为认定案件事实的根据的资格，证据能力由三个构成要素即证据的真实性、关联性、合法性构成。证据制度中，调查取证即作出行政行为的行政主体针对处理的行政事务所进行的调查收集证据的活动；举证即行政相对人向作出行政行为的行政主体提出证据的行为；质证即在听证程序中行政相对人与行政主体的调查人员就认定行政法律事实的证据是否具有证据能力以及证明力的大小进行的质疑、说明活动;认证即作出行政行为的行政主体认可并采纳证据的行为。

四、告知和说明理由制度

告知制度是指行政主体在行使行政职权的过程中,将应当让行政相对人知晓的直接影响其合法权益的事项,通过一定的途径和方式告诉行政相对人的程序制度。行政主体的告知义务体现的是行政相对人"知"的权利。告知的内容,通常是行政相对人必须和应该了解的行政行为的相关内容与某种行政程序性权利。告知制度主要运用于具体行政行为,对于抽象行政行为则适用信息公开制度。告知的形式主要有书面告知和口头告知,以及动作告知和默示告知。

说明理由制度是指行政主体在作出对行政相对人的权利义务产生不利影响的行政行为时,除法律有特别规定或没有必要说明理由外,必须向行政相对人说明其作出该行政行为的事实根据、法律依据以及进行自由裁量时所考虑的政策、公共利益等因素。行政行为说明理由在内容上包括合法性理由和正当性理由。合法性理由即指支撑行政行为合法性的事实依据和法律依据。正当性理由即指支撑行政行为自由裁量的事实依据和法律依据。行政行为说明理由不是行政行为的成立要件,而是行政行为的有效要件。行政主体对行政行为说明理由,应从法理上进行论证、阐述,在内容上必须确定、清楚,在时间上必须同时随附行政行为。

五、职能分离制度

职能分离制度是指将行政主体内部某些相互联系的职能加以分离,使之分属不同机关(机构)或不同工作人员承担和行使的制度。职能分离制度包括两种分离,即审裁分离和裁执分离。审裁分离是指行政主体的审查案件职能和对案件裁决的职能,分别应由其内部不同的机构或人员来行使。行政主体行使行政权,在特定情况下,若干职能存在着分离的必要和可能,但并不是在所有的情况下,行政主体内部的不同职能都需要由不同的机构和人员去行使。审裁分离主要适用于其裁决结果对行政相对人影响比较重大的行政行为,并且职能分离仅仅是行政主体执行层面的分离,在行政主体决策层面不存在职能分离的问题。裁执分离即案件的裁决者和执行者相分离。

问题解答

所有具体行政行为在作出的程序上,都应当设立____________。

A. 听证制度　　B. 告知和说明理由制度

C. 证据制度　　D. 回避制度

六、政府信息公开制度

政府信息公开制度是指行政主体根据职权或者行政相对人的请求，将政府信息向行政相对人或者社会公开展示，并允许查阅、摘抄、复制的制度。政府信息即行政主体在履行职责过程中制作或者获取的，以一定形式记录、保存的信息。政府信息公开包括主动公开和申请公开两种。主动公开是指行政主体无须申请人提出申请，依据其职权和职责即应将政府信息向社会公开。申请公开是指行政主体根据行政相对人的申请，向申请人公开指定的政府信息，供其查阅、摘抄、复制。

政府信息公开范围的确定，遵循以公开为常态，以不公开为例外的原则。具体公开的范围依公开的种类不同而不同。政府信息主动公开的范围，包括符合法定基本要求之一的政府信息以及围绕法定基本要求由各级人民政府及其部门在各自职责范围内确定的具体的政府信息和由其依法明确的重点政府信息。法定基本要求是指：涉及公民、法人或者其他组织切身利益的；需要社会公众广泛知晓或者参与的；反映本行政机关机构设置、职能、办事程序等情况的；其他依照法律、法规和国家规定应当主动公开的。申请公开的政府信息即指除行政主体主动公开的政府信息外，行政相对人根据自身生产、生活、科研等特殊需要，向国务院各部门、地方各级人民政府及县级以上地方人民政府部门申请获得的相关政府信息。不得公开的政府信息包括涉及国家秘密、商业秘密、个人隐私的信息，但是，经权利人同意公开或者行政主体认为不公开可能对公共利益造成重大影响的涉及商业秘密、个人隐私的政府信息，可以予以公开。

政府信息的依法公开应当通过相应的方式进行。行政主体应当将主动公开的政府信息，通过政府公报、政府网站、新闻发布会以及报刊、广播、电视等便于公众知晓的方式公开。各级人民政府应当在国家档案馆、公共图书馆设置政府信息查阅场所，并配备相应的设施、设备，为公民、法人或者其他组织获取政府信息提供便利。行政主体可以根据需要设立公共查阅室、资料索取点、信息公告栏、电子信息屏等场所、设施，公开政府信息。行政主体应当及时向国家档案馆、公共图书馆提供主动公开的政府信息。

行政相对人依法向行政主体申请获取政府信息的，应当采用书面形式（包括数据电文形式）；采用书面形式确有困难的，申请人可以口头提出，由受理该申请的行政主体代为填写政府信息公开申请。政府信息公开申请的内容应当包括：申请人的姓名或者名称、联系方式；申请公开的政府信息的内容描述；申请公开的政府信息的形式要求。

七、时效制度

时效制度是指行政行为的全过程或其各个阶段应受到法定期限的限制的程序制度。时效即法定的行为主体完成某一行为并产生一定法律后果的时间期限。时效是程序价值的重要指标。时效制度是行政效率原则的具体体现，是提高行政效率，保护行政相对人合法权益的重要制度。时效制度由期间、期间的计算、逾期的法律后果等内容构成。

问题解答

现代行政程序的核心制度是________。

A. 政府信息公开制度　　B. 听证制度

C. 告知和说明理由制度　　D. 证据制度

□ 引例答案

省招生考试管理中心对考生张某作出的处理决定，其行政程序不合法：其一，张某违规事实不清，仅有《考场报告单》或《评卷报告单》不能足以证明试卷答案雷同；其二，在作出处理决定之前，省招生考试管理中心没有向张某履行告知的法定义务，张某对此处理决定的作出并不知情。

□ 引例解析思路

本案例的解析，应当对省招生考试管理中心对张某的处理决定进行定性：该行政行为是对相对人不利的行政行为，在此基础上，要考虑不利行政行为应遵循的程序要求。

■ 本章小结

【结语】

本章立足于对行政程序基本理论和基本精神实质的呈现，从行政程序概述、基本原则、基本制度三个方面，对行政程序的内容进行了叙述和阐明。 行政程序概述讲明了行政程序的含义、特征和分类。 行政程序的基本原则指明了作出指导行政行为所遵循的程序公正、公开、效率、行政相对人参与等四项基本准则和具体要求。 行政程序的基本制度阐明了听证、回避、证据、告知和说明理由、职能分离、政府信息公开、时效制度等构成行政程序基本模式的具有相对独立价值和功能的行为规则体系。

【本章基本知识点逻辑结构图】

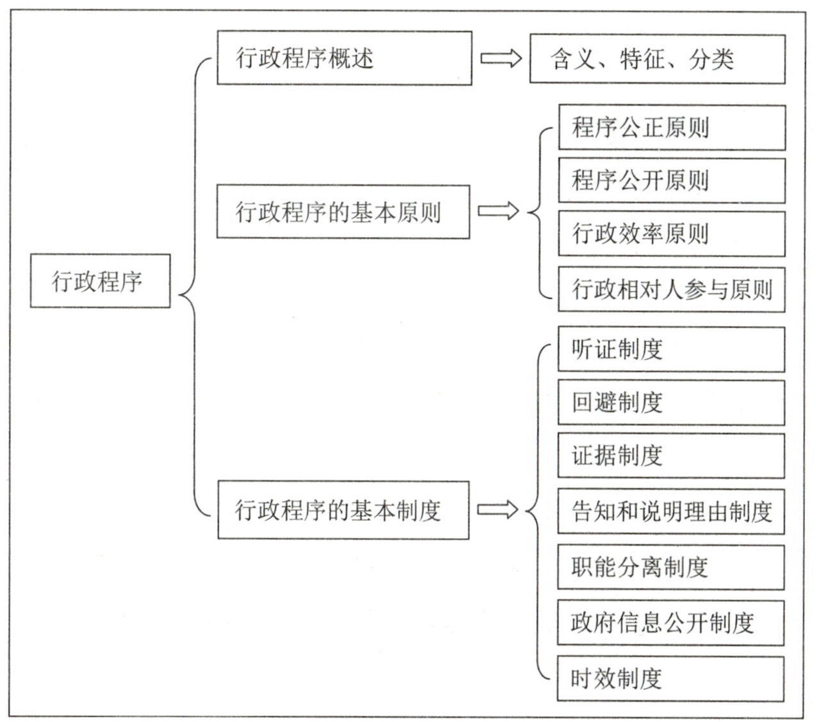

综合训练

思考与练习

一、名词解释

行政程序　行政程序的基本原则　行政程序的基本制度　听证制度

二、填空题

1. 行政程序本质上是行政行为______和______表现形式的有机结合。

2. 行政程序是由作出行政行为的______、______、______、______构成的过程。

3. 行政程序按照行政事务的性质及其处理过程的繁简程度，可分为______、______、______。

4. 行政程序根据其所规范的行政行为的功能不同，可分为______、______、______。

5. 程序公正原则的基本内容，包括 ________________ 、________________、 ____________。

6. 行政相对人参与行政行为的程序性权利，包括 ____________ 、 ____________、 ____________。

7. 时效制度由 ____________ 、 ____________、 ____________ 等构成。

8. 政府信息公开包括 ____________ 公开和 ____________ 公开。

9. 不得公开的政府信息是指涉及 __________ 、__________、__________ 的信息。

10. 职能分离制度包含有两种分离，即 __________ 分离和 __________ 分离。

11. 行政行为说明理由在内容上包括 ____________ 理由和 ____________ 理由。

12. 证据能力即证据能够成为认定案件事实的根据的资格，由 __________、 ____________、 ____________ 三个要素构成。

13. 行政公务人员在行政程序中回避的方式有 __________ 、__________、 ____________ 三种方式。

三、判断题

(　　) 1. 行政行为说明理由不是行政行为的成立要件，而是行政行为的有效要件。

(　　) 2. 时效是法定的行为主体完成某一行为并产生一定法律后果的时间期限。

(　　) 3. 政府信息公开即将政府信息向行政相对人或社会公众公开展示，并允许查阅、摘抄、复制。

(　　) 4. 行政程序是作为过程的行政行为，是行政行为的形式。

(　　) 5. 无选择性是强制性行政程序最根本的特征。

(　　) 6. 行政程序属于事前程序，不包括行政司法救济程序。

(　　) 7. 行政程序证据制度的核心是证据的证据能力。

四、单项选择题

1. 行政主体行使行政权，作出行政行为时适用的是（　　）。

A. 立法程序　　B. 诉讼程序

C. 行政程序　　D. 行政司法救济程序

2. 法律规范对其作了详细、具体、明确的规定，行政主体在适用时不得自由选择，必须严格遵守规定的行政程序属于（　　）。

A. 法定行政程序　　B. 自由行政程序

C. 强制性行政程序　　　　D. 任意性行政程序

五、多项选择题

行政程序中的证据制度是指在行政行为的作出过程中，有关（　　）的规则体系。

A. 调查取证　　　　B. 举证

C. 质证　　　　D. 认证

六、简答题

1. 行政程序的特征是什么？
2. 行政程序的基本原则是什么？
3. 行政程序公开的内容有哪些？
4. 行政效率原则的内容有哪些？
5. 行政程序的基本制度是什么？

■ 专业技能训练

一、实例分析

某超市因违法经营，某区市场监督管理局在调查取证确定其违法事实后，拟对该超市作出责令其停业的行政处罚。在处罚决定之前，该区市场监督管理局告知该超市有权要求听证，5 天后该超市未提出听证要求，该市场监督管理局在 7 天后决定举行听证会并通知该超市参加听证会，该超市参加了听证会。听证会上，听证主持人当场作出了责令停业 3 个月的行政处罚，并向该超市收取了 200 元的听证费用。

请分析：市场监督管理局作出的该行政处罚在行政处罚程序上有哪些违法之处？

二、法律咨询解答

公民甲需要了解和掌握政府的相关信息。

请解答：公民甲如何向政府申请信息公开？政府应当怎样向公民甲公开信息？

三、法律问题阐释

根据行政诉讼法的规定，在行政诉讼中被告负举证责任，并应符合以下要求：① 应当在收到起诉状副本之日起 15 日内，提供据以作出被诉行政行为的全部证据和所依据的规范性文件；② 在诉讼过程中，被告及其诉讼代理人不得自行向原告和证人收集证据。

从行政程序理论的角度，阐释行政主体在行政诉讼中应当遵守举证要求的法理。

四、法律现象评析

行政主体为了惩治某一领域的行政违法行为，指派或雇用特定的人员引诱行政违法行为人主动实施违法行为，然后将违法行为人当场查获并作出处理，这种现象被称为“钓鱼式”执法。

请从行政程序的角度评析“钓鱼式”执法现象是否合法。

第七章 行政合同与行政指导★

在行政主体行使行政权、实施行政管理的行为中，具有单方性和强制性鲜明特点的传统的行政理念和行为模式占主导地位。基于当代社会管理的需要和政府行政职能的转变，服务行政、福利行政在行政管理活动中的优势凸显，具有现代行政理念的新的行为模式——行政合同与行政指导，已大量存在并发挥了强制行政不能替代的柔性作用。本章将介绍和阐释行政合同和行政指导的基本内容。

学习目标

通过对本章内容的学习，学生应当理解行政合同、行政指导的含义；明确行政合同、行政指导的种类、分类；掌握行政合同、行政指导的特征。

引例

某市政府为了发展当地的旅游经济，经过调研、考察、论证，决定由市政府与企业联合开发旅游市场发展项目。市政府与经选定的三家大型企业分别签订了由企业投资并在一定期限内经营管理的旅游市场发展项目合作建设协议。同时，为了进一步促进、引导当地旅游景区的经营活动，规范旅游经营者的经营行为，提出了支持、指导其经营的措施和建议。

问题

市政府发展旅游经济采取的行政管理措施属于什么性质的行为？其发挥行政管理作用的优势有哪些？

第一节　行政合同

一、行政合同的含义

行政合同，又称行政契约，是指行政主体在行使行政职权的过程中，为了实现特定的行政管理目标，与行政相对人就特定的行政事务在协商一致的基础上所达成的确定双方权利义务的协议。2019 年 11 月 12 日最高人民法院通过的《最高人民法院关于审理行政协议案件若干问题的规定》第 1 条规定："行政机关为了实现行政管理或者公共服务目标，与公民、法人或者其他组织协商订立的具有行政法上权利义务内容的协议……"

行政合同是意思表示一致的双方行政行为，是现代社会中行政主体实现行政目的，履行行政职能的一种新型方式，是行政权力与契约关系的结合，其本质特征在于双方就行政事务的执行达成合意。

问题讨论

行政合同与行政行为是什么关系？

二、行政合同的特点

（一）行政合同具有行政性

1. 行政合同的当事人中必有一方是行政主体

行政合同是行政主体为了实现特定的行政管理目标而与行政相对人签订的，是行政主体行使行政职权的一种特殊方式。没有行政主体的参加，就不可能形成行政合同。行政合同的双方当事人中至少有一方是行政主体。但应当明确的是，具有行政主体资格的组织参与的合同，由于其具有不同的法律身份，不一定都是行政合同。

2. 行政合同的目的是实现特定的行政管理目标或者为了维护公共利益

行政合同有其明确的目的性。任何一个行政合同的订立，无论其内容如何，都是行政主体履行行政职能，实现特定的行政管理目标和公共利益的需要，并不是为了行政主体自身的利益，行政主体为了自身的利益订立的合同，不是行政合同。

3. 行政主体对行政合同的履行、变更或解除享有优益权

行政合同中双方当事人不具有完全平等的法律地位，其权利义务不对等。行政合同的目

的是实现社会公共利益和行政管理的需要，与行政相对人的私人利益相比，公共利益更加重要。基于行政合同目的的公益性，国家通过法律赋予行政主体在行政合同中许多职能上的优益条件，以保证合同的正确、顺利履行。行政主体具有的优益条件包括：① 对行政合同履行的指导权和监督权；② 单方行使变更和解除行政合同的权利；③ 强制决定权。

（二）行政合同具有契约性

行政合同是行政主体与行政相对人意思表示一致的合意。行政合同具有契约性即合意性。行政合同以双方当事人意思表示一致为其成立的前提。从缔约对象的选择到合同内容的确定再到合同的履行，双方必须进行平等协商，取得一致意见。在行政合同中，追求公共利益的行政主体与追求私人利益的行政相对人的意思表示一致包括：自由选择对方（基于行政事务管辖权法定原则，对行政主体不能进行任意选择）的一致和对合同条款（内容）的协商一致。应当注意，双方当事人订立行政合同意思表示的一致并非双方当事人订立行政合同的目的相同。

（三）行政合同具有合法性

行政合同是一种行政行为，依法行政原则是行政合同遵守的首要原则。行政合同的订立、履行、变更或解除必须遵守法律规范，行政主体不得实施法律禁止的行政合同行为。行政合同的法定性可做以下理解：① 行政合同的适用范围，除法律明文禁止外，凡不需要行政主体以支配者的地位进行单方面处置的法律关系，并在不违反依法行政的原则下，行政主体可选择协商式的行政合同实现行政目的。② 行政法律规范是订立、变更、终止行政合同的主要法律依据，行政主体必须在其法定职权内实施行政合同行为，其具有的行政合同主体的优益权，应当受到法律规范的控制，除行政相对人的过错外，行政主体应当对因其行使行政合同主体优益权而受到损失的行政相对人，承担相应的行政补偿或赔偿的法律责任。③ 当法律规定不明确时，行政主体基于行政自由裁量权订立的行政合同，必须是为了实现行政管理目的，符合公共利益的要求，不得违反法律。④ 依法成立的行政合同，具有法律约束力，当事人双方必须依法履行行政合同的义务，否则，应承担相应的法律责任。

举例说明

用实例分析说明行政合同的特征。

三、行政合同的种类

行政合同作为一种充分尊重当事人意志的行政管理手段，其适用的行政管理的领域非常广泛。目前，行政合同按照其内容和名称的不同，主要有以下种类。

（一）国有土地使用权出让合同

国有土地使用权出让合同是指市、县人民政府自然资源管理部门代表国家与行政相对人（土地使用者）之间签订的将国有土地使用权在一定年限内出让给土地使用者，由土地使用者向国家支付土地使用权出让金的协议。市、县人民政府自然资源管理部门与行政相对人之间签订的国有土地使用权合同，是为了合理开发、利用、经营土地，加强土地管理。

（二）科研合同

科研合同是指为了完成一定的科研技术开发项目，国家科研行政主管部门与科研机构、科研人员，就国家下达的重大科研项目签订的确定由国家提供资助，科研机构、科研人员提供科研成果的权利义务关系的协议。

（三）征收征用补偿合同

征收征用补偿合同是指为了实现社会公共利益，行政主体与行政相对人之间就征收征用行政相对人的财产签订的确定由国家征收征用行政相对人财产并给予补偿，行政相对人予以配合的权利义务关系的协议。应当明确，在征收征用补偿合同中，征收部分属于单方行政行为，补偿部分属于行政合同的范畴。该合同主要适用于城市建设、道路建设、水利设施建设等基础建设领域。

（四）公益事业建设投资合同

公益事业建设投资合同是指为了社会公益项目的建设，行政主体与行政相对人之间就某些公益建设项目签订的确定共同投资参与建设的权利义务关系的协议。目前，该合同主要应用于道路、桥梁、水利、电力和能源开发利用等领域。

（五）公共工程合同

公共工程合同是指为了公共利益的需要，行政主体与行政相对人（建筑企业）之间就某项公共设施的工程建设签订的确定双方权利义务关系的协议。

（六）BOT 等公共基础设施特许经营合同

公共基础设施建设是政府的基本职能之一。公共基础设施特许经营是指将原本由政府建设的公共基础设施，交由市场主体投资和经营，由其代替政府为社会提供公共服务，并允许经营者在一定期间和范围内获利。公共基础设施特许经营合同是指政府和民间或国外投资者等私营市场主体之间就某项基础设施或者公共工程的建设、运营、所有权等签订的确定双方权利义务关系的协议。公共基础设施特许经营有多种模式，其中，BOT 是典型的公共基础设施投资、融资模式。其具体的运作过程是：项目所在地政府通过合同授予由一家或几家私人企业组建的项目公司一定期限的特许经营权利，即由该项目公司对公共基础设施项目进行筹资建设；在约定的期限内经营管理，并通过项目经营收回成本和获取投资回报；约定期满后，项目设施无偿转让给项目所在地政府。

问题解答

下列各项属于行政合同的是______。

A. 国有土地使用权出让合同　　B. 征收征用补偿合同

C. 办公设备定购合同　　D. 政府特许经营协议

第二节　行 政 指 导

一、行政指导的含义

行政指导是指行政主体为了适应复杂多变的经济和社会生活的需要，实现一定的行政管理目的，在其职能、职责或其所管辖的事务范围内，基于国家法律、政策的规定，对行政相对人作出的不具有国家强制力，旨在指导行政相对人自愿实施的行为。行政指导是一种比较温和、灵活的行政方式，其行为内容的实现需要获得行政相对人的同意或协助。

问题讨论

对行政指导和行政合同进行对比分析，指出行政指导与行政合同的相同点和不同点。

二、行政指导的特征

（一）行政指导的非强制性

行政主体的行政指导行为主要是以引导、劝告、建议、鼓励等柔性方式，并辅以利益诱导机制，向行政相对人施加作用和影响，以促使其为一定行为或不为一定行为。行政指导行为的基本性质是一种非权力强制行为，对行政相对人没有法律约束力。对行政主体而言，行政主体不能采用强制手段实现其内容；对行政相对人而言，可以接受，也可以不接受，没有必须服从的义务，即是否服从可以自由抉择，具有任意性。行政相对人接受行政指导行为产生一定的法律后果，只能视为行政相对人在接受行政指导之前，已经自愿接受此后果。

（二）行政指导的准行政性

行政指导是指行政主体在进行行政管理过程中，为了实现其行政管理目标，履行其行政职能，针对行政相对人所实施的具有行政活动性质的行为。但行政指导不属于行政行为，是一种准行政行为。其准行政性表现为：① 行政指导行为作出的依据不一定是法律，还可以是法律精神、法律原则或者国家政策，这不符合依法行政原则的基本要求；② 行政指导行为不直接产生法律效果，不具有法律上的强制性，行政相对人对于是否接受行政指导具有任意服从性。

（三）行政指导的事实行为性

行政指导行为是不直接产生法律效果的行为。行政指导行为尽管是由行政主体针对行政相对人作出的行为，但基于行政指导大都不是根据具体法律规范而作出，不直接导致行政相对人的权利或义务的增减，即使该行政指导行为是依据具体的法律规定作出的，行政相对人也具有接受的自由选择权，其权利义务不会直接受到影响。一般而言，即使行政相对人接受了行政指导，也并不因此而产生任何法律效果。行政指导行为只是客观存在的对行政相对人的引导、劝告、建议及其他不直接产生法律效果的事实行为。

（四）行政指导的能动性

行政指导行为作为一种非强制性的行为，行政主体可以充分运用自由裁量权予以作出；行政相对人可以自愿地、有选择地接受其内容。一方面，行政主体作出行政指导行为很少或者没有法律上的依据，制定法对此没有严格的规定；行政主体可以依据行政相对人的申请作出，也可以依据职权主动作出；可以以教育、警示等方式实施，也可以通过诱导、劝告和说服等方式实施，没有固定的模式。另一方面，行政相对人对于行政指导的具体内容，可以自主地根据自己的实际情况接受或不接受，具有接受的自愿性。

（五）行政主体具有优越性

行政指导主要是由具有综合优势和权威性的行政主体实施的行为。行政指导行为需要行政指导行为主体的公共信用优势和权威作保障。在行政指导关系中，行政主体凭借自己所掌握的信息、知识、资源等优势，给予行政相对人一定的指导。行政主体和行政相对人相比，在信息、知识、资源等方面，作为指导方的行政主体具有优势的地位，而作为指导对象的行政相对人则明显地处于劣势地位。

（六）行政指导依据的特殊性

行政指导的优点之一是补充法律的不完备，机动而敏捷地应对新的行政需要，以更好地完成行政任务。据此，行政指导的依据具有特殊性，即行政指导的依据包括宪法、法律、法规、规章等已有的法律规范和法律精神、法律原则以及尚未上升为法律规范的国家政策，并且所依据的法律规范呈现出立法数量少，涉及领域窄，内容比较简单、原则，基本没有行政指导程序的规定等特点。实践中，依政策行政指导和依法律行政指导是并存的，而且很难在短期内予以改变。

（七）行政指导方式的多样性

行政指导是适用范围广泛，方法灵活多样的准行政行为。行政指导方式的多样性是指行政指导在具体的方法上没有明确的法律羁束性规定，而是由行政主体根据实际情况自主决定采取具体的指导方法，从而使得其多种多样。行政指导灵活便宜，种类繁多的指导方式可以概括为：① 抽象的行政指导行为，主要包括：指导性计划、规划；导向性政策、行政纲要；发布信息、公布实情等；② 具体的行政指导行为，主要包括：指导、引导、辅导、帮助；劝告、告诫、劝阻、说服；告知、指点、提醒、提议；商讨、协商、沟通；斡旋、调解、调和、协调等；③ 抽象、具体两可型行政指导行为，主要包括：建议、意见、主张；赞同、表彰、提倡；宣传、示范等。

举例说明

举出实例说明行政指导的特征。

三、行政指导的分类

（一）按照其功能的不同，可以分为规制性行政指导、调整性行政指导、促进性行政指导

（1）规制性行政指导　规制性行政指导，又称管制性行政指导，是指行政主体为了维护社会秩序，增进公共利益，对妨害社会秩序或损害公共利益的行为，加以规范和制约的行政指导。规制性行政指导一般是通过警告、指示、劝告的方式，要求行政相对人为或不为一定行为。行政相对人对规制性行政指导若不接受，继续实施违反公共利益的行为，行政指导即告结束。通常情况下，行政主体可进而实施具有相同目的的强制性行政行为，迫使行政相对人服从。规制性行政指导对行政相对人事实上的强制效果比较明显。

规制性行政指导可分为独立行政指导和附带行政指导。前者是指与权力规制无关，独立进行的行政指导；后者是指在权力规制的同时附带进行的行政指导。

（2）调整性行政指导　调整性行政指导，又称调解性行政指导，是指行政主体为了调整相互对立的当事人之间的利害关系，在发生利益冲突或纠纷的行政相对人之间，自行协商不成时，对其进行调解、调停、协商，以求达成妥协的行政指导。调整性行政指导，行政主体既可依职权实施，也可依申请实施。

（3）促进性行政指导　促进性行政指导，又称助成性行政指导，是指行政主体为保护和增进行政相对人的利益，对行政相对人出主意、指方向、提供帮助的行政指导。

（二）以有无法律依据为标准，可以分为有法律依据的行政指导和无法律依据的行政指导

有法律依据的行政指导是指有法律规范的明文规定，行政主体根据法律规范的规定实施的行政指导。无法律依据的行政指导是指没有法律规范的规定，行政主体根据国家政策和现

实需要实施的行政指导。无法律依据的行政指导实践中更为普遍。

（三）以其指导的对象范围是否特定为标准，可以分为抽象行政指导和具体行政指导

抽象行政指导，又称普遍行政指导、宏观行政指导，是指行政主体针对不特定的行业、地区和行政相对人所进行的行政指导，具有全局性、长期性的特点。具体行政指导，又称个别行政指导，是指行政主体针对特定的行业、地区和行政相对人所进行的行政指导，具有局限性、具体性和临时性等特点。

问题解答

在行政主体作出的行为中，不具有强制性的行为有＿＿＿＿。

A. 抽象行政行为　　B. 具体行政行为

C. 行政合同行为　　D. 行政指导行为

□ 引例答案

市政府发展旅游经济采取的行政管理措施属于行政合同行为和行政指导行为。其发挥行政管理作用的优势是：弥补了传统行政管理强制性的不足，与传统的行政管理共同形成了刚柔并济的现代行政管理模式，充实和丰富了行政管理的功能；充分尊重行政相对人在行政管理中的意愿，注重了行政相对人主观能动性的发挥，有利于行政管理目标的顺利实现。

□ 引例解析思路

本案例的解析思路，首先，考虑市政府与行政相对人之间形成的行政关系的构成及性质，以此确定市政府行政管理措施的行为性质；其次，从行政主体和行政相对人两个角度，考虑行政合同、行政指导发挥行政管理作用的优势。

■ 本章小结

【结语】

本章对行政主体行使行政权的两种新型方式进行了介绍和阐释。针对不同于一般行政行为的行政合同和行政指导，坚持以集中呈现其基本理论和基本特性为原则，从含义、特征、分类等角度阐述其基本内容。

【本章基本知识点逻辑结构图】

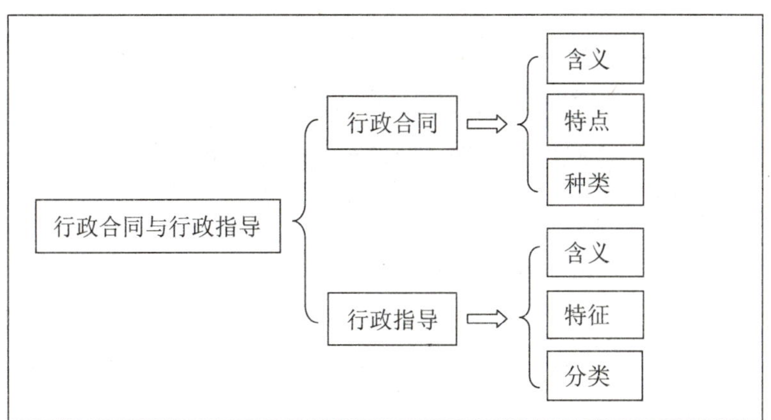

综合训练

思考与练习

一、名词解释

行政合同　　征收征用补偿合同　　行政指导

二、填空题

1. 行政合同的双方当事人中至少有一方是 ____________ 。
2. 行政主体对行政合同的履行、变更或解除享有 ____________ 。
3. 行政合同的特点，表现为行政合同具有 ____________ 、____________ 、____________。
4. 行政指导方式可以概括为 ____________ 、____________、____________。

三、判断题

(　　)1. 行政合同是行政主体履行行政职能的一种新型方式，是行政权力与契约关系的结合。

(　　)2. 具有行政主体资格的组织参与的合同，均为行政合同。

(　　)3. 行政合同的目的是实现特定的行政管理目标或者维护公共利益。

(　　)4. 行政主体为了自身的利益订立的合同，不是行政合同。

(　　)5. 双方当事人订立行政合同意思表示一致并非双方当事人各自订立行政合同的目的一致。

(　　)6. 在征收征用补偿合同中，征收部分属单方行政行为，补偿部分属于行政合同范畴。

(　　)7. 行政指导行为的基本性质是一种非权力强制性行为，对行政相对人没有法律约束力。

(　　)8. 行政指导是一种比较温和、灵活的行政方式，其行为内容的实现需要获得行政相对人的同意或协助。

(　　)9. 行政指导不属于行政行为，是一种准行政行为。

四、单项选择题

1. 政府和民间或国外投资者等私营市场主体之间就某项基础设施或公共工程的建设、运营、所有权等签订的确定双方权利义务关系的协议，属于（　　）。

A. 公共基础设施特许经营合同　　B. 公共工程合同

C. 公益事业建设投资合同　　D. 建筑工程施工合同

2. 行政指导按照其功能的不同，可以分为（　　）。

A. 规制性行政指导、调整性行政指导、促进性行政指导

B. 独立行政指导、附带行政指导

C. 有法律依据的行政指导、无法律依据的行政指导

D. 抽象行政指导、具体行政指导

五、多项选择题

1. 行政主体在行政合同中具有的优益条件包括（　　　）。

A. 对行政合同履行的指导权和监督权　　B. 单方行使变更行政合同的权利

C. 单方行使解除行政合同的权利　　D. 强制决定权

2. 行政指导作出的依据有（　　　）。

A. 法律规范　　B. 法律精神

C. 法律原则　　D. 国家政策

六、简答题

1. 行政合同的种类有哪些?

2. 行政指导的特征是什么?

■ 专业技能训练

一、实例分析

某省公路局为了修建一条高速公路，与某路桥建筑公司签订了协议。双方约定，由该路桥建筑公司自筹资金并负责修建高速公路；自高速公路修建完毕 15 年内，由路桥建筑公司按物价部门批准的收费标准向使用高速公路的车辆收费，作为其收回投资和利润的回报。

请分析：该协议属于什么种类的行政合同？其行政性有哪些表现?

二、法律咨询解答

行政主体和行政相对人在履行行政合同中发生了纠纷。

请解答：行政合同纠纷可以通过什么法律途径解决？

三、法律问题阐释

行政合同和民事合同是两个不同法律部门中的合同。

请分析阐释：行政合同和民事合同有何异同？

四、法律现象评析

行政主体在行使行政权的过程中，有时采用“悬赏通告”的手段以实现特定的行政管理目标。

请评析：行政主体“悬赏通告”的行政法律性质是什么？

第八章　行政违法与行政法律责任

行政违法与行政法律责任是否定性行政行为及其行政法律后果，是行政行为法中的重要内容。本章将介绍和阐述行政违法的概念、特征、分类，以及行政法律责任的概念、特征和种类等内容。

学习目标

通过对本章内容的学习，学生应当了解行政违法和行政法律责任的概念；明确行政违法与行政法律责任的关系；理解行政违法和行政法律责任的特征；掌握各种主体行政法律责任的特征、追究机关与承担方式。

引例

公民甲到某市西城区的鞋城去买鞋，与个体工商户乙发生争执，甲辱骂了乙，乙弟打了甲两拳。第二天，甲找到在南城区公安分局工作的同学丙，诉说事情的经过，要求丙替他报两拳之仇，丙即带民警二人到乙处，对乙罚款500元。

问题

1. 本案中乙有无行政违法行为？
2. 南城区公安分局的行为是否合法？理由是什么？
3. 丙的行为是否合法？如果违法，应由谁来追究其行政法律责任？
4. 乙弟的行为是否违法？如果违法，应由谁来追究其法律责任？

本案例的解析，主要涉及行政违法与行政法律责任方面的相关内容和知识点的运用。

第一节　行政违法

一、行政违法的概念和特征

行政违法，是指行政主体、行政公务人员或行政相对人在行政管理过程中实施的违反行政法律规范的行为。它具有下列特征。

（1）行政违法的主体是行政主体、行政公务人员和行政相对人。其中行政主体及其行政公务人员的行政违法，则主要是在执行行政法律规范时违法行使职权或履行职责的行为，也称违法行政。

（2）行政违法的内容是违反了行政法律规范或不履行行政法义务，而不是违反民事法律规范和刑事法律规范。在多数情况下行政违法是对行政法律规范的直接违反，但也有少数情况是对根据行政法律规范作出的行政行为所具体规定的义务的违反，如对行政合同义务的违反等。

二、行政违法的分类

（一）根据行政违法的主体分类

一般可分为行政主体的行政违法、行政公务人员的行政违法和行政相对人的行政违法。

（1）行政主体的行政违法　是指行政主体行使职权或履行职责，对外部事务进行管理时发生的违法行为，包括行政实体违法和行政程序违法。行政实体违法的情形主要有：行政失职（不履行法定职责）、行政越权（包括地域上、事项上或手段上等方面的越权）、滥用职权（如动机不良等）、依据违法与行政行为的内容违法等。行政程序违法主要有：违反法定的步骤、顺序、时限和形式等。

（2）行政公务人员的行政违法　行政主体是由一定的行政公务人员组成的一种组织，行政主体的职权行为由其行政公务人员来具体实施，行政公务人员代表行政主体行使行政职权、履行行政职责，其公务行为的效力、后果和责任则归属于行政主体承担，由行政主体对外向行政相对人承担行政法律责任。但如果行政公务人员在履行公务时存在故意或重大过失，造成了国家利益、社会公共利益或者行政相对人利益的损害，则该行政公务人员的行为就构成行政违法行为。

（3）行政相对人的行政违法　是指行政相对人实施了违反了行政管理法律规范的行为或

不履行法定义务的行为，如某公民没有依法纳税、逃避兵役、酒后驾驶机动车辆等。

（二）根据行政违法的方式和状态分类

一般可分为作为的行政违法和不作为的行政违法。

（1）作为的行政违法　是行政主体、行政公务人员或行政相对人主动实施的，违反行政法律规范的行为。如某公民不遵守交通规则、某行政公务人员假公济私滥用职权、市场监督管理机关违法吊销某企业的营业执照等。

（2）不作为的行政违法　是指行政主体、行政公务人员或行政相对人不履行行政法律规范所规定的作为义务的行为。如某公民负有纳税义务而不纳税、环保机关对超标排污企业视而不见不予处罚、某行政公务人员不履行职责等。在实践中不作为形式的行政违法所造成的社会危害并不亚于作为形式的行政违法。

第二节　行政法律责任

一、行政法律责任的概念

行政法律责任是指行政主体、行政公务人员和行政相对人由于其违反行政法律规范或不履行行政法义务而依法应承担的行政法律后果。

行政违法与行政法律责任的关系非常密切，行政违法是行政法律责任的前提，没有行政违法行为，就谈不上行政法律责任。但是有行政违法行为存在，不一定就承担行政法律责任。如果行为人的行政违法行为没被发现或没有人控告，或符合如下的法定免责事项时，就不承担行政法律责任。行政违法的免责事项主要有：行为人行政违法行为轻微并及时纠正，没有损害后果；追责时效届满；行为人行为时无责任能力；正当防卫；紧急避险等。因此，行政违法是行政法律责任的前提，但是行政违法并不导致承担行政法律责任的必然后果。

问题讨论

在什么情况下，行为人有行政违法行为，但并不承担行政法律责任呢？

二、行政法律责任的特征

（1）多样性　行政法律责任主体有三种类型：行政主体、行政公务人员、行政相对人。相应地，由于责任主体的多样性，因而追究行政法律责任的机关也是多样的，追究行政法律责任的程序和形式也是多种多样的。

（2）法定性　行政法律责任承担的依据是有法律、法规或规章的明文规定，违法行为如果在法律、法规及规章中没有规定相应的法律责任，那么，尽管属于违法行为，也无须承担行政法律责任。因此，对哪些行为属于行政违法行为，哪些行政违法行为应承担何种行政责任方式和内容，以及由哪些机关确认或追究等，都应当有法律、法规、规章的明文规定。

（3）惩罚性和补救性　行政法律责任在性质上和程度上，既不同于刑事法律责任偏重于惩罚性，又不同于民事法律责任偏重于补救性，而是具有两种性质。行政主体是代表国家实施行政管理行为，所承担的法律责任实质上是一种国家责任，因而以补救性行政法律责任为主，如履行职责、撤销违法行为、赔偿损失等。而行政公务人员和行政相对人的行政法律责任则具有惩罚性和补救性，如行政处罚、行政处分具有惩罚性，而赔偿损失具有补救性。

三、行政法律责任的构成

行政法律责任的构成，是指承担行政法律责任所必须具备的各种条件。根据行政法律责任含义，行政法律责任的构成要件包括以下四个方面。

（1）主体　行政法律责任的主体就是行政法律关系主体，它既包括行使行政职权或履行行政职责的行政主体及其行政公务人员，还包括行政相对人。

（2）行为　行政法律责任主体有行政违法行为存在，这是构成行政法律责任的必备前提条件。行政法律责任是行政违法所产生的法律后果，没有行政违法行为，就没有行政法律责任。

（3）损害结果　损害结果即行政法律责任主体的行政违法行为必须有损害结果的发生。这种损害结果，要么是他人的权利或利益的损失，要么是公共利益的损失。如果违法行为没有造成损害后果，让违法行为人承担行政法律责任就没有正当理由。如2021年1月22日修订的《行政处罚法》第33条第1款：“违法行为轻微并及时改正，没有造成危害后果的，不予行政处罚。初次违法且危害后果轻微并及时改正的，可以不予行政处罚。”由行为者承担法律责任的目的，主要是为了惩罚行为者，告诫他人，进而保护他人以及社会的利益，恢复原有的社会秩序。

（4）法律规范　行政法律责任需要行政法律规范所确认。现代行政法治原理要求，不仅承担责任的主体法定，而且对其行政责任的追究也是法定的。没有法律、法规或规章对行政违法的责任予以明确规定，就不能予以追究。

问题解答

下列应承担行政法律责任的行为是＿＿＿＿＿。

A. 某公安民警抓住一个小偷，发现该小偷曾与自己有仇，于是将其打伤以泄私愤

B. 公民甲违法被市场监督管理局罚款 1 000 元，但在处罚决定书中将罚款金额误写成 10 000元，被公民甲及时发现并要求改正

C. 乡政府根据市场调查的结果作出行政决定，号召本乡的农户大面积种植花椒。甲第一年种植花椒赚了钱，第二年扩大了花椒的种植面积结果赔了钱

D. 张三违规驾车撞伤了李四

四、行政法律责任的种类

行政法律责任按承担的主体不同，可分为行政主体的行政法律责任、行政公务人员的行政法律责任和行政相对人的行政法律责任。

（一）行政主体的行政法律责任

1. 行政主体行政法律责任的特征

行政主体的行政法律责任是指行政主体违反其法定的行政职责，依法所应当承担的法律后果。其特征是：首先，行政主体的行政法律责任实质上是一种国家责任。其次，行政主体对其公务人员和受委托的组织或个人的行政公务行为承担行政法律责任。最后，行政主体的行政责任依赖于行政救济与监督制度予以确认和追究。

2. 行政主体行政法律责任的确认机关和方式

权力机关对行政机关的不合法和不适当的行政法规、规章以及行政规范性文件采取撤销等方式，实施行政法律责任的追究。

行政复议机关依照行政复议法规定的权限、方式和程序，以决定的方式对行政主体的行政法律责任实施确认和追究。

人民法院是通过行政诉讼程序或行政赔偿诉讼程序，以裁判的方式确认和追究行政主体的行政法律责任。

3. 行政主体承担责任的种类

行政主体承担责任的基本种类包括：撤销违法的行政行为；履行职责；返还权益；恢复原状；赔偿损失；赔礼道歉、恢复名誉、消除影响等。

（二）行政公务人员的行政法律责任

1. 行政公务人员行政法律责任的特征

行政公务人员行政法律责任是行政公务人员在执行公务的过程中违反了行政职务关系中

的义务，应依法承担一定的行政法律责任。其特征是：首先，它是基于行政职务关系而形成的，是以其违反行政职务上的法律义务为根据的。其次，它是一种个人责任，主要是向行政主体承担的，而且主观上有故意违法或重大过失，致使行政主体对行政相对人作出了违法的行政行为并造成了相对人合法权益的损害。最后，它主要依赖于行政内部监督制度进行确认和追究。

2. 行政公务人员行政法律责任的确认机关和方式

国家权力机关对由其产生的政府组成人员，以罢免方式追究其行政法律责任。

任免机关按照法定权限对其任命的行政公务人员实施行政处分或其他行政责任。任免的行政机关是指按照有关组织法和公务员法对行政公务人员有任免权限的国家行政机关，主要指国务院和地方各级人民政府和县级以上人民政府的工作部门。

3. 行政公务人员承担责任的种类

行政公务人员承担责任的基本种类包括：行政处分；赔偿损失；对违法收入的没收、追缴或者退赔等。

（三）行政相对人的行政法律责任

1. 行政相对人行政法律责任的特征

行政相对人的行政法律责任是指行政相对人违反了行政管理法律规范，依法应当承担的行政法律责任。其特征是：首先，它是基于行政管理法律关系形成的。其次，它是一种个人责任，这种责任主要是向国家和社会承担相应的法律后果。最后，它主要依赖于法定的行政主体对其行为进行确认和追究。

2. 行政相对人行政法律责任的确认机关和方式

对行政相对人行政法律责任的确认与追究，由行政主体依法行使管理权得以实现。如行政主体通过行使行政处罚权、行政强制权和行政裁决权的方式对行政相对人的法律责任进行确认和追究。

3. 行政相对人承担行政法律责任的种类

行政相对人承担行政法律责任的主要种类有：行政处罚；履行法定义务；恢复原状，返还权益；赔偿损失等。

问题讨论

行政处罚与行政处分两者仅一字之差，且都属于行政法律责任范畴，它们有何区别？

□ 引例答案

问题 1. 乙没有违法行为。

问题 2. 处罚不合法。因为从地域管辖的角度考虑，南城公安分局对本案没有行政处罚权。况且乙并没有违法行为，也不应当承担行政法律责任。

问题 3. 丙的行为属于徇私枉法，滥用职权。应由南城区公安分局追究其法律责任。

问题 4. 乙弟的行为属于违法行为。应由西城区公安分局来处罚。

□ 引例解析思路

问题 1. 首先，要明确什么是行政违法行为；其次，要认定乙与甲的争吵行为是否属于违反行政管理法律规范的行为。

问题 2. 首先，要明确丙行为后果的归属；其次，要分析南城区公安分局对乙的行政处罚行为是否合法。

问题 3. 首先，要明确丙作为南城区公安分局的公务人员，其行为是否为职务行为；其次，要分析丙的行为是否为职务违法行为；最后，要清楚对丙的行政法律责任的追究主要依赖于行政内部监督制度来进行。

问题 4. 首先，搞清乙弟的行为是否违法，性质如何，再确定管辖机关。

■ 本章小结

【结语】

本章针对行政违法和行政法律责任进行了介绍和阐释。行政违法是行政法律责任的前提，没有行政违法行为就不会有行政法律责任；但是并非所有的行政违法行为一定都要承担行政法律责任。如果存在法定的免责情形，就不承担行政法律责任。

【本章基本知识点逻辑结构图】

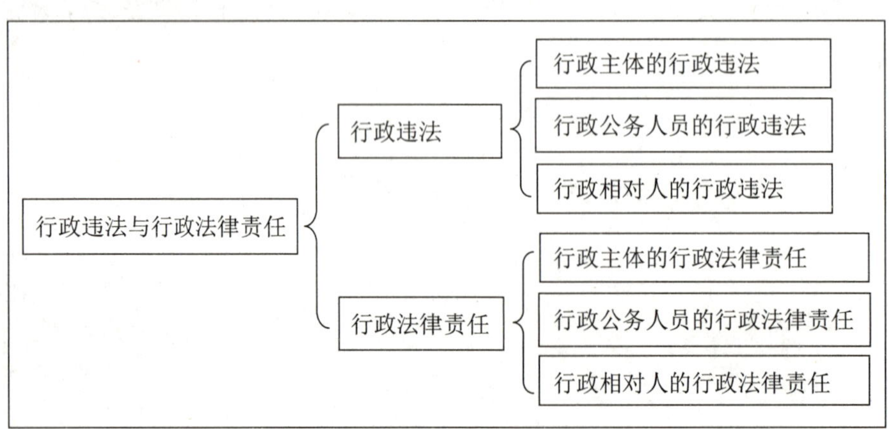

综合训练

思考与练习

一、名词解释

行政违法　　行政法律责任

二、填空题

1. 行政违法的主体是行政主体、行政公务人员和 ____________ 。
2. 被授权的组织作出的行政违法行为，由 ____________ 来承担行政法律责任。

三、判断题

(　　)1. 行政违法是行政机关违法行使职权的行为。

(　　)2. 行政违法必然要承担行政法律责任。

四、单项选择题

行政法律责任必须由有关(　　)依照行政法律规范所规定的条件和程序予以追究。

A. 司法机关　　B. 行政机关

C. 人民法院　　D. 国家机关

五、多项选择题

下列情况下可免予追究行政法律责任的是(　　　)。

A. 超过追责时效　　B. 违法行为轻微

C. 正当防卫　　D. 紧急避险

六、简答题

1. 行政违法行为的特征是什么?
2. 行政公务人员承担行政法律责任的主要方式是什么?

专业技能训练

一、实例分析

甲(13 周岁)与乙(15 周岁)都参与了打群架，当地公安局经传唤、讯问、调查取证后，对乙作出如下处理决定：拘留 3 日，罚款 200 元。但是没有处罚甲。

请分析：该公安局的行政处罚行为是否合法? 理由是什么?

二、法律咨询解答

请解答：行政违法行为构成犯罪就不承担行政法律责任吗？

三、法律问题阐释

有人说：行政违法就是违法行政。请谈谈你的看法。

四、法律现象评析

某造纸厂排放污水污染了某河流，该河流两岸的居民深受其害，多次要求县生态环境局予以处理。一年过去了，县生态环境局没有采取任何行动。

请对该县生态环境局的做法作出评析。

第九章　监督行政★

现代民主与法治要求有权力就应当有监督。由于行政权作用领域极为广泛，作用的方式主动直接，因而加强对其监督就显得非常必要。如何建立一整套行之有效的监督行政权的制度，是行政法的一项重要内容。本章将介绍和阐述监督行政的概念、特征、分类以及监督行政的种类。

学习目标

通过对本章内容的学习，学生应当了解监督行政的概念和特征；明确监督行政的分类；掌握监督行政的种类。

引例

某县市场监督管理局科长李某，利用职务之便收受贿赂、索取贿赂，滥发经营许可证，被知情人孙某和刘某举报。监察机关接到举报后，立案进行调查取证，发现李某受贿和索贿数额巨大，建议县市场监督管理局暂停李某的工作，并将案件移送县人民检察院处理。县人民检察院以李某犯受贿罪为由，向县人民法院提起公诉。县人民法院经过审理，判处李某有期徒刑5年，并处没收财产。

问题

本案中，涉及哪些监督行政的类型？

本案例的解析，主要涉及监督行政的种类等方面的内容和相关知识点的运用。

第一节　监督行政概述

一、监督行政的含义

监督行政根据监督主体的不同分为广义监督行政和狭义监督行政，本教材介绍和阐释的监督行政为广义监督行政。监督行政是指国家机关及国家机关以外的个人、组织对行政主体及其行政公务人员行使行政职权或履行行政职责以及遵纪守法的情况进行监督的活动。

监督行政与行政监督是两个不同的概念。行政监督是行政主体依申请和依职权对被管理者即行政相对人是否守法进行的监督。而监督行政是指国家机关以及国家机关以外的个人、组织对行政主体和行政公务人员行使行政职权行为和遵纪守法行为进行监督的活动。两者的区别主要表现在以下三个方面。

(1) 监督的对象不同　监督行政的对象是行政主体和行政公务人员;行政监督的对象是行政相对人。

(2) 监督的主体不同　监督行政的主体是国家机关及国家机关以外的个人、组织;行政监督的主体是行政主体。

(3) 监督的内容不同　监督行政的内容是行政主体执法的情况以及行政公务人员遵纪守法的情况;行政监督的内容是行政相对人守法的情况。

问题解答

下列行为中属于监督行政的是＿＿＿＿＿＿＿。

A. 某县市场监督管理局对该县农贸市场经营情况进行的监督检查活动

B. 某房地产公司不服市人民政府作出的确认某一土地使用权的具体行政行为，向省人民政府提起行政复议

C. 公安机关在执法过程中拖走抛锚的车辆

D. 省人大撤销了省政府制定的与法律、行政法规相抵触的地方规章

二、监督行政的特征

(1) 监督主体的广泛性　监督行政的主体既包括政治监督(中国共产党、各民主党派、人民政协、人民团体)、国家机关监督(国家权力机关、国家司法机关、国家监察机关、行政机关),还包括社会监督(社会组织、新闻舆论机构以及公民个人)。

(2) 监督对象的确定性　监督行政的对象是行政主体和行政公务人员。监督对象首先是行政主体,即行政机关和授权组织;其次是行政公务人员。

(3) 监督内容的全面性与合法性　监督行政的内容是监督行政主体及其行政公务人员行使行政职权、履行行政职责的一切行政活动,包括行政立法行为、行政执法行为、行政司法行为是否合法,即监督行政是对行政主体的行政行为的合法性和行政公务人员的守法情况实行的监督。

(4) 监督目的的明确性　监督行政的目的是保证行政管理活动高效、廉洁、规范,保障行

政管理目标的实现。

三、监督行政的分类

监督行政根据不同的标准,可以对其进行不同的分类。

(一) 内部监督和外部监督

分类标准:监督行政的主体与行政主体的关系。

内部监督是指国家行政机关作为监督主体,依上下级隶属关系或管理职能对行政主体及其行政公务人员所实施的监督。

外部监督是指国家行政机关以外的各种监督主体对行政主体及其行政公务人员实施的监督。

□ 案例分析

张某拉一车土豆到县城去卖,途中遭到哄抢,急忙拨打110报案。值班民警借口不能离开为由不予出警,致使张某的土豆全部被抢。张某申请行政复议并要求公安机关赔偿损失,行政复议机关受理了该申请。

请问:

(1) 行政复议机关对公安机关的监督行为,属于内部监督还是外部监督?

(2) 本案中,张某申请行政复议的行为属于内部监督还是外部监督?

(二) 对行政主体的监督和对行政公务人员的监督

分类标准:监督行政的对象。

对行政主体的监督,即对行政机关或授权组织所作出的行政行为的合法性进行的监督。在我国,依照《行政诉讼法》《行政复议法》实施的监督,主要就是针对行政主体的监督。

对行政公务人员的监督,即对行政公务人员是否廉洁奉公、遵纪守法进行的监督。在我国,依据《监察法》和《公务员法》实施的监督,主要就是针对行政公务人员的监督。

当然,这种划分并非绝对,对行政主体的监督不可避免地要涉及对行政公务人员的监督,而对行政公务人员的监督也会牵涉对行政主体的监督。

(三) 法制监督和一般监督

分类标准:监督行政能否产生法律效果。

法制监督是法定的国家机关通过法定的程序和方法对行政主体和行政公务人员的活动实施的监督。这种监督能够直接产生法律后果,从而导致行政主体的行政行为的无效撤销、变更等,以及引起行政公务人员权利义务的变化。对行政管理的法制监督是一种最规范、最有效的监督,权力机关、司法机关、监察机关的监督以及行政机关的行政复议和其他的专门监督行政都属于法制监督。

一般监督是指不能直接产生法律后果的监督。这种监督形式是通过对行政主体或行政公务人员提出批评、建议,或者对违法行为予以揭露等方法来督促行政主体及其行政公务人员依法行政。社会团体、民主党派、群众组织、社会舆论以及公民的监督都属于一般监督。

(四)广义监督行政和狭义监督行政

分类标准:不同监督主体。

广义监督行政是指国家机关及国家机关以外的个人、组织对行政主体及其行政公务人员行使行政职权或履行行政职责以及遵纪守法的情况进行监督的活动。这种监督包括国家监督行政(国家权力机关、国家司法机关、国家监察机关、国家行政机关)、国家机关以外的个人或组织的监督。

狭义监督行政是行政机关实施的监督行政。这种监督包括法规规章和规范性文件的备案审查、行政复议、行政执法监督以及审计监督在内的专门监督。

第二节　监督行政的种类

一、国家权力机关的监督

国家权力机关的监督是指最高国家权力机关和地方各级国家权力机关对行政机关及其工作人员的监督。根据我国宪法、组织法的规定,权力机关对行政的监督权限主要有以下方面。

(1)审议政府工作报告。听取和审议政府工作报告,是权力机关对政府行为实施监督的基本方式,也是权力机关对政府决策及决策实施的结果进行的宏观监督。

(2)审查政府的行政法规、规章、决定和命令。我国宪法和立法法规定,全国人大常委会有权撤销国务院制定的同宪法、法律相抵触的行政法规、决定和命令。根据地方组织法的规定,地方各级人大及其常委会有权撤销本级人民政府的不适当的规章、决定和命令。这种监督可以通过备案制度进行,也可以应其他监督主体的请求进行。

(3)罢免或撤销由权力机关选举或任命的公务员的职务。国家权力机关有权对构成犯罪或者失职的政府组成人员予以罢免。

二、国家司法机关的监督

国家司法机关对行政的监督,是指人民法院和人民检察院对行政主体及其行政公务人员的活动是否合法进行的监督。

人民法院对行政的监督，主要是通过行政诉讼对行政行为的合法性进行审查，撤销违法的行政行为，变更明显不当的行政处罚行为，或督促行政主体依法履行职责；对涉及行政公务人员职务犯罪案件的审理和判决，以实现其监督功能。此外，法院还有权通过向行政机关提出司法建议的方式来实现对行政的监督。

人民检察院作为专门的国家法律监督机关，其职能是对国家机关及其工作人员执行法律、遵守法律的情况进行监督。其中监督行政的主要内容是：通过对涉嫌职务犯罪的行政公务人员提起公诉，以实现其监督行政的功能。此外还对公安机关的刑事侦查活动是否合法，以及监狱、看守所的活动是否合法，实施监督。

问题解答

人民法院监督行政的方式有________。

A. 撤销与法律、行政法规相抵触的抽象行政行为

B. 通过行政诉讼对具体行政行为的合法性进行审查

C. 建议行政机关处分在违法行政行为中有过错的公务员

D. 审理行政公务人员职务犯罪案件

三、国家监察机关的监督

监察监督，是指作为行使国家监察职能的专责机关的监察委员会依照《监察法》对所有行使公权力的公职人员进行监察，调查职务违法和职务犯罪，开展廉政建设和反腐败工作，维护宪法和法律的尊严。

监察委员会依照《监察法》和有关法律规定履行监督、调查、处置职责：(1) 对公职人员开展廉政教育，对其依法履职、秉公用权、廉洁从政从业以及道德操守情况进行监督检查；(2) 对涉嫌贪污贿赂、滥用职权、玩忽职守、权力寻租、利益输送、徇私舞弊以及浪费国家资财等职务违法和职务犯罪进行调查；(3) 对违法的公职人员依法作出政务处分决定；对履行职责不力、失职失责的领导人员进行问责；对涉嫌职务犯罪的，将调查结果移送人民检察院依法审查、提起公诉；向监察对象所在单位提出监察建议。

四、国家行政机关的内部监督

（一）一般监督

一般监督，也称层级监督，是指上级行政机关对下级行政机关的监督。它是基于行政层级

隶属关系而经常进行的一种监督，其监督内容全面。其主要包括以下方面。

(1) 工作报告　即下级行政机关依照有关规定，定期或不定期地向上级行政机关报告工作，接受监督。

(2) 工作检查　即上级行政机关派遣工作组或有关专门人员，对下级行政机关的工作进行全面检查或者专项检查。

(3) 行政复议　即上级行政机关根据公民、法人或其他组织的申请，审查下级行政机关的行为是否合法、适当，并作出复议决定。

（二）专门监督

专门监督，是指行政机关内部专职从事监督的行政机关对其他行政机关进行的监督。行政机关专门监督是指审计监督。

审计监督，是指国家审计机关根据国家有关法律、法规审核和稽查本级人民政府各部门、下级人民政府、国家金融机构、全民所有制企业事业单位和其他使用国有资产单位的财政财物收支活动的监督制度。审计机关通过审计监督，发现监督对象违法或违反国家有关规定的财政收支行为，依法予以处理、处罚，或提请有权处理的机关依法予以处理、处罚，保证合理使用国家资财，减少和清除经济管理中的弊端和不正之风，督促政府和工作人员廉洁奉公。审计机关对行政机关以外的金融机构、企事业组织的财务收支进行审计监督，不属于监督行政，而属于行政监督的范围。

五、国家机关以外的个人或组织的监督

国家机关以外的个人或组织对行政的监督包括政治监督（中国共产党、各民主党派、人民政协、人民团体）和社会监督（社会组织、新闻舆论以及公民个人）监督。这类监督不能直接对监督对象采取有法律效力的监督措施，只能通过向有权国家机关提出批评、建议、申诉、控告、起诉等方式对违法行政行为予以揭露，为有权国家机关的监督提供信息，使之采取有法律效力的监督措施，来实现监督行政的目的。

新闻舆论的监督作用具有广泛性、及时性等特点，是现代社会对行政进行监督的强有力手段。通过新闻舆论的监督，可以使许多违法行为暴露于广大人民群众的视野之中，不仅在一定程度上促进对违法行为的揭露和追究，而且可以教育广大人民群众，树立良好的社会风气。

个人、组织在行政法律关系中是行政相对人，而在监督行政关系中，则是监督主体，有权对行政主体行使行政职权的行为和行政公务人员遵纪守法的情况实施监督。当他们自己的合法权益受到行政主体行政行为的不法侵害时，可以通过行政复议、行政诉讼、行政赔偿诉讼，寻求行政或司法的救济。

□ 引例答案

本案例涉及四种类型的监督行政。

1. 监察机关对县市场监督管理局的行政公务人员李某的立案调查处理行为属于监察机关监督的监督行政行为。

2. 孙某与刘某向监察机关举报县市场监督管理局工作人员李某的行为属于国家机关以外的个人的监督行政行为。

3. 县人民检察院对李某的案件向法院提起的公诉行为属于人民检察院的监督行政行为。

4. 县人民法院对李某案件的审理与判决行为属于人民法院的监督行政行为。

□ 引例解析思路

1. 首先，要明确监察机关包括的内容；其次，要搞清监察机关作为监督行政的主体，主要监督的内容是什么；最后，确定监察机关行为的性质。

2. 首先，要明确孙某与刘某在本案中的地位不是行政管理相对人，而是监督主体；其次，确定孙某和刘某行为的性质。

3. 首先，要明确人民检察院作为监督行政的主体，主要监督的内容是什么；其次，确定县人民检察院对李某提起的公诉行为的性质。

4. 首先，要明确县人民法院作为监督行政的主体，主要监督的内容是什么；其次，确定县人民法院审判李某案件的行为性质。

■ 本章小结

【结语】

本章针对监督行政的概念、特征、分类、种类进行了介绍和阐释。 监督行政的概念是本章的基础内容，了解它有助于区分相关的概念，理解监督行政的特征和分类。监督行政的种类是本章的核心内容，掌握它有助于进行监督行政方面的实务分析。

【本章基本知识点逻辑结构图】

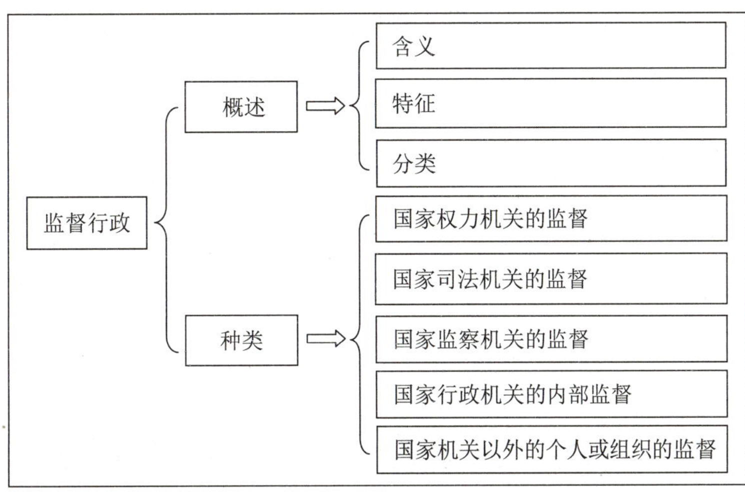

综合训练

■ 思考与练习

一、名词解释

监督行政　　行政监督

二、填空题

1. 监督行政的对象是行政主体和＿＿＿＿＿＿。

2. 监督行政以监督能否产生法律后果为标准，可以分为法制监督和＿＿＿＿＿＿监督。

三、判断题

(　　)1. 行政复议行为属于监督行政行为。

(　　)2. 公民、法人或其他组织可以成为监督行政的主体。

四、单项选择题

下列既可能成为监督行政的主体又可能成为行政监督主体的是(　　)。

A. 人民检察院　　B. 行政机关

C. 人民法院　　D. 人民代表大会

五、多项选择题

关于权力机关监督行政和人民法院监督行政的区别，下列说法正确的有(　　　)。

A. 前者的监督可以主动进行，后者的监督是被动的

B. 前者可以对政府组成人员直接作出处理决定，后者只能对非政府组成人员作出处理决定

C. 前者可以依法审查抽象行政行为的合法性，后者则主要审查具体行政行为的合法性

D. 前者可以撤销与法律相抵触的抽象行政行为，后者只能撤销与法律相抵触的具体行政行为

六、简答题

1. 监督行政与行政监督的区别是什么?

2. 监督行政的种类有哪些?

■ 专业技能训练

一、实例分析

某地级市政府为发展本地经济，作出如下决定：凡外地生产的化肥进入本地销

售，必须获得销售许可证；未经许可擅自销售的，予以罚款处罚。

请分析：该市政府的这项决定合法与否，哪些机关有权监督？

二、法律咨询解答

请解答：县级监察机关能对本级政府的领导人员行使监察权吗？

三、 法律问题阐释

有人说：社会舆论对监督行政是无权监督，仅说说而已。

请谈谈你对这个问题的看法。

四、 法律现象评析

孙某经县自然资源局批准将房屋建成后，县水利局则认为该房屋为违章建筑，责令孙某拆除。 孙某不服，以县水利局为被申请人向县人民政府申请行政复议。 县政府经过审查，确认县水利局行为违法。

请对县政府的行为作出评析。

第十章　行政复议

行政复议是现代法治社会解决行政争议的方法之一。相对于行政相对人而言，行政复议是一种行政救济制度，但同时也是行政机关内部自我纠正错误的一种监督制度，属于行政法律制度重要的组成部分。本章主要介绍和阐释行政复议概述、行政复议范围与管辖、行政复议参加人和行政复议程序等基本内容。

学习目标

通过本章的学习，学生应当了解行政复议的基本制度；理解行政复议的含义；明确行政复议的基本原则和行政复议程序；掌握行政复议参加人及行政复议的范围与管辖。

引例

马某是A省B市某县从事商品批发的个体工商户。某县市场监督管理局以马某违法经营为由，决定吊销其营业执照，并于9月20日给马某送达处罚决定书，处罚决定书上标明的处罚日期为9月10日。11月16日，马某申请行政复议，行政复议机关以超过复议期限为由不予受理。

问题

1. 本案中的被申请人是谁？为什么？
2. 本案应由哪个行政复议机关管辖？为什么？
3. 行政复议机关的做法正确吗？为什么？

本案例的解析，主要涉及行政复议的被申请人、行政复议管辖、行政复议申请期限等相关内容和知识点的运用。

第一节　行政复议概述

一、行政复议的含义

行政复议是指公民、法人或其他组织认为行政主体的具体行政行为侵犯其合法权益，按照法定的程序和条件向行政复议机关提出复议申请，由行政复议机关依法对该具体行政行为的合法性、适当性进行审查并作出决定的一种法律制度。它包含以下三层含义。

（1）行政复议的前提是公民、法人或者其他组织认为行政主体作出的具体行政行为侵犯其合法权益。行政主体的具体行政行为对公民、法人或者其他组织合法权益的侵犯，仅是指行政相对人主观上的一种认为，客观上可能有侵犯的事实，也可能并没有侵犯的事实。

（2）行政复议是一种依申请的行政行为。行政复议由公民、法人或者其他组织提出复议申请，行政复议机关受理复议申请、对复议申请进行审查并作出决定的活动构成。行政复议机关的一系列活动基于行政相对人提出的复议申请。

（3）行政复议的对象是具体行政行为的合法性和适当性，依申请可以一并审查部分抽象行政行为。

首先，行政复议是以对具体行政行为的审查为基础和核心，抽象行政行为不能独立成为行政复议审查的对象。其次，行政复议审查的是具体行政行为的合法性和适当性，既对具体行政行为是否合法进行审查，又对具体行政行为是否适当进行审查。

在对具体行政行为进行行政复议时，行政复议机关可以依申请一并审查部分抽象行政行为。2017 年修正的《行政复议法》规定：公民、法人或者其他组织认为行政机关的具体行政行为所依据的国务院部门的规定（不含国务院部、委员会规章）、县级以上地方各级人民政府及其工作部门的规定（不含地方人民政府规章）或乡、镇人民政府的规定不合法，在对具体行政行为申请行政复议时，可以一并向行政复议机关提出对该规定的审查申请。

二、行政复议机关

行政复议机关是指在行政复议活动中，依法享有行政复议职权和履行行政复议职责，受理复议申请，对复议申请进行审查并作出复议决定的行政机关。

行政复议机关不是专门从事行政复议活动的国家机关，而是依法专门享有行政复议职权、履行行政复议职责的一般行政机关。行政复议机关的行政复议职能由其负责法制工作的机构（简称行政复议机构）承担。

行政复议机构在行政复议机关的领导和支持下，依法具体办理行政复议事项，履行法定的各项行政复议职责。行政复议机构中配备有专职行政复议人员。专职行政复议人员应当具备与履行行政复议职责相适应的品行、专业知识和业务能力，并取得相应资格。

问题解答

行政复议权只能由法律、法规规定的国家________专门享有。

A. 审判机关　　B. 检察机关　　C. 权力机关　　D. 行政机关

三、行政复议的基本原则

行政复议的基本原则是指集中体现行政复议法的精神实质，对行政复议机关的行政复议活动具有指导意义的基本准则。根据行政复议法的规定，行政复议机关履行行政复议职责，应当遵循合法、公开、公正、及时、便民的原则。

（一）合法原则

合法原则是指行政复议机关履行行政复议职责，其管辖权限应当有法定依据；复议审查的实体内容，应当有法律依据；复议审查的程序应当依法进行。

（二）公开原则

公开原则是指行政复议机关在进行行政复议过程中，除依法不应公开的内容外，复议活动应当向当事人和社会公开，其主要体现在两个方面，即行政复议过程公开和行政复议决定的内容公开。

（三）公正原则

公正原则是指行政复议机关在行使行政复议权时，应当公正、公平地对待参加行政复议的各方当事人，不能有所偏袒。行政复议是解决行政争议的活动，公正是行政复议程序的价值追求。

（四）及时原则

及时原则是行政复议机关开展行政复议活动追求效率的基本要求。行政复议机关受理行政复议申请、审查具体行政行为、作出行政复议决定等都必须严格遵守法定的期限，在法定的期限内适时完成行政复议行为，不能不履行或拖延履行行政复议职责。

（五）便民原则

便民原则是指行政复议机关在进行行政复议的过程中，依法开展行政复议活动的同时，要方便行政复议参加人行使参加复议的各项权利，尤其是要为行政相对人行使行政复议权利提供方便，保障行政相对人行政复议权利的有效实现。

问题解答

某行政复议机关受理了一公民提起的行政复议申请。请分析回答，行政复议机关的下列做法分别体现了行政复议的哪些基本原则。

A. 行政复议不收费

B. 应当在法定期限内作出行政复议决定

C. 在行政复议过程中不能偏袒任何一方当事人

D. 行政复议活动应当为公众所了解

四、行政复议的基本制度★

行政复议是在行政复议机关的主持下解决行政争议，保护当事人合法权益的活动。行政复议不但应当遵循基本原则，而且要遵守基本制度。行政复议有以下基本制度。

（一）一级复议制度

一级复议制度即指公民、法人或者其他组织对行政主体作出的具体行政行为不服，可以向该行政主体的上一级行政机关或者法律、法规规定的特定机关申请复议，对行政复议机关作出的复议决定不服，只能依法向人民法院提起行政诉讼，不得再向行政复议机关的上一级行政机关申请复议的制度。

（二）复议期间不停止执行制度

基于行政行为具有的公定力，通常情况下，行政复议期间具体行政行为不停止执行。只有在法律有明确规定的情形下，才可停止执行。行政复议法明确规定可以停止执行的情形有：被申请人认为需要停止执行的；行政复议机关认为需要停止执行的；申请人申请停止执行，行政复议机关认为其要求合理，决定停止执行的；法律规定停止执行的。

（三）复议不收取费用制度

行政复议是行政机关系统内的层级监督，是行政相对人行政救济的途径。为了保障行政相对人的合法权益和加强监督行政，《行政复议法》第 39 条规定："行政复议机关受理行政复议申请，不得向申请人收取任何费用。行政复议活动所需经费，应当列入本机关的行政经费，由本级财政予以保障。"

第二节　行政复议范围与管辖

一、行政复议范围

行政复议范围，是指行政复议机关可以受理公民、法人或者其他组织申请行政复议的行政行为范围。行政复议范围体现了上级行政机关对下级行政主体进行层级监督的范围，反映了公民、法人或者其他组织对行政主体作出的行政行为可以提出质疑并可通过法定的行政复议途径保护自己合法权益的范围。根据行政复议法的规定，行政复议的范围可以从以下两方面理解和确定。

（一）具体行政行为可复议范围的确定

行政主体作出的行政行为中，具体行政行为是行政复议的对象。但并非所有的具体行政行为都属于行政复议的范围。对此，行政复议法从肯定和排除两方面做了规定。

1. 可申请行政复议的具体行政行为范围

（1）对行政机关作出的警告、罚款、没收违法所得、没收非法财物、责令停产停业、暂扣或者吊销许可证、暂扣或者吊销执照、行政拘留等行政处罚决定不服的。

（2）对行政机关作出的限制人身自由或者查封、扣押、冻结财产等行政强制措施决定不服的。

（3）对行政机关作出的有关许可证、执照、资质证、资格证等证书变更、中止、撤销的决定不服的。

（4）对行政机关作出的关于确认土地、矿藏、水流、森林、山岭、草原、荒地、滩涂、海域等自然资源的所有权或者使用权的决定不服的。

（5）认为行政机关侵犯其合法的经营自主权的。

（6）认为行政机关变更或者废止农业承包合同，侵犯其合法权益的。

（7）认为行政机关违法集资、征收财物、摊派费用或者违法要求履行其他义务的。

（8）认为符合法定条件，申请行政机关颁发许可证、执照、资质证、资格证等证书，或者申请行政机关审批、登记有关事项，行政机关没有依法办理的。

（9）申请行政机关履行保护人身权利、财产权利、受教育权利的法定职责，行政机关没有依法履行的。

（10）申请行政机关依法发放抚恤金、社会保险金或者最低生活保障费，行政机关没有依法发放的。

（11）认为行政机关的其他具体行政行为侵犯其合法权益的。

2. 不能申请行政复议的具体行政行为范围

（1）内部行政行为　内部行政行为即不服行政机关作出的行政处分或者其他人事处理决定的，依照法律、行政法规的规定提出申诉。

（2）居间处理行为　居间处理行为即不服行政机关对民事纠纷作出的调解或者其他处理的，依法申请仲裁或者向人民法院提起民事诉讼。

（二）抽象行政行为可一并审查的范围

行政主体作出的抽象行政行为，不能独立成为行政复议的对象，部分抽象行政行为依法可以与具体行政行为一并成为行政复议审查的对象，即公民、法人或者其他组织认为行政主体的具体行政行为所依据的行政规定不合法，在对具体行政行为申请行政复议的同时，可以一并向行政复议机关提出对该规定的审查申请；公民、法人或者其他组织在对具体行政行为申请行政复议时，尚不知道该具体行政行为所依据的规定的，可以在行政复议机关作出行政复议决定前向行政复议机关提出对该规定的审查申请。可以一并成为行政复议审查对象的行政规定包括以下三个方面。

（1）国务院部门的规定。

（2）县级以上地方各级人民政府及其工作部门的规定。

（3）乡、镇人民政府的规定。

上述行政规定不含国务院部、委员会的部门规章和地方人民政府的地方政府规章。

问题讨论

国务院作出了某项规定，某省政府对此具体制定了实施意见，按照该实施意见的规定，甲被某自然资源局吊销其采矿许可证。甲对该处罚行为不服，提起行政复议，同时要求附带审查国务院的规定和省政府的实施意见。

请分析甲的复议审查请求是否正确？

二、行政复议管辖

（一）行政复议管辖的含义

行政复议管辖是指行政复议机关之间受理和审查公民、法人或者其他组织行政复议申请的分工和权限。行政复议的层级监督性质决定了行政复议管辖的原则是：行政复议由作出具体行政行为的行政主体的上一级行政机关管辖或特定的行政机关管辖，法律有特别规定的，按特别规定确定管辖。

（二）行政复议管辖的确定

根据行政复议的层级监督要求，作出具体行政行为的行政主体的种类不同，其具体行政行为的复议管辖的确定规则不同。

1. 人民政府的具体行政行为的复议管辖

（1）除省级人民政府外的地方各级人民政府的具体行政行为的复议管辖。对除省级人民政府外的地方各级人民政府的具体行政行为不服的，由其上一级地方人民政府管辖。

（2）省级人民政府的具体行政行为的复议管辖。对省、自治区、直辖市人民政府的具体行政行为不服，由作出该具体行政行为的省、自治区、直辖市人民政府管辖。对行政复议决定不服的，可以向人民法院提起行政诉讼，也可以向国务院申请裁决，国务院依法作出最终裁决。

（3）派出机关所属的县级地方人民政府的具体行政行为的复议管辖。对省、自治区人民政府依法设立的派出机关所属的县级地方人民政府的具体行政行为不服的，由该派出机关管辖。

2. 人民政府工作部门的具体行政行为的复议管辖

（1）县级以上地方各级人民政府一般工作部门的具体行政行为的复议管辖。对县级以上地方各级人民政府一般工作部门的具体行政行为不服的，由申请人选择确定管辖。申请人可以向该部门的本级人民政府申请行政复议，也可以向上一级主管部门申请行政复议。

（2）国务院部门的具体行政行为的复议管辖。对国务院部门的具体行政行为不服，由作出该具体行政行为的国务院部门管辖。对行政复议决定不服的，可以向人民法院提起行政诉讼，也可以向国务院申请裁决，国务院依法作出最终裁决。

申请人对两个以上国务院部门共同作出的具体行政行为不服的，可以向其中任何一个国务院部门提出行政复议申请，由作出具体行政行为的国务院部门共同管辖，共同作出行政复议决定。

（3）实行垂直领导的行政机关和国家安全机关的具体行政行为的复议管辖。对海关、金融、国税、外汇管理等实行垂直领导的行政机关和国家安全机关的具体行政行为不服的，由上一级主管部门管辖。

申请人对经国务院批准实行省以下垂直领导的部门作出的具体行政行为不服的，可以选择确定由该部门的本级人民政府或者上一级主管部门管辖；省、自治区、直辖市另有规定的，依照省、自治区、直辖市的规定办理。

3. 其他种类行政主体的具体行政行为的复议管辖

（1）派出机关的具体行政行为的复议管辖。对县级以上地方人民政府依法设立的派出机关的具体行政行为不服的，由设立该派出机关的人民政府管辖。

（2）经授权的派出机构的具体行政行为的复议管辖。对政府工作部门依法设立的派出机构依照法律、法规或者规章规定，以自己的名义作出的具体行政行为不服的，由设立该派出机构的部门或者该部门的本级地方人民政府管辖。

（3）授权组织的具体行政行为的复议管辖。对法律、法规授权的组织的具体行政行为不服的，分别由直接管理该组织的地方人民政府、地方人民政府工作部门或者国务院部门管辖。

（4）两个或两个以上行政主体以共同名义作出的具体行政行为的复议管辖。对两个或者两个以上行政主体以共同的名义作出的具体行政行为不服的，由其共同上一级行政主体管辖。

（5）被撤销的行政机关在撤销前作出的具体行政行为的复议管辖。对被撤销的行政机关在撤销前所作出的具体行政行为不服的，由继续行使其职权的行政机关的上一级行政机关管辖。

对于上述其他种类行政主体作出的具体行政行为不服，申请人也可以向具体行政行为发生地的县级地方人民政府提出行政复议申请，由接受申请的县级地方人民政府在自接到该行政复议申请之日起 7 日内，转送有管辖权的行政复议机关，并告知申请人。有管辖权的行政复议机关应当依法办理。

□ 案例分析

某村村民吴某因家里人口多，住房紧张，向乡人民政府提出建房申请。经乡人民政府国土资源部门工作人员刘某批准后，即开始画线动工。周围左邻申某与右邻崔某发现吴某占用了自己使用多年的宅基地，即同吴某交涉。吴某申辩说建房是按批准文件画线动工，不同意改变施工计划。如申某与崔某申请复议，应当向下列什么机关提出？

A. 以乡政府作为复议机关

B. 以县政府作为复议机关

C. 以县政府自然资源局作为复议机关

4. 行政复议共同管辖

行政复议共同管辖是指两个或者两个以上的行政复议机关对同一行政复议事项都有管辖权的管辖。申请人就同一事项向两个或者两个以上有权受理的行政复议机关申请行政复议的，由最先收到行政复议申请的行政复议机关受理；同时收到行政复议申请的，由收到行政复议申请的行政复议机关在 10 日内协商确定；协商不成的，由其共同上一级行政复议机关在 10 日内指定受理机关。协商确定或者指定受理机关所用时间不计入行政复议审理期限。

第三节　行政复议参加人

一、行政复议当事人

行政复议当事人是指与被审查的具体行政行为有利害关系，为了维护自己的合法权益或社会公共利益，以自己的名义参加行政复议活动，并受行政复议决定约束的人。行政复议当事人是行政复议活动的主体，包括申请人、被申请人、第三人。

（一）申请人

1. 申请人的含义

行政复议申请人是指认为行政主体的具体行政行为侵犯其合法权益，依法以自己的名义向行政复议机关提出行政复议申请的人。行政复议申请人的范围包括公民、法人或者其他组织。

行政复议申请人应当具备以下基本条件：① 是处于行政相对人地位的公民、法人或者其他组织；② 与具体行政行为有法律上的利害关系，即具体行政行为对其合法权益有实际影响；③ 认为具体行政行为侵犯了自己的合法权益，向行政复议机关提出行政复议申请。

2. 申请人的基本情形

(1) 公民　有权申请行政复议的公民死亡的，其近亲属可以申请行政复议。有权申请行政复议的公民为无民事行为能力或者限制民事行为能力的，其法定代理人可以代为申请行政复议。

(2) 法人或者其他组织　法人由其法定代表人参加行政复议；其他组织由该组织的主要负责人代表该组织参加行政复议，没有主要负责人的，由共同推选的其他成员代表该组织参加行政复议。有权申请行政复议的法人或者其他组织终止的，承受其权利的法人或者其他组织可以申请行政复议。

同一行政复议案件申请人超过 5 人的，申请人应推选 1~5 名代表参加行政复议。

（二）被申请人

1. 被申请人的含义

被申请人是指作出被申请行政复议的具体行政行为，以自己的名义被申请参加行政复议，独立承担行政复议法律后果的行政主体。被申请人包括行政机关和授权组织。

适格的被申请人应当具备以下条件：① 被申请人是享有行政权，具有行政主体资格的行政机关和授权组织；② 被申请人是行使行政权，实际作出了具体行政行为的行政主体；③ 被申请人作出了影响申请人合法权益，被申请复议审查的具体行政行为；④ 被申请人以自己的名义参加行政复议，并独立承担行政复议的法律后果。

2. 被申请人的情形

(1) 作出具体行政行为的行政机关是被申请人。公民、法人或者其他组织对行政机关的具体行政行为不服申请行政复议的，作出该具体行政行为的行政机关是被申请人。

(2) 作出具体行政行为的授权组织是被申请人。公民、法人或者其他组织对授权组织的具体行政行为不服申请行政复议的，作出该具体行政行为的授权组织是被申请人。

被申请人的确定遵循的原则是：谁作出行政行为，谁作为被申请人。在对被申请人的确定过程中，有以下四种特殊情况。

第一，行政机关和法律、法规授权的组织以共同的名义作出具体行政行为的，行政机关和法律、法规授权的组织为共同被申请人。

第二，行政机关和其他组织以共同名义作出具体行政行为的，行政机关为被申请人。

第三，下级行政机关依照法律、法规、规章规定，经上级行政机关批准作出具体行政行为的，批准机关为被申请人。

第四，行政机关设立的派出机构、内设机构或者其他组织，未经法律、法规授权，对外以自己名义作出具体行政行为的，该行政机关为被申请人。

（三）第三人

1. 第三人的含义

行政复议第三人是指在行政复议期间，基于同被申请行政复议的具体行政行为有利害关系，以自己的名义参加行政复议的公民、法人或者其他组织。行政复议第三人区别于行政复议申请人和被申请人，在行政复议过程中具有独立的法律地位，独立地享有权利，履行义务。

□ 法条思考

2017 年修正的《中华人民共和国行政复议法》第 10 条第 3 款规定："同申请行政复议的具体行政行为有利害关系的其他公民、法人或者其他组织，可以作为第三人参加行政复议。"

请回答：该款规定中的"利害关系"是指对公民、法人或者其他组织合法权益的直接影响还是间接影响？

2. 第三人的条件

第三人是一种独立的行政复议当事人，其具有以下条件：① 第三人在行政法律关系中，处于行政相对人的地位，不享有行政权；② 第三人的范围是除申请人之外的其他公民、法人或者其他组织；③ 第三人在行政复议程序上，没有启动行政复议程序，而是参加到已经开始、尚未结束的行政复议程序中；④ 第三人同申请复议的具体行政行为有利害关系，即申请复议的具体行政行为影响到了第三人的合法权益。

3. 第三人参加行政复议的方式

第三人参加行政复议的方式有两种，即通知参加和申请参加。

通知参加，即在行政复议期间，行政复议机构认为申请人以外的公民、法人或者其他组织与被审查的具体行政行为有利害关系的，通知其作为第三人参加行政复议。

申请参加，即在行政复议期间，申请人以外的公民、法人或者其他组织与被审查的具体行政行为有利害关系的，向行政复议机构申请作为第三人参加行政复议。

行政复议第三人不参加行政复议，不影响行政复议案件的审理。

举例说明

请从身边看到或听到的案例中，举例说明哪些人属于参加行政复议的第三人。

二、行政复议代理人

行政复议代理人是指在行政复议活动中，为了被代理人的利益，以被代理人的名义在代理权限范围内代理被代理人实施和接受行政复议行为的人。行政复议代理人代理行为的法律后果由被代理人承受。

行政复议代理人按照代理权的来源不同,可以分为法定代理人和委托代理人。法定代理人是基于法律的规定代理无民事行为能力或限制民事行为能力的人实施行政复议行为的代理人。委托代理人是基于被代理人的授权委托实施行政复议代理行为的代理人。

申请人、第三人可以委托 1~2 名代理人参加行政复议活动。

第四节　行政复议程序

一、行政复议的申请

(一) 行政复议救济途径的选定

公民、法人或者其他组织对行政主体的具体行政行为不服,可以依法选择适用或者先后依次适用行政复议和行政诉讼救济途径,以实现权利的救济。行政复议的申请以能够选择适用行政复议救济途径为前提。

根据行政复议法的规定,公民、法人或者其他组织申请行政复议,行政复议机关已经依法受理的,或者法律、法规规定应当先向行政复议机关申请行政复议,对行政复议决定不服再向人民法院提起行政诉讼的,在法定行政复议期限内不得向人民法院提起行政诉讼。公民、法人或者其他组织向人民法院提起行政诉讼,人民法院已经依法受理的,不得申请行政复议。

公民、法人或者其他组织认为行政机关的具体行政行为侵犯其已经依法取得的土地、矿藏、水流、森林、山岭、草原、荒地、滩涂、海域等自然资源的所有权或者使用权的,应当先申请行政复议;对行政复议决定不服的,可以依法向人民法院提起行政诉讼。

(二) 行政复议的申请期限

行政复议的申请期限有两种,即一般期限和特别期限。一般期限是指一般情况下行政复议的申请期限,即公民、法人或者其他组织认为具体行政行为侵犯其合法权益的,可以自知道该具体行政行为之日起 60 日内提出行政复议申请。特别期限是指针对特定的具体行政行为所确定的行政复议申请期限,即由法律特别规定的超过 60 日的行政复议期限。因不可抗力或者其他正当理由耽误法定申请期限的,申请期限自障碍消除之日起继续计算。

行政主体作出的具体行政行为对公民、法人或者其他组织的权利、义务可能产生不利影响的,应当告知其申请行政复议的权利、行政复议机关和行政复议申请期限。

（三）行政复议申请的提出

1. 行政复议申请的方式

申请人申请行政复议，可以书面申请，也可以口头申请。申请人书面申请行政复议的，应当在行政复议申请书中载明法定的事项。申请人口头申请行政复议的，行政复议机构应当按照申请书载明事项的要求，当场制作行政复议申请笔录交申请人核对或者向申请人宣读，并由申请人签字确认。

2. 行政复议申请书的递交

申请人书面申请行政复议的，可以采取当面递交、邮寄或者传真等方式提出行政复议申请。有条件的行政复议机关可以接受以电子邮件形式提出的行政复议申请。

3. 特定证明材料的提供

申请人申请行政复议，有下列情形之一的，应当提供证明材料：① 认为被申请人不履行法定职责的，提供曾经要求被申请人履行法定职责而被申请人未履行的证明材料；② 申请行政复议时一并提出行政赔偿要求的，提供受具体行政行为侵害而造成损害的证明材料；③ 法律、法规规定需要申请人提供证据材料的其他情形。

二、行政复议的受理

（一）行政复议的受理期限

行政复议的受理期限包括不予受理期限和予以受理期限。为了及时地保护申请人的合法权益，方便申请人参加行政复议，行政复议法确立了行政复议推定受理制度，即当行政复议机关在法定期限届满之时没有向申请人告知本复议机关不予受理时，推定行政复议申请自行政复议机构收到之日起即为受理。

行政复议不予受理的期限为 5 日。行政复议法规定行政复议机关收到行政复议申请后，应当在 5 日内进行审查，对不符合本法规定的行政复议申请，决定不予受理，并书面告知申请人；对符合本法规定，但是不属于本机关受理的行政复议申请，应当告知申请人向有关行政复议机关提出。

行政复议予以受理的期限为推定即时受理。根据行政复议法的规定，当行政复议机关在收到行政复议申请后，5 日的审查期限届满未向申请人履行不予受理告知义务的，行政复议申请自行政复议机构收到之日起即为受理。

（二）行政复议受理的条件

行政复议机关对申请人提出的行政复议申请，经审查符合以下条件的，应当予以受理。

（1）有明确的申请人和符合规定的被申请人。

（2）申请人与具体行政行为有利害关系。

（3）有具体的行政复议请求和理由。

（4）在法定申请期限内提出。

（5）属于行政复议法规定的行政复议范围。

（6）属于收到行政复议申请的行政复议机构的职责范围。

（7）其他行政复议机关尚未受理同一行政复议申请，人民法院尚未受理同一主体就同一事实提起的行政诉讼。

围绕上述行政复议受理条件，必须有相应的行政复议申请材料。行政复议申请材料不齐全或者表述不清楚的，行政复议机构可以自收到该行政复议申请之日起 5 日内书面通知申请人补正。补正通知应当载明需要补正的事项和合理的补正期限。无正当理由逾期不补正的，视为申请人放弃行政复议申请。补正申请材料所用时间不计入行政复议审理期限。

（三）行政复议受理监督

行政复议机关对于行政复议申请人的复议申请是否予以受理，将直接影响到行政相对人能否通过行政复议途径或者能否提起行政诉讼维护自己的合法权益。行政复议的受理应当受到监督。行政复议受理监督包括司法监督和行政监督。

司法监督，即法律、法规规定应当先向行政复议机关申请行政复议、对行政复议决定不服再向人民法院提起行政诉讼的，行政复议机关决定不予受理或者受理后超过行政复议期限不做答复的，公民、法人或者其他组织可以自收到不予受理决定书之日起或者自行政复议期满之日起 15 日内，依法向人民法院提起行政诉讼。

行政监督，即公民、法人或者其他组织依法提出行政复议申请，行政复议机关决定不予受理的，上级行政机关认为行政复议机关不予受理行政复议申请的理由不成立的，可以先行督促其受理；经督促仍不受理的，应当责令其限期受理，必要时也可以直接受理；认为行政复议申请不符合法定受理条件的，应当告知申请人。

三、行政复议的审理

（一）审理方式

行政复议的审理原则上采取书面审查的办法。行政复议机构认为必要时，可以实地调查核实证据；对重大、复杂的案件，申请人提出要求或者行政复议机构认为必要时，可以采取听证的方式审理。

行政复议机构审理行政复议案件，应当由两名以上行政复议人员参加。

（二）被申请人书面答复和申请人、第三人查阅有关材料

行政复议机构应当自行政复议申请受理之日起 7 日内，将行政复议申请书副本或者行政

复议申请笔录复印件发送被申请人。被申请人应当自收到申请书副本或者申请笔录复印件之日起 10 日内,提出书面答复,并提交当初作出具体行政行为的证据、依据和其他有关材料。依照行政复议法第 14 条的规定申请原级行政复议的案件,由原承办具体行政行为有关事项的部门或者机构提出书面答复,并提交作出具体行政行为的证据、依据和其他有关材料。

申请人、第三人可以查阅被申请人提出的书面答复、作出具体行政行为的证据、依据和其他有关材料,除涉及国家秘密、商业秘密或者个人隐私外,行政复议机关不得拒绝。行政复议机关应当为申请人、第三人查阅有关材料提供必要条件。

(三)证据的适用

(1) 被申请人负举证责任　被申请人应当在收到申请书副本或者申请笔录复印件之日起 10 日内,向行政复议机构提供当初作出具体行政行为的证据。在行政复议过程中,被申请人不得自行向申请人和其他有关组织或者个人收集证据。

(2) 行政复议机关调查、收集证据　行政复议机关有权向有关组织和人员调查收集证据。行政复议人员向有关组织和人员调查取证时,可以查阅、复制、调取有关文件和资料,向有关人员进行询问。调查取证时,行政复议人员不得少于 2 人,并应当向当事人或者有关人员出示证件。被调查单位和人员应当配合行政复议人员的工作,不得拒绝或者阻挠。需要现场勘验的,现场勘验所用时间不计入行政复议审理期限。

(3) 委托鉴定　行政复议期间涉及专门事项需要鉴定的,当事人可以自行委托鉴定机构进行鉴定,也可以申请行政复议机构委托鉴定机构进行鉴定。鉴定费用由当事人承担。鉴定所用时间不计入行政复议审理期限。

(四)对具体行政行为依据的审查处理

(1) 对申请人在申请行政复议时一并提出的对有关规定的审查申请的审查处理。申请人在申请行政复议时,一并提出对《行政复议法》第 7 条所列有关规定的审查申请的,行政复议机关对该规定有权处理的,应当在 30 日内依法处理;无权处理的,应当在 7 日内按照法定程序转送有权处理的行政机关依法处理,有权处理的行政机关应当在 60 日内依法处理。处理期间,中止对具体行政行为的审查。

(2) 行政复议机关在对被申请人作出的具体行政行为审查时,对认为不合法的依据的处理。行政复议机关在对被申请人作出的具体行政行为进行审查时,认为其依据不合法,本机关有权处理的,应当在 30 日内依法处理;无权处理的,应当在 7 日内按照法定程序转送有权处理的国家机关依法处理。处理期间,中止对具体行政行为的审查。

(五)行政复议期间被申请人改变原具体行政行为

行政复议期间被申请人改变原具体行政行为的,不影响行政复议案件的审理。但是,申请人依法撤回行政复议申请的除外。

（六）行政复议调解

行政复议机关对有下列情形之一的，可以按照自愿、合法的原则进行调解。

（1）公民、法人或者其他组织对行政机关行使法律、法规规定的自由裁量权作出的具体行政行为不服申请行政复议的。

（2）当事人之间的行政赔偿或者行政补偿纠纷。

当事人经调解达成协议的，行政复议机关应当制作行政复议调解书。行政复议调解书经双方当事人签字，即具有法律效力。调解未达成协议或者调解书生效前一方反悔的，行政复议机关应当及时作出行政复议决定。

（七）审理中的四种特殊情况

1. 行政复议申请的撤回

申请人在行政复议决定作出前自愿撤回行政复议申请的，说明理由，经行政复议机构同意，可以撤回。撤回行政复议申请的，行政复议终止，申请人不得再以同一事实和理由提出行政复议申请。但是，申请人能够证明撤回行政复议申请违背其真实意思表示的除外。

2. 双方当事人和解

公民、法人或者其他组织对行政主体行使法律、法规规定的自由裁量权作出的具体行政行为不服申请行政复议，申请人与被申请人在行政复议决定作出前自愿达成和解的，应当向行政复议机构提交书面和解协议；和解内容不损害社会公共利益和他人合法权益的，行政复议机构应当准许。

3. 行政复议中止

行政复议期间有下列情形之一，影响行政复议案件审理的，行政复议中止：作为申请人的自然人死亡，其近亲属尚未确定是否参加行政复议的；作为申请人的自然人丧失参加行政复议的能力，尚未确定法定代理人参加行政复议的；作为申请人的法人或者其他组织终止，尚未确定其权利义务承受人的；作为申请人的自然人下落不明或者被宣告失踪的；申请人、被申请人因不可抗力，不能参加行政复议的；案件审理需要以其他案件的审理结果为依据，而其他案件尚未审结的；案件涉及法律适用问题，需要有权机关作出解释或者确认的；其他需要中止行政复议的情形。行政复议中止的原因消除后，应当及时恢复行政复议案件的审理。行政复议机构中止、恢复行政复议案件的审理，应当告知有关当事人。

4. 行政复议终止

行政复议期间有下列情形之一的，行政复议终止：申请人要求撤回行政复议申请，行政复议机关准予撤回的；作为申请人的自然人死亡，没有近亲属或者其近亲属放弃行政复议权利的；作为申请人的法人或者其他组织终止，其权利义务的承受人放弃行政复议权利；申请人与被申请人依照法定条件和要求，经行政复议机构准许达成和解的；申请人对行政拘留或者限制人身自由的行政强制措施不服申请行政复议后，因申请人同一违法行为涉嫌犯罪，该行政拘留或者限制人身自由的行政强制措施变更为刑事拘留的；作为申请人的自然人死亡、丧失参加行政复议的能力；作为申请人的法人或者其他组织终止而中止行政复议满 60 日，其中止的原因仍未消除的，行政复议终止。

四、行政复议决定

（一）行政复议决定的作出

行政复议机构对被申请人作出的具体行政行为进行审查后，提出意见，经行政复议机关的负责人同意或者集体讨论通过后，依法作出行政复议决定。

行政复议机关在申请人的行政复议请求范围内，不得作出对申请人更为不利的行政复议决定。

行政复议机关作出行政复议决定，应当制作行政复议决定书，并加盖印章。行政复议决定书一经送达，即发生法律效力。

（二）行政复议决定的种类

1. 维持决定

具体行政行为认定事实清楚，证据确凿，适用依据正确，程序合法，内容适当的，行政复议机关应当决定维持。

2. 履行决定

被申请人不履行法定职责的，行政复议机关应当决定其在一定期限内履行。

3. 撤销决定、变更决定、确认决定

（1）撤销决定、变更决定、确认决定的选择适用　具体行政行为有下列情形之一的，行政复议机关应当决定撤销、变更该具体行政行为或者确认该具体行政行为违法；决定撤销该具体行政行为或者确认该具体行政行为违法的，可以责令被申请人在一定期限内重新作出具体行政行为：主要事实不清、证据不足的；适用依据错误的；违反法定程序的；超越或者滥用职权的；具体行政行为明显不当的。

行政复议机关依法责令被申请人重新作出具体行政行为的，被申请人应当在法律、法规、规章规定的期限内重新作出具体行政行为；法律、法规、规章未规定期限的，重新作出具体行政行为的期限为 60 日。公民、法人或者其他组织对被申请人重新作出的具体行政行为不服，可以依法申请行政复议或者提起行政诉讼。

（2）撤销决定　被申请人未依照《行政复议法》第 23 条的规定提出书面答复、提交当初作出具体行政行为的证据、依据和其他有关材料的，视为该具体行政行为没有证据、依据，行政复议机关应当决定撤销该具体行政行为。

(3) 变更决定　具体行政行为有下列情形之一,行政复议机关可以决定变更:认定事实清楚,证据确凿,程序合法,但是明显不当或者适用依据错误;认定事实不清,证据不足,但是经行政复议机关审理查明,事实清楚,证据确凿的。

4. 驳回决定

有下列情形之一的,行政复议机关应当决定驳回行政复议申请:申请人认为行政机关不履行法定职责申请行政复议,行政复议机关受理后发现该行政机关没有相应法定职责或者在受理前已经履行法定职责的;受理行政复议申请后,发现该行政复议申请不符合法定受理条件的。上级行政机关认为行政复议机关驳回行政复议申请的理由不成立的,应当责令其恢复审理。

5. 行政赔偿决定

申请人在申请行政复议时可以一并提出行政赔偿请求,行政复议机关对符合国家赔偿法的有关规定应当给予赔偿的,在决定撤销、变更具体行政行为或者确认具体行政行为违法时,应当同时决定被申请人依法给予赔偿。

申请人在申请行政复议时没有提出行政赔偿请求的,行政复议机关在依法决定撤销或者变更罚款,撤销违法集资、没收财物、征收财物、摊派费用以及对财产的查封、扣押、冻结等具体行政行为时,应当同时责令被申请人返还财产,解除对财产的查封、扣押、冻结措施,或者赔偿相应的价款。

6. 最终裁决的行政复议决定

根据国务院或者省、自治区、直辖市人民政府对行政区划的勘定、调整或者征收土地的决定,省、自治区、直辖市人民政府确认土地、矿藏、水流、森林、山岭、草原、荒地、滩涂、海域等自然资源的所有权或者使用权的行政复议决定为最终裁决。

(三) 行政复议期限

行政复议机关应当自受理申请之日起 60 日内作出行政复议决定,但是法律规定的行政复议期限少于 60 日的除外。情况复杂且不能在规定期限内作出行政复议决定的,经行政复议机关的负责人批准,可以适当延长,并告知申请人和被申请人,但是延长期限最多不超过 30 日。

五、行政复议决定的履行★

(1) 被申请人应自行履行行政复议决定。被申请人不履行或无正当理由拖延履行的,行政复议机关或有关上级行政机关应责令其限期履行。

（2）申请人、第三人逾期不起诉又不履行行政复议决定的，或者不履行最终裁决的行政复议决定的，行政复议机关可分别做如下处理。

第一，维持决定，由作出具体行政行为的行政机关依法强制执行，或者申请人民法院强制执行。

第二，变更决定，由行政复议机关依法强制执行，或者申请人民法院强制执行。

□ 引例答案

问题 1：本案的被申请人是某县市场监督管理局。根据《行政复议法》的规定，公民、法人或其他组织对行政机关的具体行政行为不服申请行政复议的，作出具体行政行为的行政机关是被申请人。

问题 2：本案应由 B 市市场监督管理局或某县人民政府管辖。根据《行政复议法》的规定，对县级以上地方各级人民政府工作部门的具体行政行为不服申请行政复议的，由上一级主管部门或本级人民政府管辖。

问题 3：行政复议机关的做法是错误的。根据《行政复议法》规定，公民向有管辖权的行政机关申请复议，应当在知道具体行政行为之日起 60 日内提出。本案中，某县市场监督管理局的处罚决定虽然是 9 月 10 日作出的，但送达给马某是 9 月 20 日，即马某在 9 月 20 日才知道该具体行政行为。所以，行政复议机关不得以超过申请期间为由不予受理。

□ 引例解析思路

问题 1：首先，明确什么是被申请人；其次，把握被申请人应具备的条件；最后，结合本案例情况确定被申请人是谁。

问题 2：首先，明确某县市场监督管理局是什么类型的行政主体，确定应适用的管辖规则；其次，根据政府工作部门具体行政行为的管辖规则确定行政复议管辖机关。

问题 3：首先，明白行政复议申请期限是多长；其次，弄清行政复议申请期限的计算方法；最后，结合本案例识别复议申请期限的起算点，确定是否超过行政复议期限。

■ 本章小结

【结语】

本章围绕行政复议制度的构建和运行，以行政复议的法律规范规定为基础，进行了两方面诠释：一方面，从行政复议基础的角度，呈现了行政复议基本概念、原则、制度、范围、管辖、当事人等内容，是行政复议的基础主干内容；另一方面，从行政复议的具体程序角度，介绍了行政复议程序的基本阶段及其在各阶段的具体工作。

【本章基本知识点逻辑结构图】

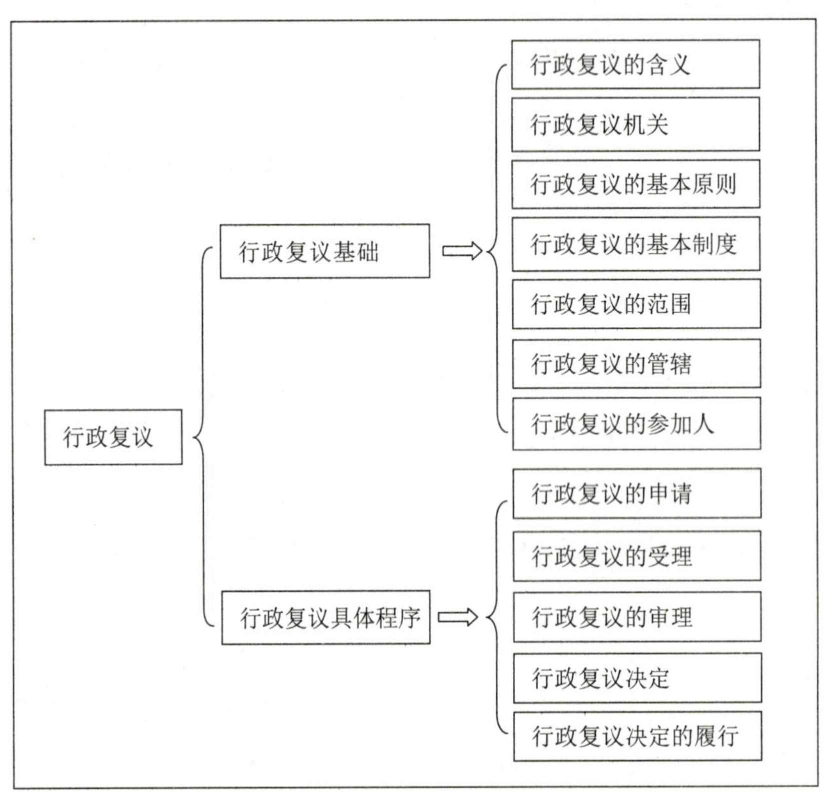

综合训练

思考与练习

一、名词解释

行政复议　行政复议范围　行政复议申请人　行政复议第三人

行政复议被申请人　行政复议机关　行政复议管辖

二、填空题

1. 公民、法人或其他组织认为行政机关的＿＿＿＿＿＿侵犯其合法权益，可以申请行政复议。

2. 法律、法规和规章授权的组织作出具体行政行为的，＿＿＿＿＿＿是被申请人。行政机关委托的组织作出具体行政行为的，＿＿＿＿＿＿是被申请人。

3. 除法律、行政法规另有规定的外，行政复议实行＿＿＿＿＿＿级复议制。

三、判断题

(　　)1. 行政复议的对象是具体行政行为的合法性和适当性。

(　　)2. 行政复议机关是专门从事行政复议活动的行政机关。

(　　)3. 抽象行政行为可以成为行政复议审查的对象。

(　　)4. 行政复议申请的期限一律为 60 日。

(　　)5. 行政复议的受理为推定受理。

(　　)6. 在行政复议中双方当事人可以和解。

四、单项选择题

1. 根据《行政复议法》的规定，下列各项中不属于行政复议中一并申请审查范围的是(　　)。

A. 国务院部门的规定

B. 省政府所在地的市人民政府制定的规章

C. 县级人民政府的规定

D. 乡镇人民政府的规定

2. 对县级以上地方人民政府的派出机关的具体行政行为不服申请的复议，由(　　)管辖。

A. 该派出机关

B. 设立派出机关的人民政府

C. 该派出机关的主管上级部门

D. 设立该派出机关的人民政府的上一级行政机关

3. 对某省级人民政府的具体行政行为不服的，应向(　　)申请复议。

A. 该省人大常委会　　B. 国务院

C. 司法部　　D. 该省人民政府

五、多项选择题

1. 公民魏某因违反《治安管理处罚法》被某派出所处以罚款 200 元，魏某不服，拟提起行政复诉。后因沟通复议事宜与民警发生纠纷，被殴打致死。下列可以就罚款处罚申请复议的有(　　　)。

A. 魏某的妻子

B. 魏某的父母

C. 魏某的子女

D. 魏某的妻子、父母、子女作为共同申请人

2. 行政复议撤销决定的适用情形有（　　　）。

A. 超越职权　　B. 滥用职权

C. 适用法律错误　　D. 具体行政行为明显不当

3. 下列行为属于行政复议范围的是(　　　　)。

A. 发放抚恤金　　　　B. 发放退休金

C. 发放最低生活保障　　　　D. 发放社会保险金

4. 下列表述正确的有(　　　　)。

A. 公民甲认为中华人民共和国人力资源和社会保障部通过的《就业服务与就业管理规定》限制了自己的求职空间。准备申请复议

B. 公民乙遭人殴打，随即向某县公安局报警。但公安部门一直没有派人来阻止，乙随即决定向某市公安局申请复议

C. 某有限责任公司认为该县市场监督管理局违法吊销了该公司营业执照，决定申请复议

D. 公务员丙认为单位给他的记过处分违法，决定申请复议

六、简答题

1. 行政复议的原则是什么?

2. 行政复议的受案范围是什么?

3. 行政复议管辖的种类有哪些?

■ 专业技能训练

一、实例分析

某学校对教师张某的工资和职称问题作出处理意见。张某不服多次向有关部门上访。两年后，某学校根据该市教育局的要求再次调查研究，并形成材料上报市教育局。市教育局拟写了《关于张某反映问题及处理情况》的报告，呈报省教育厅，并抄送张某。该报告载明:“我局原则上同意该校对张某的处理意见，现将此材料报送省厅阅示。”张某不服，准备就市教育局的报告向市政府申请复议。

请分析:张某能否对该报告申请行政复议?市政府收到张某的复议申请后应如何处理?

二、法律咨询解答

某县公安局在为县内的外来务工人员办理居住证时收取了居住人口管理服务费。孙某在某社区居住，被收取了居住人口管理费。孙某不服，就该收费行为向县人民政府申请复议。县政府受理后，进行了书面审查，在审查过程中，孙某要求复议机关进行调查时，被县政府以“书面审查是复议审查中必须遵循的原则”为由拒绝。

请解答:该县政府拒绝调查的做法是否正确?

三、法律问题阐释

请阐释：行政复议是一种准司法行为。

四、法律现象评析

行政机关的“红头文件”在行政管理的实践中，大多是行政机关作出具体行政行为的依据。

请评析：对不合法的“红头文件”可以申请复议吗？

第十一章 行政赔偿

行政合法性原则是行政法的基本原则之一。行政主体及其公务人员依法行使行政职权，是行政合法性原则的基本要求。行政主体及其公务人员违法行使行政职权给行政相对人的人身权和财产权造成损害的，行政相对人有权依法取得国家的行政赔偿。本章将介绍和阐释行政赔偿的基本概念、行政赔偿范围、行政赔偿程序、行政赔偿方式和标准等相关内容。

学习目标

通过本章的学习，学生要理解行政赔偿的含义和特征、行政赔偿责任的归责原则、行政赔偿责任的构成、行政赔偿当事人、行政赔偿时效；明确行政赔偿范围、程序；掌握行政赔偿方式和标准。

引例

某日凌晨，李某在某居民小区偷窃一辆自行车，被该县公安局抓获。李某在被县公安局关押期间，遭到该局值班民警的殴打、刑讯，造成脾脏破裂，胸腔内大量积血。经法医鉴定，李某属重伤，部分丧失劳动能力。现李某要求国家行政赔偿。

问题

1. 李某要求行政赔偿，谁是行政赔偿义务机关？
2. 李某可通过什么途径提出行政赔偿要求？
3. 行政赔偿义务机关对李某进行行政赔偿的标准是什么？

本案例的解析，主要涉及行政赔偿制度中的赔偿义务机关、行政赔偿程序、行政赔偿标准等相关内容和知识点的运用。

第一节　行政赔偿概述

一、行政赔偿的含义和特征

赔偿，是指负有赔偿义务的主体对受害人受到损害的权利或利益，从经济上予以恢复和弥补。赔偿是使受损害的权益得到恢复和弥补的一种手段，并非是使受损权益得到恢复和弥补的唯一手段。赔偿的适用具有一定的条件，即受损的权益是合法的权益，是受法律保护的权益；受法律保护的合法的权益受到了特定性质的侵犯并造成了损害；客观存在的损害是加害人的违法或过错行为导致并不属于法律规定的赔偿豁免范围。赔偿包括民事赔偿和国家赔偿。

国家赔偿，是以国家为赔偿主体的侵权损害赔偿，即以国库收入或国家财产所进行的赔偿。国家赔偿分为广义和狭义两种。广义的国家赔偿包括国际法上的国家赔偿、宪法上的国家赔偿、民法上的国家赔偿、国家赔偿法上的国家赔偿。狭义的国家赔偿仅指国家赔偿法上的国家赔偿。本教材介绍和阐释的国家赔偿，为狭义的国家赔偿。

狭义的国家赔偿，简称国家赔偿，是指由国家赔偿法予以规定的，法定的赔偿义务主体对基于享有国家权力的机关（主体）及其工作人员违法行使职权侵犯公民、法人或者其他组织的合法权益造成损害的赔偿。我国的国家赔偿包括行政赔偿、刑事赔偿、有限制的民事诉讼、行政诉讼中的司法赔偿。

行政赔偿，是指国家赔偿法所规定的享有国家行政权的行政主体及其行政公务人员，违法行使行政职权，侵害了公民、法人或者其他组织的合法权益所进行的国家赔偿。行政赔偿有以下基本特征。

（1）行政赔偿是一种国家赔偿。行政赔偿不同于民事赔偿，是基于国家权力作用形成的赔偿，是国家赔偿的组成部分。行政赔偿以受害人的直接损失为限，以支付赔偿金（金钱赔偿）为主要赔偿方式，赔偿主体是抽象的国家，具体的赔偿义务由国家赔偿法规定的代表国家的赔偿义务机关履行。

（2）行政赔偿是行政主体行使行政职权侵害了公民、法人或者其他组织合法权益的国家赔偿。行政赔偿不同于刑事赔偿，造成公民、法人或者其他组织合法权益损害的致害行为，是行政主体及其行政公务人员在行使行政职权的过程中实施的。

（3）行政赔偿是行政主体违法行使行政职权的行为导致的国家赔偿。行政赔偿不同于行政补偿，行政赔偿以行政主体行使行政职权的行为违法为前提，其赔偿的对象是特定的行政相对人，赔偿范围包括人身权和财产权所受的侵害，赔偿纠纷可以通过诉讼途径解决。

问题解答

行政赔偿不同于________。

A. 国家赔偿　　B. 民事赔偿　　C. 刑事赔偿　　D. 行政补偿

二、行政赔偿责任的归责原则

归责原则是指确定法律责任主体应否承担法律责任所遵循的最根本的依据和标准。行政赔偿责任的归责原则，遵循国家赔偿法规定的归责原则，即违法原则。

行政赔偿责任的违法原则是指在确定国家是否承担行政赔偿责任时，以是否存在职务违法行为为归责的根本标准，而不考虑职务违法行为主体有无过错的存在。违法即行政主体在行使行政职权的过程中违反行政法律规范的行为。行政法律规范表现为法律、行政法规、地方性法规、规章等。违法，不仅包括实体上的违法，还包括程序上的违法；既有形式上的违法，也有实质上的违法。违法的形式可以是作为，也可以是不作为。

□ 法条思考

仔细阅读并理解《中华人民共和国国家赔偿法》第 3 条和第 4 条规定的内容。

请回答：我国国家赔偿法确定的行政赔偿责任的归责原则是什么？

三、行政赔偿责任的构成

行政赔偿责任的构成是指国家承担行政赔偿责任应当具备的要件。

（一）行政赔偿责任的主体是享有并实际行使行政权的行政主体

行政职务行为的主体要件即实施行政职务行为的主体的条件。实施行政职务行为的主体必须是享有行政权并实际行使行政权的行政主体及其行政公务人员。行政主体包括行政机关和授权组织。行政公务人员包括行政机关中的国家公务员、授权组织和受委托组织中的非公务员的行政公务人员、事实上执行公务的人员。

（二）行政职务违法行为

行政职务行为违法是国家承担行政赔偿责任的根本要件和根本原因。行政职务行为违法是指国家赔偿法规定的侵犯行政相对人人身权、财产权的特定的行政职务违法行为，包括侵权行为本身在性质上属于职务行为的违法行为和侵权行为本身在性质上不属于职务行为，但是属于在行使行政职权过程中实施的与行使行政职权有关的违法行为。

（三）损害结果

损害结果的发生，是国家承担行政赔偿责任的前提条件。损害是对行政相对人人身权的损害和财产权的损害，并且属于直接损害，不包括间接损害。对人身权的损害，即指对公民人身自由权和对公民生命健康权的损害；对财产权的损害，即指对行政相对人具有经济利益的权利（物权、债权、知识产权）造成的不利后果。

（四）行政职务违法行为与损害结果有因果关系

因果关系是职务违法行为与损害结果的一种内在的具有逻辑性的联系，是法律责任主体承担法律责任的基础。职务违法行为是损害结果产生的直接或主要原因，损害结果是职务违法行为合乎规律的直接结果。

问题讨论

行政执法人员在执法过程中，造成他人人身或者财产损害的行为是否属于行政职务违法行为？

四、行政赔偿当事人

行政赔偿当事人，是指以自己的名义参加行政赔偿活动，并与行政赔偿结果有法律上的利害关系的人。行政赔偿当事人包括行政赔偿请求人和行政赔偿义务机关。

（一）行政赔偿请求人

行政赔偿请求人是指自己的人身权或财产权受到了行政主体及其公务人员的行政职务违法行为的侵害，依照国家赔偿法的规定有权请求国家赔偿的行政相对人。行政赔偿请求人的范围包括公民、法人或其他组织。具有行政赔偿请求人资格的公民死亡，其继承人和其他有扶养关系的亲属有权作为赔偿请求人要求赔偿；具有行政赔偿请求人资格的法人或者其他组织终止，其权利承受人有权作为行政赔偿请求人要求赔偿。

外国人、外国企业和组织在中华人民共和国领域内，可以作为行政赔偿请求人依照《中华人民共和国国家赔偿法》的规定，要求中华人民共和国国家赔偿。外国人、外国企业和组织的所属国对中华人民共和国公民、法人和其他组织要求该国国家赔偿的权利不予保护或者限制的，中华人民共和国与该外国人、外国企业和组织的所属国实行对等原则。

（二）行政赔偿义务机关

行政赔偿义务机关是指享有行政权并以自己的名义行使行政权，实施行政职务违法行为，由国家赔偿法规定履行赔偿义务的行政主体。行政赔偿义务机关的范围包括行政机关和授权组织。其具体有以下情形。

1. 行政机关为赔偿义务机关

（1）以自己的名义行使行政职权时的赔偿义务机关。行政机关及其工作人员行使行政职权侵犯公民、法人和其他组织的合法权益造成损害的，该行政机关为赔偿义务机关。

（2）共同行使行政职权时的赔偿义务机关。两个以上行政机关共同行使行政职权时侵犯公民、法人和其他组织的合法权益造成损害的，共同行使行政职权的行政机关为共同赔偿义务机关。

（3）以委托机关的名义行使行政职权时的赔偿义务机关。受行政机关委托的组织或者个人在行使受委托的行政权力时侵犯公民、法人或者其他组织的合法权益造成损害的，委托的行政机关为赔偿义务机关。

2. 授权组织为赔偿义务机关

法律、法规授权的组织在行使授予的行政权力时侵犯公民、法人或者其他组织的合法权益，造成损害的，被授权的组织为赔偿义务机关。

3. 已行使行政职权的行政主体被撤销时的赔偿义务机关

具有作为赔偿义务机关资格的行政主体被撤销的，继续行使其职权的行政主体为赔偿义务机关；没有继续行使其职权的行政主体的，撤销该行政主体的行政机关为赔偿义务机关。

4. 复议机关为赔偿义务机关

行政主体作出的具体行政行为经复议机关复议的，最初造成侵权行为的行政主体为赔偿义务机关，但复议机关的复议决定加重损害的，复议机关对加重的部分履行赔偿义务。

五、行政赔偿时效

行政赔偿时效是指法律规定的行政主体及其公务人员的行政职务违法行为侵害行政相对人合法权益，行政相对人作为行政赔偿请求人请求国家进行赔偿的时间限制。行政赔偿时效适用法律有关国家赔偿时效的规定。

行政赔偿请求人请求国家行政赔偿的时效为两年，自其知道或者应当知道行政主体及其公务人员行使行政职权的行为侵犯其人身权、财产权之日起计算，但被羁押等限制人身自由期间不计算在内。在申请行政复议或者提起行政诉讼时一并提出赔偿请求的，适用行政复议法、行政诉讼法有关时效的规定。

行政赔偿请求人在赔偿请求时效的最后 6 个月内，因不可抗力或者其他障碍不能行使请求权的，时效中止。从中止时效的原因消除之日起，赔偿请求时效期间继续计算。

问题解答

下列选项中，不属于行政赔偿时效期间起算时间的是________。

A. 行政主体及其公务人员的职务违法行为被依法确认违法之日

B. 行政主体及其公务人员的职务违法行为给行政相对人造成损害之日

C. 受害人知道行政主体及其公务人员的职务违法行为侵害其人身权、财产权之日

D. 受害人应当知道行政主体及其公务人员的职务违法行为侵害其人身权、财产权之日

第二节 行政赔偿范围

一、行政赔偿的权利范围

行政赔偿的权利范围即在行政相对人受到行政主体及其公务人员的行政职务违法行为侵害的合法权益中，法律规定应当给予国家赔偿的受损的权利范围。根据国家赔偿法的规定，行政赔偿的权利范围是行政相对人受到侵害的人身权和财产权。

二、行政赔偿的事项范围

行政赔偿的事项范围是指行政相对人的人身权和财产权受到行政职务违法行为侵害，有权获得国家赔偿的情形范围。其具体包括以下内容。

（一）侵犯人身权的行政赔偿事项

（1）违法拘留或者违法采取限制公民人身自由的行政强制措施的。

（2）非法拘禁或者以其他方法非法剥夺公民人身自由的。

（3）以殴打、虐待等行为或者唆使、放纵他人以殴打、虐待等行为造成公民身体伤害或者死亡的。

（4）违法使用武器、警械造成公民身体伤害或者死亡的。

（5）造成公民身体伤害或者死亡的其他违法行为。

（二）侵犯财产权的行政赔偿事项

（1）违法实施罚款、吊销许可证和执照、责令停产停业、没收财物的行政处罚的。

（2）违法对财产采取查封、扣押、冻结等行政强制措施的。

（3）违法征收、征用财产的。

（4）造成财产损害的其他违法行为。

□ 法条思考

人民法院审理行政案件，对行政行为的合法性进行审查。《中华人民共和国行政诉讼法》（2017 年 6 月 27 日修正）第 70 条规定："行政行为有下列情形之一的，人民法院判决撤销或者部分撤销，并可以判决被告重新作出行政行为：（一）主要证据不足的；（二）适用法律、法规错误的；（三）违反法定程序的；（四）超越职权的；（五）滥用职权的；（六）明显不当的。"第 72 条规定："人民法院经过审理，查明被告不履行法定职责的，判决被告在一定期限内履行。"

请指出被诉行政行为存在的违法情形，并说明其与行政赔偿事项范围的关系。

三、行政赔偿的损失范围

行政赔偿的程度范围是指行政相对人受到行政职务违法行为损害的合法利益中，法律规定应当予以国家赔偿的损失的范围。根据国家赔偿法的规定，行政赔偿的程度范围为受损害的行政相对人的直接损失，其间接损失则不予赔偿。直接损失是指违法行为所造成的受害人既有利益或必然取得利益的损失，具有确定性。间接损失是指违法行为所造成的受害人可获得利益的损失，具有不确定性。

四、行政赔偿的种类范围

行政赔偿的种类是指行政相对人受到行政职务违法行为侵害并可获得国家赔偿的合法权益，按一定标准所作的类型划分。行政赔偿的种类范围即指行政相对人合法权益受到行政职务违法行为侵害应当予以国家赔偿的类型范围。根据国家赔偿法的规定，行政赔偿的种类范围包括物质损害赔偿和精神损害赔偿。

五、行政赔偿的排除事项范围

行政赔偿的排除事项范围是指在行政相对人受到行政职务违法行为损害的合法权益中，不予国家赔偿的事项范围。根据国家赔偿法的规定，属于下列情形之一的，国家不承担赔偿责任。

（1）行政主体工作人员与行使职权无关的个人行为。

（2）因公民、法人和其他组织本身的行为致使损害发生的。

（3）法律规定的其他情形。

举例说明

请列举实例具体说明行政赔偿的范围。

第三节　行政赔偿程序

一、行政赔偿请求人赔偿要求的提出

（一）行政赔偿请求人赔偿要求提出的途径

行政赔偿请求人赔偿要求提出的途径是指行政赔偿请求人要求国家赔偿的法律救济途径。根据国家赔偿法的规定，行政赔偿请求人赔偿要求提出的途径有以下两种。

（1）单独提出　单独提出即行政赔偿请求人只就行政赔偿提出赔偿要求。行政赔偿请求人只要求行政赔偿，必须先经过行政赔偿义务机关的先行处理程序，然后才可向人民法院提起单独的行政赔偿诉讼，否则，不得单独向人民法院提起行政赔偿诉讼。行政赔偿请求人向行政赔偿义务机关提出赔偿要求，可以向共同赔偿义务机关中的任何一个赔偿义务机关提出，该行政赔偿义务机关应当先予赔偿。

（2）一并提出　一并提出即行政赔偿请求人在申请行政复议或者提起行政诉讼的同时一并提出行政赔偿要求。行政复议机关和人民法院分别在行政复议和行政诉讼过程中一并作出关于行政赔偿的复议决定和判决。

（二）行政赔偿请求人赔偿要求的内容项目

行政赔偿请求人在提出赔偿要求时，根据其受到的不同损害，可以同时提出数项赔偿要求。行政赔偿的项目一般有支付赔偿金、医疗费、护理费、误工减少的收入、残疾生活辅助费、康复费、继续治疗费、残疾赔偿金、被扶养的无劳动能力人的生活费、精神损害抚慰金、死亡赔偿金、丧葬费；消除影响，恢复名誉，赔礼道歉；返还财产，恢复原状，解除对财产的查封、扣押、冻结；给付拍卖或者变卖所得的价款，赔偿停产停业期间必要的经常性费用开支，支付银行同期存款利息等。

（三）行政赔偿请求人赔偿要求提出的方式

行政赔偿请求人赔偿要求提出的方式有书面和口头两种。

行政赔偿请求人提出赔偿请求，原则上应当递交申请书。申请书应当载明下列事项：受害人的姓名、性别、年龄、工作单位和住所，法人或者其他组织的名称、住所和法定代表人或者主要负责人的姓名、职务；具体的要求、事实根据和理由；申请的年、月、日。

行政赔偿请求人书写申请书确有困难的，可以委托他人代书；也可以口头申请，由赔偿义务机关记入笔录。

行政赔偿请求人不是受害人本人的，在提出行政赔偿要求时应当说明与受害人的关系，并提供相应证明。

二、行政赔偿义务机关对行政赔偿要求的受理

行政赔偿义务机关对行政赔偿请求人提出的行政赔偿要求应当受理。

行政赔偿请求人向行政赔偿义务机关提出赔偿要求，当面递交申请书的，行政赔偿义务机关应当当场出具加盖本行政机关专用印章并注明收讫日期的书面凭证。申请材料不齐全的，行政赔偿义务机关应当当场或者在5日内一次性告知行政赔偿请求人需要补正的全部内容。

三、行政赔偿义务机关先行处理

行政赔偿义务机关对于行政赔偿请求人提出的赔偿要求属于国家赔偿法规定的行政赔偿的事项范围的，应当给予赔偿。

行政赔偿义务机关应当自收到申请之日起两个月内，作出是否赔偿的决定。赔偿义务机关作出赔偿决定，应当充分听取赔偿请求人的意见，并可以与行政赔偿请求人就赔偿方式、赔偿项目和赔偿数额依照国家赔偿法规定的赔偿方式和计算标准进行协商。

行政赔偿义务机关决定赔偿的，应当制作赔偿决定书，并自作出决定之日起10日内送达行政赔偿请求人。行政赔偿义务机关决定不予赔偿的，应当自作出决定之日起10日内书面通知赔偿请求人，并说明不予赔偿的理由。

四、行政赔偿诉讼

行政赔偿诉讼包括行政赔偿请求人单独提起的行政赔偿诉讼和在行政诉讼中一并提起的行政赔偿诉讼。

行政赔偿义务机关在法定期限内未作出是否赔偿的决定，行政赔偿请求人可以自期限届满之日起3个月内，向人民法院提起诉讼；行政赔偿请求人对赔偿的方式、项目、数额有异议的，或者行政赔偿义务机关作出不予赔偿决定的，行政赔偿请求人可以自行政赔偿义务机关作出赔偿或者不予赔偿决定之日起3个月内，向人民法院提起诉讼。

人民法院审理行政赔偿案件，行政赔偿请求人和行政赔偿义务机关对自己提出的主张，应

当提供证据。行政赔偿义务机关采取行政拘留或者限制人身自由的强制措施期间，被限制人身自由的人死亡或者丧失行为能力的，行政赔偿义务机关的行为与被限制人身自由的人的死亡或者丧失行为能力是否存在因果关系，行政赔偿义务机关应当提供证据。

问题解答

行政赔偿适用的程序有＿＿＿＿＿＿。

A. 行政赔偿义务机关的先行处理程序　　B. 行政诉讼程序

C. 行政复议程序　　D. 行政赔偿诉讼程序

五、行政追偿★

行政追偿是指行政赔偿义务机关赔偿行政赔偿请求人的损失后，责令对受害人实施行政职务违法行为时具有故意或者重大过失的工作人员或者受委托的组织或者个人，承担部分或者全部赔偿费用的活动。在行政赔偿中，具有故意或者重大过失的工作人员或者受委托的组织或者个人，只是行政职务违法行为的实施主体，并不是行政赔偿的责任主体和履行赔偿义务主体。行政追偿应当符合以下条件。

（1）行政赔偿义务机关对行政赔偿请求人的损失已经进行了赔偿。

（2）行政主体的工作人员或者受委托的组织或个人在对受害人实施行政职务违法行为时主观上具有故意或者重大过失。

（3）有故意或者重大过失的工作人员或者受委托的组织或者个人对行政赔偿义务机关已支付的赔偿费用应当部分或者全部承担。

在行政赔偿中，对有故意或者重大过失的工作人员或者受委托的组织或者个人进行追偿的同时；对有故意或者重大过失的责任人员，有关机关应当依法给予处分；构成犯罪的，应当依法追究刑事责任。

第四节　行政赔偿方式和标准

一、行政赔偿方式

行政赔偿方式是指国家承担行政赔偿责任的形式，是法律规定用来弥补受害人因行政职务违法行为所受到的损害的方法。行政赔偿方式不完全等同于国家承担行政侵权责任的方式，行政赔偿方式只是国家承担行政侵权责任方式中的一种形式。

基于不同的行政职务违法行为所造成的侵权损害的性质和种类的不同，与之相适应的行政赔偿方式的种类也不同。行政赔偿方式的种类一般包括金钱赔偿、恢复原状、返还财产。金钱赔偿即指以货币支付的形式，在计算或估算损害程度后，而给予受害者适当额度的货币赔偿的赔偿方式。金钱赔偿具有很强的适应性，几乎各种性质的侵权损害都可以适用，同时，金钱赔偿在具体的执行上也比较简便易行、方便快捷。恢复原状即使受害者受到的损害恢复至损害发生之前的原本状态的赔偿方式。恢复原状体现了赔偿应当对受害者给予尽可能公正和充分的救济的基本原则，比较忠实地履行了充分救济的义务，但其适用的具体操作程序比较复杂并且要求具备一定的条件，并非在什么情况下都可以适用。一般而言，侵权损害的结果大多都不适宜此方式。返还财产即指将有关财产归还对其享有所有权的受害者的赔偿方式。返还财产是对财产所有权构成侵害后的赔偿方式，是一种比较便捷易行的赔偿方式。返还财产的适用也需要具备一定的条件，即原物存在、比金钱赔偿更便捷、不影响公务等。

我国国家赔偿法遵循国家赔偿应当简便易行、经济实用的原则，确立了以金钱赔偿为主，以恢复原状、返还财产为辅的国家赔偿方式。行政赔偿作为国家赔偿的一种，适用国家赔偿的方式。

二、行政赔偿标准

行政赔偿是国家赔偿的一种，行政赔偿遵守国家赔偿的标准。

国家赔偿标准的确立，通常奉行三种原则，即惩罚性原则、补偿性原则、慰抚性原则。惩罚性原则是指国家赔偿一方面要体现对受害者所受到损害的弥补；另一方面又要体现对侵权者的惩罚，其赔偿数额大于损失数额。补偿性原则是指国家赔偿是对受害者所受到损害的弥补，其赔偿数额等于损失的实际数额。慰抚性原则是指国家赔偿是对受害者象征性的安慰和安抚，其赔偿数额小于损失数额。我国国家赔偿标准的确定基本上采用了慰抚性原则，规定了以下国家赔偿标准。

（一）侵犯公民人身自由的赔偿标准

侵犯公民人身自由的，按日支付赔偿金。每日的赔偿金按照国家上年度职工日平均工资计算。

（二）侵犯公民生命健康权的赔偿标准

侵犯公民生命健康权的，赔偿义务机关以支付赔偿金的方式进行赔偿。按照对公民生命健康权侵害的程度不同，支付的赔偿金的项目和计算标准则不尽相同。

1. 造成公民身体伤害的赔偿金

造成公民身体伤害的，应当支付医疗费、护理费，以及赔偿因误工减少的收入。减少的收入每日的赔偿金按照国家上年度职工日平均工资计算，最高额为国家上年度职工年平均工资的5倍。

2. 造成部分或者全部丧失劳动能力的赔偿金

造成部分或者全部丧失劳动能力的，应当支付医疗费、护理费、残疾生活辅助具费、康复费等因残疾而增加的必要支出和继续治疗所必需的费用，以及残疾赔偿金。残疾赔偿金根据丧失劳动能力的程度，按照国家规定的伤残等级确定，最高不超过国家上年度职工年平均工资的20倍。造成全部丧失劳动能力的，对其扶养的无劳动能力的人，还应当支付生活费。

3. 造成死亡的赔偿金

造成死亡的，应当支付死亡赔偿金、丧葬费，总额为国家上年度职工年平均工资的20倍。对死者生前扶养的无劳动能力的人，还应当支付生活费。

前述被扶养的无劳动能力人的生活费的发放标准，参照当地最低生活保障标准执行。被扶养的是未成年人的，生活费给付至18周岁止；其他无劳动能力的人，生活费给付至死亡时止。

（三）侵犯人身权，致人精神损害的赔偿标准

法定的属于侵犯人身权行政赔偿事项范围的侵权行为，致人精神损害的，应当在侵权行为影响的范围内，为受害人消除影响、恢复名誉、赔礼道歉；造成严重后果的，应当支付相应的精神损害抚慰金。

（四）侵犯行政相对人的财产权的赔偿标准

侵犯行政相对人的财产权的赔偿，视侵权行为的方式和性质的不同，赔偿的标准则不同。

（1）处罚款、罚金、追缴、没收财产或者违法征收、征用财产的，返还财产。

（2）查封、扣押、冻结财产的，解除对财产的查封、扣押、冻结，造成财产损坏或者灭失的，恢复原状或者给付相应的赔偿金。

（3）应当返还的财产损坏的，能够恢复原状的，恢复原状；不能恢复原状的，按照损害程度给付相应的赔偿金。

（4）应当返还的财产灭失的，给付相应的赔偿金。

（5）财产已经拍卖或者变卖的，给付拍卖或者变卖所得的价款。变卖的价款明显低于财产价值的，应当支付相应的赔偿金。

（6）吊销许可证和执照、责令停产停业的，赔偿停产停业期间必要的经常性费用开支。

（7）返还执行的罚款或者罚金、追缴或者没收的金钱，解除冻结的存款或者汇款的，应当支付银行同期存款利息。

（8）对财产权造成其他损害的，按照直接损失给予赔偿。

三、行政赔偿费用★

行政赔偿请求人凭生效的判决书、复议决定书、赔偿决定书或者调解书，向行政赔偿义务机关申请支付赔偿金。

行政赔偿义务机关应当自收到支付赔偿金申请之日起 7 日内，依照预算管理权限向有关的财政部门提出支付申请。财政部门应当自收到支付申请之日起 15 日内支付赔偿金。

行政赔偿请求人要求国家赔偿的，行政赔偿义务机关、复议机关和人民法院不得向行政赔偿请求人收取任何费用。国家对行政赔偿请求人取得的赔偿金不予征税。

□ 案例分析

县市场监督管理部门以办理营业执照存在问题为由查封了张某开办的美容店。查封时，市场监督管理执法人员将该美容店的窗户、仪器损坏，张某欲要求行政赔偿。下列损失中哪些可以得到行政赔偿?

A. 张某因美容店被查封、设备被损坏生气而生病支出的医疗费

B. 美容店被损坏的仪器及窗户修复所需费用

C. 美容店被查封停业期间必需的经常性费用支出

D. 张某根据前一个月利润计算的被查封停业期间的利润损失

□ 引导案例答案

问题 1：县公安局。

问题 2：李某要求行政赔偿，有两条基本途径：李某若单独要求行政赔偿，应当先向县公安局提出，然后才可向人民法院单独提起行政赔偿诉讼；李某也可在申请行政复议或者提起行政诉讼的同时，一并提出行政赔偿要求。

问题 3：行政赔偿义务机关对李某应当支付医疗费、护理费、残疾生活辅助费、康复费等因残疾而增加的必要支出和继续治疗所必需的费用，以及残疾赔偿金。残疾赔偿金根据丧失劳动能力的程度，按照国家规定的伤残等级确定，最高不超过国家上年度职工年平均工资的 20 倍。

□ 引例解析思路

问题 1：首先，明确行政赔偿义务机关的含义及范围；其次，根据不同行政赔偿义务机关的确定标准，确定本案例中的赔偿义务机关。

问题 2：首先，应明确在行政赔偿程序中，行政赔偿请求人可以提出行政赔偿要求的途径有哪些；其次，按照行政赔偿程序设定的行政赔偿请求人提出行政赔偿要求的具体途径，指出本案例中李某要求行政赔偿的途径。

问题 3：首先，应当明确李某受到的是什么性质的损害以及受损害的程度如何；其次，根据李某受损害的性质和程度确定选择适用的行政赔偿标准；最后，应当指出行政赔偿义务机关给予李某行政赔偿的项目范围和计算的标准。

■ 本章小结

【结语】

本章围绕行政赔偿制度的构建，从行政赔偿程序基础和行政赔偿具体程序两方面介绍和阐释了行政赔偿的相关内容。 行政赔偿程序基础涉及行政赔偿责任的归责原则、行政赔偿责任的构成、行政赔偿当事人、行政赔偿范围等内容；行政赔偿具体程序主要涉及行政赔偿义务机关先行处理程序、行政赔偿诉讼程序、行政赔偿方式和标准。 行政赔偿程序基础和行政赔偿具体程序构成了行政赔偿的基本内容。

【本章基本知识点逻辑结构图】

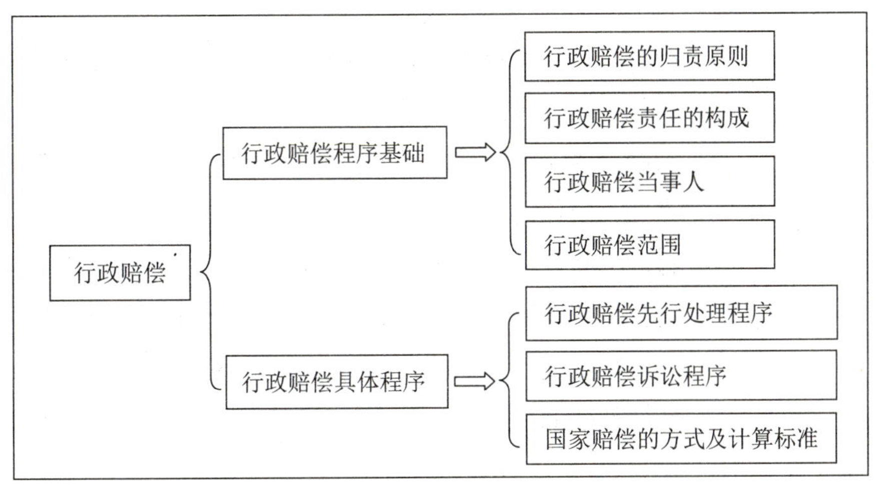

综合训练

思考与练习

一、名词解释

国家赔偿　行政赔偿　行政赔偿请求人　行政赔偿义务机关
行政追偿

二、填空题

1. 根据《国家赔偿法》的规定，我国国家赔偿实行的归责原则是 ________。
2. 行政赔偿的种类包括 ________ 和 ________ 。
3. ________ 是国家承担行政赔偿责任的根本要件。
4. 我国行政赔偿的方式主要有 ________ 、________ 和 ________ 三种。
5. 行政赔偿义务机关应当自收到赔偿申请之日起 ________ 内根据有关规定给予行政赔偿。
6. 行政赔偿请求人包括 ________ 、________ 、________ 。
7. 行政赔偿义务机关的范围是 ________ 和 ________ 。
8. 行政赔偿请求人赔偿要求的提出，可以 ________ 提出，也可以 ________ 提出。
9. 行政赔偿请求人赔偿要求提出的方式有 ________ 和 ________ 两种。
10. 行政赔偿请求人单独向人民法院提起行政赔偿诉讼的期限是 ________ 。

三、判断题

(　　)1. 行政赔偿中的损害结果，仅指物质损害，不包括精神损害。

(　　)2. 外国人、外国企业和组织不能作为行政赔偿请求人。

(　　)3. 具有行政赔偿请求人资格的公民死亡，其继承人和其他有扶养关系的亲属可以作为行政赔偿请求人。

(　　)4. 行政主体作出的具体行政行为经复议机关复议的，最初作出具体行政行为的行政主体和复议机关为共同的行政赔偿义务机关。

(　　)5. 行政赔偿的程度范围是受害人的直接损失。

(　　)6. 行政赔偿请求人单独要求行政赔偿，可以直接向人民法院提起行政赔偿诉讼。

(　　)7. 行政职务违法行为对公民人身权、财产权造成损害的，行政赔偿义务机关应当支付相应的精神损害抚慰金。

四、单项选择题

1. 根据我国国家赔偿法的规定，行政赔偿请求人受到的损失是指(　　)。

A. 所有损失　　B. 直接损失

C. 间接损失　　D. B 和 C 损失

2. 下列关于行政赔偿请求人向共同赔偿义务机关要求赔偿的说法中，正确的有(　　)。

A. 行政赔偿请求人可以向共同行政赔偿义务机关中的任何一个行政赔偿义务机关要求赔偿

B. 应由共同行政赔偿义务机关协商确定

C. 行政赔偿请求人应当向共同行政赔偿义务机关中最先侵权的行政赔偿义务机关要求赔偿

D. 行政赔偿请求人应当向共同行政赔偿义务机关中最先确认违法的行政赔偿义务机关要求赔偿

3. 某市西区治安联防队行使该区公安分局委托的治安管理权。某日，联防队员周某抓获了有行窃嫌疑的盖某，因盖某拒不说出自己的真实姓名，周某用木棍将盖某殴打致伤。盖某向人民法院提起诉讼，依照《国家赔偿法》的规定，应由(　　)承担行政赔偿义务。

A. 市公安局　　B. 区公安分局　　C. 区治安联防队　　D. 联防队员周某

4. 行政赔偿的请求时效为(　　)。

A. 3 个月　　B. 6 个月　　C. 1 年　　D. 2 年

5. 狭义的国家赔偿是指(　　)上的国家赔偿。

A. 国际法　　B. 宪法

C. 民法　　D. 国家赔偿法

6. 行政赔偿责任违法归责原则是指(　　)。

A. 只考虑违法，而不考虑过错　　B. 既考虑违法，又考虑过错

C. 只考虑违法，不考虑后果　　D. 违法不包含过错

7. 我国国家赔偿标准的确定采用的原则是(　　)。

A. 惩罚性原则　　B. 补偿性原则

C. 慰抚性原则　　D. 过错性原则

五、多项选择题

1. 下列事项中属于行政赔偿范围的有(　　　　)。

A. 公安机关违法行政处罚的

B. 乡政府或工作人员私设牢房，用拘留或变相拘留的方法，剥夺村民人身自由

C. 行政机关委托行使职权的组织的工作人员用殴打、罚跪等方式造成公民身体伤害的

D. 行政机关超越职权的行为造成损害的

2. 根据国家赔偿法规定，国家不承担赔偿责任的情形主要有（　　）。

A. 因公民、法人或其他组织自己的行为致使损害发生的

B. 行政机关工作人员实施与行使职权无关的个人行为

C. 法律、法规规定的其他情形

D. 法律规定的其他情形

3. 行政赔偿请求人要求行政赔偿的（　　）不得向行政赔偿请求人收取任何费用。

A. 行政赔偿义务机关　　B. 行政复议机关

C. 人民法院　　D. 人民检察院

4. 行政赔偿请求人凭生效的（　　）向行政赔偿义务机关申请支付赔偿金。

A. 判决书　　B. 复议决定书

C. 赔偿决定书　　D. 调解书

5. 行政赔偿的权利范围是行政相对人受到侵害的（　　）。

A. 人身权　　B. 财产权

C. 政治权利　　D. 受教育权

6. 我国的国家赔偿包括（　　）。

A. 行政赔偿

B. 刑事赔偿

C. 有限制的民事诉讼中的司法赔偿

D. 有限制的行政诉讼中的司法赔偿

六、简答题

1. 行政赔偿责任的构成要件是什么？
2. 行政追偿的条件是什么？
3. 行政赔偿的排除事项范围有哪些？
4. 侵犯财产权的行政赔偿事项范围有哪些？
5. 侵犯人身权的行政赔偿事项范围有哪些？

■ 专业技能训练

一、实例分析

某市公安局和自然资源局联合对张某作出罚款的行政处罚决定后，经人民法院裁

判确认违法并撤销。

请分析：张某能否只向公安机关要求行政赔偿？ 为什么？

二、 法律咨询解答

行政主体的行政职权是通过其行政公务人员的公务行为行使的。

请解答：行政公务人员在行政赔偿中是否承担法律责任。

三、 法律问题阐释

国家赔偿法规定：行政赔偿义务机关收到行政赔偿请求人的行政赔偿申请即为受理申请。

请阐释：该规定体现何目的。

四、 法律现象评析

甲因受到公安机关的行政拘留处罚而失去了在单位提升晋级的机会。 后经生效的行政复议决定确认该行政拘留处罚是违法的处罚，并予以撤销。

请评析：甲是否可以就职务晋级问题要求行政赔偿？

参 考 书 目

[1] 应松年．行政法与行政诉讼法学[M].2 版．北京:高等教育出版社,2018.
[2] 张正钊,胡锦光．行政法与行政诉讼法[M].7 版．北京:中国人民大学出版社,2021.
[3] 应松年．行政法[M]．北京:北京大学出版社,高等教育出版社,2010.
[4] 胡建淼．行政法学[M].4 版．北京:法律出版社,2015.
[5] 胡锦光,刘飞宇．行政法与行政诉讼法[M].8 版．北京:中国人民大学出版社,2020.
[6] 石佑启．行政法与行政诉讼法[M].3 版．北京:中国人民大学出版社,2015.
[7] 章剑生．现代行政法总论[M].2 版．北京:法律出版社,2019.
[8] 姜明安．行政法与行政诉讼法[M].7 版．北京:北京大学出版社,2019.
[9] 马怀德．行政法与行政诉讼法[M].3 版．北京:中国政法大学出版社,2019.
[10] 杨登峰．行政法总论:原理、制度与实案[M]．北京:北京大学出版社,2019.
[11] 张树义,罗智敏．行政法学[M].3 版．北京:北京大学出版社,2021.
[12] 叶必丰．行政法与行政诉讼法[M].5 版．北京:中国人民大学出版社,2019.
[13] 王学辉．行政法与行政诉讼法学[M].2 版．北京:法律出版社,2015.
[14] 余凌云．行政法讲义[M].3 版．北京:清华大学出版社,2019.
[15] 胡锦光．行政法与行政诉讼法[M].2 版．北京:高等教育出版社,2019.
[16] 杜文勇．行政法理论、规范与实务[M]．北京:知识产权出版社,2019.
[17] 关保英．行政法与行政诉讼法[M].3 版．北京:中国政法大学出版社,2018.
[18] 章志远．行政法学总论[M]．北京:北京大学出版社,2014.
[19] 莫于川．行政法与行政诉讼法[M]．北京:科学出版社,2008.
[20] 罗豪才,湛中乐．行政法学[M].4 版．北京:北京大学出版社,2016.

附　　录

本书主要内容涉及的行政法律文件引注说明

制定时间	制定机关	法律文件全称	法律文件简称
2000年3月15日通过,2015年3月15日修正	全国人民代表大会	中华人民共和国立法法	立法法
1996年3月17日通过,2021年1月22日修订	全国人民代表大会	中华人民共和国行政处罚法	行政处罚法
2003年8月27日通过,2019年4月23日修正	全国人民代表大会常务委员会	中华人民共和国行政许可法	行政许可法
2011年6月30日通过	全国人民代表大会常务委员会	中华人民共和国行政强制法	行政强制法
1999年4月29日通过,2017年9月1日修正	全国人民代表大会常务委员会	中华人民共和国行政复议法	行政复议法
1989年4月4日通过,2017年6月27日修正	全国人民代表大会	中华人民共和国行政诉讼法	行政诉讼法
1994年5月12日通过,2012年10月26日修正	全国人民代表大会常务委员会	中华人民共和国国家赔偿法	国家赔偿法

读者意见反馈

为收集对教材的意见建议，进一步完善教材编写并做好服务工作，读者可将对本教材的意见建议通过如下渠道反馈至我社。

咨询电话　400-810-0598

反馈邮箱　zz_dzyj@pub.hep.cn

通信地址　北京市朝阳区惠新东街4号富盛大厦1座　高等教育出版社总编辑办公室

邮政编码　100029

防伪查询说明

用户购书后刮开封底防伪涂层，使用手机微信等软件扫描二维码，会跳转至防伪查询网页，获得所购图书详细信息。

防伪客服电话　(010)58582300

学习卡账号使用说明

一、注册/登录

访问 http://abook.hep.com.cn/sve，点击“注册”，在注册页面输入用户名、密码及常用的邮箱进行注册。已注册的用户直接输入用户名和密码登录即可进入“我的课程”页面。

二、课程绑定

点击“我的课程”页面右上方“绑定课程”，在“明码”框中正确输入教材封底防伪标签上的20位数字，点击“确定”完成课程绑定。

三、访问课程

在“正在学习”列表中选择已绑定的课程，点击“进入课程”即可浏览或下载与本书配套的课程资源。刚绑定的课程请在“申请学习”列表中选择相应课程并点击“进入课程”。

如有账号问题，请发邮件至：4a_admin_zz@pub.hep.cn。